在自主游戏中发现儿童

观察·读懂·支持

陈思慧 / 编著

华东师范大学出版社

·上海·

图书在版编目(CIP)数据

在自主游戏中发现儿童:观察·读懂·支持/陈思慧编著. —上海:华东师范大学出版社,2024.

ISBN 978 - 7 - 5760 - 5496 - 5

Ⅰ. G613.7

中国国家版本馆 CIP 数据核字第 2024J7J481 号

在自主游戏中发现儿童:观察·读懂·支持

编　　著　陈思慧
责任编辑　胡瑞颖
责任校对　庄玉玲　　时东明
装帧设计　冯逸珺

出版发行　华东师范大学出版社
社　　址　上海市中山北路 3663 号　邮编 200062
网　　址　www.ecnupress.com.cn
电　　话　021 - 60821666　行政传真 021 - 62572105
客服电话　021 - 62865537　门市(邮购)电话 021 - 62869887
地　　址　上海市中山北路 3663 号华东师范大学校内先锋路口
网　　店　http://hdsdcbs.tmall.com

印 刷 者　上海昌鑫龙印务有限公司
开　　本　787 毫米×1092 毫米　1/16
印　　张　27.25
字　　数　435 千字
版　　次　2025 年 1 月第 1 版
印　　次　2025 年 1 月第 1 次
书　　号　ISBN 978 - 7 - 5760 - 5496 - 5
定　　价　78.00 元

出 版 人　王　焰

(如发现本版图书有印订质量问题,请寄回本社客服中心调换或电话 021 - 62865537 联系)

让优秀传统文化浸润童心

　　文化是民族的血脉，是人民的精神家园。中华优秀传统文化是中华民族的精神命脉，是中华民族赓续千年的精神支柱，也是中华民族屹立于世界民族之林的根本底蕴。党中央、国务院高度重视中华优秀传统文化的传承与发展，习近平总书记在文化传承发展座谈会上强调"传承发展中华优秀传统文化，促进外来文化本土化，不断培育和创造新时代中国特色社会主义文化"。中共中央办公厅、国务院办公厅印发的《关于实施中华优秀传统文化传承发展工程的意见》强调"把中华优秀传统文化全方位融入思想道德教育、文化知识教育、艺术体育教育、社会实践教育各环节，贯穿于启蒙教育、基础教育、职业教育、高等教育、继续教育各领域"。教育部印发的《完善中华优秀传统文化教育指导纲要》指出加强中华优秀传统文化教育，是培育和践行社会主义核心价值观，落实立德树人根本任务的重要基础。《3—6岁儿童学习与发展指南》指出"利用民间游戏、传统节日等，适当向幼儿介绍我国主要民族和世界其他国家和民族的文化，帮助幼儿感知文化的多样性和差异性"。这些政策文件等均为幼儿园进行传统文化教育提供了指引。

　　近年来，各地围绕中华优秀传统文化进校园，开展了一系列持续、深入的教育活动，如创作绘本、童谣、儿歌、动画等。中山市近年来结合时代要求与儿童身心发展和学习的特点，将中华优秀传统文化融入学前教育中，有针对性地选择了一些优秀的广府文化和非物质文化遗产为主要内容，并注重与科学、运动、社会、语言、艺术等领域有机结合，探索出适合幼儿年龄特点的教育和学习方式，将传统文化融入游戏、融入生活、融入活动，着力培养幼儿对中华优秀传统文化的认同感和自豪感，有力地促进了幼儿的健康快乐成长。读完由陈思慧编著的《在自主游戏中发现儿童：观察·读

1

懂·支持》一书，我觉得这本书具有以下特点。

一是融入游戏。幼儿的学习是以直接经验为基础，在游戏和日常生活中进行的。融入中华优秀传统文化的教育活动应符合幼儿年龄特点。幼儿是游戏的创设者，游戏是幼儿的天性、本能的自然外露，游戏是幼儿喜爱的基本活动形式之一。本书中的教师们能够将广府文化和非物质文化遗产融入幼儿的游戏中，将抽象的优秀传统文化转化成符合幼儿具体形象、直观行动思维特点的教育内容，让幼儿通过直接感知、实际操作、亲身体验获得学习经验，以唤醒、激发、熏陶、浸润等方式培养幼儿。

二是内容多元。中华优秀传统文化是中华民族语言习惯、思想观念、情感认同的集中体现，凝聚着中华民族普遍认同和广泛接受的道德规范、思想品格与价值取向，具有极为丰富的思想内涵。传统饮食、传统服饰、传统节日、传统文学、传统艺术、传统科技、名胜古迹等都是中华传统文化的载体。本书选择了广府传统文化中关于景观、民俗、饮食、名人、传说等幼儿熟悉的内容，如"醒狮""四月八""飘色""广式早茶""迎春花市""小榄花灯""杏仁饼""赛龙舟""沙岗墟""阜峰文塔""骑楼街"等，这有利于幼儿更充分地了解、感受、体验广府优秀传统文化，并热爱中华优秀传统文化。

三是操作性强。中华优秀传统文化与幼儿教育的融合，是培养幼儿文化自信、引导幼儿树立正确价值观的有效举措。为实现这一目标，应采用适宜幼儿的内容载体、课程资源、组织形式、教育方式等。本书中的案例均来自幼儿园的实践，都是在真实、开放、自主的游戏活动情境中发生的，不仅真实地记录了幼儿游戏与学习过程中的精彩时刻，生动地再现了游戏发生、发展的真实情境，而且呈现了教师根据教育目标、幼儿兴趣需要及已有经验等给予适宜的回应与支持的过程，对游戏活动进行总结与反思的过程，针对存在的问题提出改进思路和对策的过程。

"种树者必培其根，种德者必养其心。""人生百年，立于幼学。"把中华优秀传统文化融入学前教育，以中华优秀传统文化浸润学前教育，不仅赋能学前教育的高质量发展，而且能助力中华优秀传统文化赓续血脉、传承基因，为中华民族伟大复兴贡献力量。

高丙成

2024 年 9 月 21 日

前言

　　本书是中山市幼教同仁十年来从游戏走向课程的实践道路上的重要成果之一。在以游戏为基本活动的道路上,我们秉承着游戏精神,不断摸索和探究出本土化的自主游戏之路。

　　在实践过程中,我们一直在探究游戏与课程之间的关系。我们的结论是,游戏与课程的关系是共生共融的,幼儿自由游戏和教师指导游戏相互交替进行,在此过程中形成了课程的目标、内容、组织实施及评价等课程要素。推动游戏进展的重要因素是幼儿的游戏动机和高质量的师幼互动。

　　关于游戏中教师的作用,我们发现在游戏中幼儿除了需要教师提供丰富的材料、确保持续的时间以外,更需要教师能读懂与支持幼儿,这是游戏走向课程的关键。这种读懂与支持既包括教师能识别幼儿当前的水平,也包括教师对幼儿内在动机的敏感性,还包括教师支持幼儿的高质量语言互动,如给予幼儿鼓励、持续拓展幼儿的游戏经验、提出能让幼儿深度思考的问题。

　　在阅读的过程中,读者们可以先阅读游戏背景,充分地了解案例中渗透的广府文化,也可以先看目录,寻找自己感兴趣的内容。每一个案例的游戏路径图可以让大家从宏观上了解游戏课程的整体脉络,有助于大家更好地理解课程的全貌。最后,大家可以关注在师幼互动的过程中教师基于幼儿的需求进行了怎样的支持。

　　十年来,我们团队试图既让幼儿接受适宜的教育,也让教师在实践过程中感受到从事学前教育工作的幸福。关于本书我将围绕以下三个方面为大家作介绍。

一、本书背景

2013年中山市开展了"区域学前教育公共服务体系构建研究"，运用幼儿学习环境评量表（ECERS-R量表）对幼儿园进行全面测评，根据实践情况设定了中山市学前教育未来十年发展愿景：一是幼儿园以游戏为基本活动；二是提高幼儿园保育教育的过程质量，努力达成高质量师幼互动。①

为了促进全市各级各类幼儿园以游戏为基本活动，以幼儿为主体，促进幼儿在游戏中深度思考与探究，提升教师在自主游戏中观察、支持幼儿的水平，中山市教育教学研究室以科研引领、培训推进、教研带动、评比贯通的模式（如图1）推进区域学前教育高质量发展，分不同阶段做了以下工作。

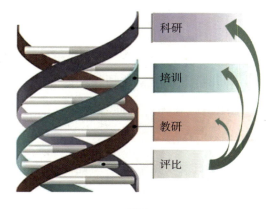

图 1

（一）第一阶段（2013—2014年）：建队伍、设制度、谋发展

此阶段主要目标是建设一支兼职的教研队伍和五层级教研梯队。首先确立了15名核心成员——市学前教育中心教研组，随后组建了29人的兼职幼教教研队伍。

我们将推进区域自主游戏为教研主要内容，分四个阶段推进。每个阶段包含科研、培训、教研、评比四部分内容，力求做到科研引领、培训推进专业知识技能提升、教研带动研用结合、评比贯通。

---

① 陈思慧.区域推进幼儿园自主游戏的中山探究与实践［J］.广东教育（综合版），2023（09），35—36.

（二）第二阶段（2015—2016 年）：转观念、创环境、调安排

此阶段以市教育科研立项课题"中山市幼儿园一日活动安排现状与对策研究"带动。首先，组织培训转变教师观念，让教师理解幼儿年龄特点和学习方式，重视游戏对幼儿的独特教育价值。其次，组织学习游戏环境创设，幼儿自主游戏的时间保障格外重要，《广东省幼儿园一日活动指引（试行）》（以下简称《指引》）指出"保证幼儿每天连续不少于 1 小时的自主游戏"，引导教师据此开展实践。最后，征集案例总结经验，理论与实践结合，总结策略并推广成果。

（三）第三阶段（2017—2019 年）：观游戏、察发展、重支持

此阶段，以广东省教育研究院"十三五"规划课题"幼儿园自主游戏中教师支持策略研究——基于 CLASS 课堂评价评分系统的应用"为引领。通过系列培训完善教师的高质量师幼互动、支持幼儿游戏，使教师系统地学习相关理论知识，为实践打好基础。

（四）第四阶段（2020 年至今）：重文化、学互动、探生成

此阶段我们开始探究幼儿的日常生活中渗透的广府文化与游戏之间的关系。游戏是儿童学习和发展的重要来源，儿童通过观察以及与周围环境互动的过程进行学习和发展。

二、本书架构

本书分为四个章节，其中包括探究游戏、建构游戏、角色游戏和表演游戏。

每个游戏案例包含背景信息、游戏准备、游戏历程、总结与反思。其中游戏历程主要指幼儿游戏的过程、游戏所需要的时长、游戏过程的描述、游戏中教师的思考与支持。在总结与反思的部分我们从两个视角进行梳理，一是幼儿的学习与发展视角，即情感态度方面、知识经验方面、学习品质方面；二是教师的支持策略视角，即隐性支持方面和显性支持方面。

在每一个案例的最后我们运用含有游戏螺旋概念②的路径图作为从游戏到课程

---

② Janet R. Moyles. Just Playing? The Role and Status of Play in Early Childhood Education [M]. London：Open University Press，1989.

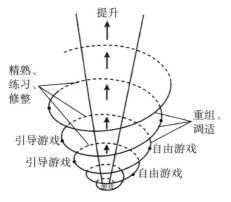

图 2 游戏螺旋

的理论框架,对游戏进行梳理③(如图2)。

用游戏螺旋概念,可以帮助教师更好地理解儿童,也可以帮助教师梳理自己支持儿童的方式和方法,以总结经验和策略。在师幼互动的过程中,游戏逐渐走向课程,形成了游戏与课程共生共融的关系(如图3)。

图 3 游戏与课程共生共融的关系

在游戏的过程中形成了课程的目标、内容、组织实施及评价等课程要素。游戏活动与课程要素并驾齐驱,共生共长。游戏案例是教师与幼儿互动共生的,而不是教师的单向传递。幼儿的经验逐渐提升,教师的专业能力也逐渐提升。

三、本书特点

本书与其他游戏案例类图书最大的不同是将广府文化和非物质文化遗产融入了幼儿的游戏中。

中山市有文化传承方面的优势,具有国家级非物质文化遗产6项,省级非物质文化遗产20项,市级非物质文化遗产58项。优秀传统文化保存完好并代代传承,逢年过节都能看到民间的传统文化习俗,这些都使幼儿在生活中积累了丰富的经验。正如约翰·赫伊津哈所说:"我的目的不是确定游戏在各种文化形态中的地位,而是想

---

③ 玛丽·L.马斯特森,霍莉·博哈特.幼儿园引导性游戏——深化儿童的学习[M].邹海瑞,译.北京:中国轻工业出版社,2024.

弄明白文化本身究竟具有怎样的游戏特点。"④我们将广府文化归类梳理为粤景观、粤民俗、粤饮食、粤名人、粤传说五类,进一步提炼出幼儿生活中常见的文化内容,通过创设适宜的环境和提供游戏材料,给到幼儿隐性支持。

本书中的很多元素来自广府文化,如"醒狮""四月八""飘色""广式早茶""迎春花市""小榄花灯""杏仁饼""赛龙舟""沙岗墟""阜峰文塔""骑楼街"等。希望在弘扬广府文化的同时,也能让幼儿进一步地了解、感受、体验、热爱优秀的广府文化。

在探索游戏实践的道路上,我们看到了幼儿在深度思考、跨学科学习方面所体现出的品质,同时也看到了教师在此过程中有高度的内驱力去学习理论、观察儿童、互相分享,他们觉得自己的工作是幸福的,主动花时间去钻研、去思考,进而体会职业幸福感和自我效能感。

在从游戏走向课程的道路上我们贡献了一些实践案例,而充实和完善理论体系还需要幼教同仁们共同努力,也诚挚地希望读者们与我们共同交流探讨。就让我们共赴一场儿童成长、教师提升职业幸福感的"约会"吧!努力为儿童提供适宜的教育……

---

④ 约翰·赫伊津哈.游戏的人[M].傅存良,译.北京:北京大学出版社,2014.

目 录

第一章

探究游戏

01

小榄花灯街

年龄段:大班

中山市菊城幼儿园

蓝　丽、余向清、陈欣明

▌ 背景信息

小榄开村于南宋,有丰富多彩的非物质文化遗产,小榄花灯便是其中之一。其制作融合美术、书法、剪纸、扎作、裱糊等传统技艺于一体。每逢佳节,乡民们都有扎灯、悬灯、赏灯与猜灯谜等习俗。小榄花灯街是赏月的"打卡点",人们"车灯笼"(三五成群的小孩晚上手拿花灯穿街过巷游玩,寓意照亮未来的人生路)穿街过巷,热闹非凡。

新学期第二天迎来中国传统节日——元宵节。我园举行庆元宵游园活动,幼儿通过游戏感受元宵节的热闹气氛。节日过后,在拼搭天地里幼儿自发用积塑拼搭花灯。梓如、梓意在洞洞墙上将宝石积塑用镶嵌的方式拼搭了一条鲤鱼花灯,嘉倩和文文在乐高墙上用乐高积木拼搭出各种不同造型的花灯。看着这些花灯,柏辰说:这么漂亮的花灯如果能拿出来车灯笼就好了。诺诺说:搭的花灯要有提手,这样车灯笼更方便。诗杨说:除了用乐高搭花灯还可以用花片拼花灯。幼儿对拼搭花灯产生了浓厚的兴趣,同时也提出了自己的想法……

图 1-1-1　自发搭建造型各异的平面花灯

▌ 游戏准备

1. 材料准备

建构材料：各种积木、扭扭乐、花片、棍棒球等（材料随建构过程可逐步增添）。

辅助材料：绘画工具、粘贴材料、尺子等。

2. 环境准备

前期在拼搭天地中展示各种花灯的图片，后期悬挂各式花灯。

3. 经验准备

幼儿玩过"车灯笼"，对花灯的种类有初步认识。了解花灯的构造及其寓意，有一定的建构经验。

▌ 游戏历程

"小榄花灯街"从开始到结束，全班 35 个幼儿全程参与。游戏历时 15 周，分 4 个阶段逐步推进。一共有 13 个游戏支持幼儿对花灯进行深入探究。

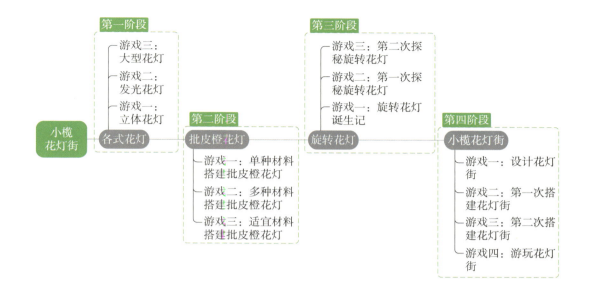

第一阶段：各式花灯

游戏一：立体花灯（进行时间：1周）

一可将花片用插接的方法拼搭了一条鱼，在顶端加了一个把手，将鱼儿花灯轻松地提起来。有的幼儿拼搭了小马、青蛙、花朵花灯，并拿着花灯玩了起来。

突然，思言说：我觉得我搭的花灯有点不像，真的花灯是会发光的。

伊琳：放上灯泡就可以发光了呀。

亦鸿：我的花灯好像没有位置放灯泡。

嘉倩：我见过花灯的灯泡是放在中间的。

思言：中间留一个洞放上灯泡就可以发光了。

图1-1-2 二维结构的花灯

💡【思考与支持】

二维结构的花灯满足了幼儿玩"车灯笼"的意愿,他们随后又有了新的想法:搭建会发光的花灯。如教师能提供真实可发光的花灯,幼儿在观察时将发现花灯中空的内部结构。与此同时,投放有关花灯的绘本,能丰富幼儿对花灯习俗、寓意的认知。

教师通过小榄电视台联系了中山市第一批非物质文化遗产花灯传承人何鸿辉先生并拜访了他的工作室。他免费给我园提供传统手工花灯展示在拼搭天地里。同时,教师在区角中添加灯泡辅材和与花灯相关的绘本,希望能激发幼儿持续探究的兴趣。

图 1-1-3　调动社会资源,悬挂真实花灯

游戏二:发光花灯(进行时间:2周)

看着各式各样会发光的花灯,幼儿开始纷纷议论。

晋宇:鲤鱼花灯里面是空空的,只有一个灯泡。

文文:我也想搭会发光的花灯。

嘉倩拿着灯泡说:我们搭个空心球,把灯泡放中间就可以发光了。幼儿按照自己的设想,陆续搭建了会发光的花灯,沉浸在喜悦中。

教师经过三天的观察,发现幼儿一直用乐高、花片等积塑材料搭建会发光的花灯,从造型和构造上看没什么突破。在回顾环节中,教师说:大家搭建的花灯造型独特,还会发光,真了不起。它和真的花灯还有什么不一样?

汀汀:宫灯周围有画,我的是空的。

思豪:莲花灯下面还有一条条的线垂下来。

琪琪:我们可以在花灯下面加毛线,垂下来就更像了。

随后,幼儿开始利用辅材进行细节装饰。

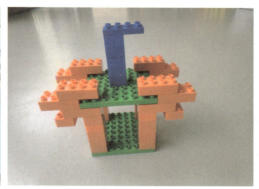

图1-1-4 搭建中空结构会发光的花灯

💡【思考与支持】

　　幼儿从不同角度仔细观察花灯,深入了解花灯中空的结构。在搭建发光花灯的过程中,幼儿的建构水平从二维建构突破到三维建构,作品已能将花灯中空的基本结构呈现出来,这是一次质的突破。

　　在回顾环节中教师对幼儿的作品给予鼓励以及肯定。当发现幼儿没注意到花灯的流苏、彩绘装饰等细节时,引导幼儿将自己的作品和吊挂的花灯进行比较、分析,鼓励幼儿仔细观察花灯的细节,与幼儿一起创造性地使用不同的辅助材料完善花灯的细节装饰,搭建出属于自己独一无二的作品。教师投放展示架,展示幼儿作品,给幼儿提供相互参考、借鉴、欣赏学习的机会。

图 1-1-5　添加辅材，助力细节搭建

游戏三：大型花灯（进行时间：1周）

在欣赏展示架上的花灯时，梓铭说：这些花灯太小了，我去花灯店看到了超大的花灯。

曾晴：大花灯是用来看的，它提不起来。

峻宏：我们可以搭大花灯啊。

芷晴：扭扭乐够大，应该能搭大花灯。

俊灏：如果乐高有大基板也可以搭大花灯。

幼儿按自选材料分成了扭扭乐组和乐高组，开始搭建大型花灯。在建构的过程中，扭扭乐组按照设计图顺利地搭建了花灯，但乐高组因为基板太软，连接时出现了倒塌的情况。

文文：基板太软了，互锁时还是会松。

汀汀：多加几块乐高互锁试试。

幼儿按自己的猜想解决了基板的问题。

搭建完花灯后，曌岚说：这儿有鲤鱼花灯、荷花花灯、菠萝灯、宫灯，但好像没有这种菱形和三角形的花灯哦！

诗杨：它叫批皮橙花灯。

彦诺：我家也有这种批皮橙花灯，明天我把它带来。

图 1-1-6 分组搭建大型花灯

💡【思考与支持】

幼儿有了前期建构小花灯的经验,在搭建大花灯时能对建材进行分析,有选择性地将材料的大小、质地、形状等属性纳入建构游戏中进行思考。预判出花片不适合搭建大型花灯,而选择较大的扭扭乐材料尝试搭建大型花灯。呈现的作品更加壮观、精美,并能做到注重细节的表征。当遇到一点小困难时,也能快速地运用先前的建构经验解决问题,有较高的建构能力。幼儿喜欢搭建造型独特的花灯,但对于小榄传统的批皮橙花灯关注较少。

为了保持幼儿对花灯的深入探究,教师计划在环境中提供隐性支持,合理联动家长资源,请家长帮忙收集大小不一的批皮橙花灯悬挂在拼搭天地。

图 1-1-7 拼搭天地中悬挂的批皮橙花灯

第二阶段：批皮橙花灯

游戏一：单种材料搭建批皮橙花灯（进行时间：1周）

幼儿看着批皮橙花灯悬挂在拼搭天地中，纷纷发表自己的看法。

柏辰：我发现批皮橙花灯上面有好多个三角形。

诺诺：还有菱形，上面还有画。

柏辰：把扭扭乐的三角片和菱形连接起来就可以变成批皮橙花灯了。

图 1-1-8　用扭扭乐搭建批皮橙花灯

于是幼儿开始验证自己的猜想。他们用大三角围合拼出平面，用单倍块将六个面组合成立方体，用五孔长条在底边按规律排序，当作批皮橙花灯的流苏。搭完后高兴地拍手说：老师，我们的批皮橙花灯搭建好啦！幼儿搭建的批皮橙花灯和真的批皮橙花灯有点像，但又不一样。

教师：你们按自己的想法把批皮橙花灯搭出来了，真棒！请看看我们搭建的批皮橙花灯和悬挂的批皮橙花灯有什么区别？幼儿陷入了沉思。

教师组织幼儿通过看一看、摸一摸、量一量的方式在纸上记录他们对批皮橙花灯的发现。

文文：批皮橙花灯有八个三角形和四个菱形。

铤允：用尺子量发现每条线（边）都是14厘米。

教师：这种细长的线叫边。批皮橙花灯中的三角形和菱形共用一条边。批皮橙花灯共有几条边呢？幼儿用做标记的方法点数出批皮橙花灯一共有24条边。

诗杨：我摸到三角形是凸出来的，之前我们搭的是平的。

教师：该怎样调整呢？还可以用什么材料建构？

有的幼儿说用花片、乐高，还有的说用扭扭乐。

图 1-1-9　点数、测量批皮橙花灯

💡【思考与支持】

　　幼儿熟悉建构材料,能结合批皮橙花灯的外形特征快速选择适合的材料。呈现的作品反映了幼儿对批皮橙花灯的认知水平。教师引导幼儿将作品与实物进行对比,在具体形象的情境中激发幼儿的认知冲突,以做出下一步调整。

　　活动中教师并没有因为幼儿搭的批皮橙花灯和实际的批皮橙花灯不一样而对幼儿进行干预介入,而是等幼儿完成作品后,运用师幼互动的支持策略引导幼儿重新认识批皮橙花灯,支持幼儿带着批判性思维去推翻自己的已有认知,形成新经验,推动搭建活动向更高层次发展。

游戏二:多种材料搭建批皮橙花灯(进行时间:2 周)

幼儿自选材搭建批皮橙花灯。乐高组在连接各个平面时发现无法找到适合的连接材料。扭扭乐组发现搭建的作品和实物完全不一样。花片组在连接各平面时发现不牢固。三组幼儿都失败了。

在回顾环节时,教师问:可以用什么材料解决连接的问题?

樾樾:用透明胶试试。

柏辰:用扎带将三角片和菱形扎起来。

诗杨:用黏土将花片粘起来。

扭扭乐组　　　　　　　　　花片组　　　　　　　　　乐高组

图 1-1-10　用各种材料搭建批皮橙

　　幼儿尝试用辅助材料解决衔接问题。有的用透明胶,有的用黏土,但因为乐高较重,无法粘住;还有的用扎带,试图将三角形和菱形扎在一起。经历多次失败后幼儿提出:想看看别人是如何制作批皮橙花灯的。

图 1-1-11　运用辅助材料连接各个面

当天下午教师带领幼儿参观旌义祠(与我园只有一墙之隔)。它坐落在小榄镇新市社区华光前街13号,始建于明正统年间,政府修复后展有小榄历史建筑图片、非物质文化遗产作品等。对批皮橙花灯的由来、寓意及制作流程都有详细介绍。批皮橙花灯的制作由"扎框——扎架——绘画——糊裱——剪纸——粘贴"这几个步骤组成。看到匠人用细细长长的竹棍扎出六个大小一样的正方形框,再用胶带扎成批皮橙花灯的框架后,教师问:幼儿园里有哪种建构材料像竹棍一样细细长长的?

芷晴:棍棒球的材料很像竹棍。

晋宇:小球可以将菱形和三角形连接起来。

新的发现让幼儿燃起继续搭建批皮橙花灯的意愿。

图 1-1-12　去旌义祠参观批皮橙花灯制作流程

💡【思考与支持】

幼儿连续失败的原因在于不知道批皮橙花灯面与面的夹角为60°,而乐高、雪花片、扭扭乐等建构材料组合的角度不能形成60°,所以搭建失败。多次的失败体验使幼儿产生了消极情绪。

教师及时关注到了幼儿遇到的困难及情绪变化,利用社区资源帮助幼儿了解批皮橙花灯的制作流程。在参观旌义祠时,教师运用指向性的提问帮助幼儿找到合适的材料——棍棒球,让幼儿重新产生搭建的意愿。

图 1-1-13　棍棒球材料

游戏三：适宜材料搭建批皮橙花灯（进行时间：1 周）

诗杨先搭建了六个正方形，让芷晴和贝贝一人拿一个正方形，她负责将正方形连接，用这个方法成功地将批皮橙花灯框架搭建了出来。她们跑过来说：老师，我们终于将批皮橙花灯搭出来了。随后，幼儿分工合作，测量、裁剪、绘画、剪纸、制作流苏、装裱框架等。第一个批皮橙花灯终于制作成功了，随后第二个、第三个也相应出炉。

扎框　　　　　　　　扎架　　　　　　　　绘画

剪纸　　　　　　　　糊裱　　　　　　　　粘贴

图 1-1-14　用棍棒球成功搭建批皮橙花灯

回顾分享时，教师问：为什么用花片、乐高、扭扭乐搭建批皮橙花灯不成功，用棍棒球却能成功？

思言：花片太小了，搭批皮橙花灯容易掉。

锟龙：乐高只能直直地向上垒高，不能斜斜地连接。

诗杨：棍棒球的洞洞很多，棍子可以随意插，细长的棍子就像批皮橙的边，所以能成功。

教师：乐高上下有两个连接洞，扭扭乐单倍块有六个连接洞，花片有八个连接处。而棍棒球的上下、前后、左右都有洞，连斜角也有洞，共有十八个洞。可以用来连接的洞的数量多，这是它能成功的原因。随后，教师将连接孔插接好让幼儿观察，大家都恍然大悟了。

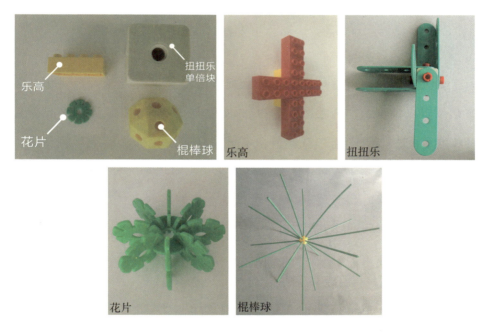

图 1-1-15　建构材料连接情况对比图

教师：批皮橙花灯做好后，你们有什么想法？

一可：要是早点去参观旌义祠，就不用试其他材料了。

柏辰：我想将成功的办法告诉大家。

梓意：把它画出来，大家看了都知道。

在一片讨论声中，幼儿有了制作绘本《"批皮橙"花灯》的想法。教师在美工区旁边摆放了几本绘本，供幼儿参考借鉴。

图 1-1-16　绘制绘本《"批皮橙"花灯》

💡【思考与支持】

　　找到适宜的建构材料让幼儿体验到成功搭建批皮橙花灯的快乐。大班幼儿可以辨识上、下、左、右、前、后六个空间方位，可以掌握水平和垂直的概念（即 180° 和 90°），但认识斜角有一定的难度。批皮橙花灯面与面的夹角为 60°，这个知识点对于大班的幼儿来说很难理解。

　　在回顾分享时，教师将四种材料的连接处数量进行对比，将材料进行直观的展示，帮助幼儿初步感知空间方位与数量关系变化的概念，引导幼儿找到失败的原因，习得新经验。

第三阶段：旋转花灯

游戏一：旋转花灯诞生记（进行时间：1 周）

上次去了旄义祠，幼儿意犹未尽，在幼儿多次请求下，我们再次走进了旄义祠参观。参观时，幼儿发现了一张老照片（1979 年藤厂五层塔"走马灯"），对照片上的"走马灯"产生了兴趣。

一可：什么是走马灯？

梓民：我见过，是骑着马会转的灯。

诗杨：它是怎样旋转的？要装电池吗？

文文：古代人没有电池啊！

幼儿对于会旋转的"走马灯"十分感兴趣,新的关注点出现了。

教师：大家回去可以跟爸爸妈妈一起查找关于走马灯的资料。

1979年藤厂五层塔走马灯

图 1-1-17　第二次参观旌义词

　　教师派发亲子问卷,让家长与幼儿一同了解走马灯是怎样旋转的,生活中还有哪些东西会旋转。收集信息后,幼儿在集体中分享各自的发现。有的家长和孩子一起将会旋转的物品拆下来,发现能旋转的东西都有中心轴;有的家长和孩子制作了简易的走马灯,了解了"走马灯"旋转的原理:加热空气,造成气流,并以气流推动灯绕轴旋转。此后,幼儿们对旋转更感兴趣了,都想将之前搭建的花灯变成可以旋转的花灯。

图 1-1-18　分享亲子收集的信息

💡【思考与支持】

　　亲子查阅信息后幼儿对于旋转的原理已经有初步的感知，知道中心轴是支持物体旋转的关键要素之一，产生了搭建旋转花灯的意愿。

　　教师追随幼儿兴趣，生发了旋转花灯的游戏，联动家长，充分挖掘家长资源。在材料支持方面教师鼓励幼儿根据自己的判断，自由地在幼儿园里寻找能让花灯旋转的物品，给予幼儿更大的探索空间。

游戏二：第一次探秘旋转花灯（进行时间：1周）

　　如何让搭建的花灯旋转起来？幼儿结伴在幼儿园里忙碌地寻找可旋转的物品。有的小组拿着花灯去找类似的可旋转的材料；有的小组先找到材料后再做实验；有的小组用乐高、扭扭乐搭建会旋转的花灯，在探秘的过程中还有一些新的发现。

表1-1-1　幼儿分组探索旋转花灯的实验与发现

组别	材料	是否旋转	新的问题与发现
1	转盘	√	各种花灯放在转盘上都能旋转
2	乐高齿轮	√	乐高齿轮只能匹配乐高花灯，不能匹配其他花灯
3	雨伞	√	雨伞的中心轴上无法放花灯
4	绳子	√	用绳子穿过花灯能使之旋转，但花灯停下后会向反方向转

 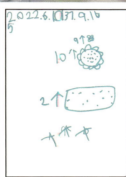  

图1-1-19 探秘旋转花灯

探索结束后小组分享实验结果。

转盘组:我们在书柜里找到转盘,将大大小小的花灯放上去都能旋转。

乐高齿轮组:乐高齿轮只能匹配乐高花灯,其他花灯不能旋转。

雨伞组:雨伞只转一下就停了。

绳子组:将绳子穿进花灯中间的花片上,花灯就可以旋转了。但它停下后会反过来转。

骏宏:五层塔的走马灯是可以一起旋转的。下次我想试试让更多花灯转起来。

大家纷纷表示想尝试让更多花灯转起来。

💡【思考与支持】

在探究的过程中幼儿能与现实生活相联系,通过观察、分析、推理等方法寻找适合的材料,幼儿加深了对中心轴概念的理解与运用。教师提供的环境和材料已不再局限于某个场所、某种材料，教师开放性地让幼儿在自由结伴、自主探索、自发记录的过程中深入探索关于旋转的知识，鼓励幼儿运用语言、符号表征等方式分享自己的发现。

游戏三：第二次探秘旋转花灯（进行时间：1周）

每组幼儿尝试挑战让多个花灯同时旋转。在回顾时，骏宏说：我们的转盘太小了，如果有个像餐桌那么大的转盘就能让多个花灯同时转动起来。

思言：雨伞上不能放两个花灯，转不了。

安安：一条绳子绑两个花灯会断。

汀汀：我们在转动的齿轮上放乐高花灯，齿轮一转，上面所有的花灯都会转。汀汀一边说一边演示。当看到四个花灯同时转动时大家都拍手叫好。

诗杨：有的花灯向左转动，有的向右转动。

文文：五层走马灯旋转的方向是一样的。

邓译：将所有向左转的花灯留下，把向右转的花灯拆掉就可以啦。幼儿纷纷表示赞同，认为这是最简单有效的方法。

表1-1-2　幼儿分组探索多个花灯旋转的实验与发现

组别	材料	是否能让多个花灯旋转	新的问题与发现
1	转盘	×	转盘太小，要换大的转盘才能使多个花灯旋转
2	乐高齿轮	√	乐高齿轮能带动所有乐高花灯同时旋转起来
3	雨伞	×	花灯都堆在伞中间，没法旋转
4	绳子	×	要很多条绳子才能让很多盏花灯旋转，一条绳子不行

图 1-1-20 两个花灯一起旋转

💡【思考与支持】

旋转涉及初中的知识点,大班幼儿很难理解这些知识,只能通过实验进行初步感知。难能可贵的是幼儿能专注、持续地进行探究,在实验过程中仔细观察细微的变化,养成善于发现问题、爱思考的良好品质。

教师与幼儿互动,利用开放性提问帮助幼儿进一步了解旋转的知识。但教师此时有些过于着急让幼儿解释齿轮带动花灯的原因,导致幼儿无法回答教师提出的问题。需多给一些时间和引导让幼儿继续探索。

第四阶段:小榄花灯街

游戏一:设计花灯街(进行时间:1周)

看到拼搭天地摆放着大小不一、形态各异、功能独特的花灯,梓洋说:这里有这么多的花灯,看起来好像小榄花灯街呀。

梓铭:不如我们也来建花灯街吧。

婷婷:我记得那里还有花坛。

柏辰:还有烧烤店……

周末家长自发带孩子参观花灯街,并在喜欢的地方拍照留念。周一回园后幼儿纷纷交流了自己的体会。花灯街里有留影墙、灯谜墙、果汁店、花坛、吉祥物菊娃等。幼儿按自己的喜好自由分组,规划设计图。

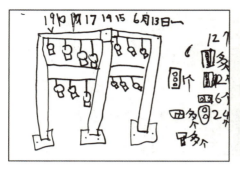

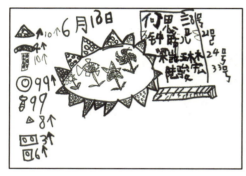

图 1-1-21　设计花灯街各景点

【思考与支持】

　　土生土长的小榄娃对家乡逢年过节逛花街、猜灯谜的民俗活动情有独钟，延伸出想搭建花灯街的想法。幼儿对花灯街的整体布局比较熟悉，知道花灯街的多处景点，但却未意识到搭建场地不大，如果在建构前没有合理的规划，则建构中将出现扎堆或者空间不够的情况。每组幼儿都在热火朝天地讨论自己建构的景点，并没有意识到场地的问题。

　　教师虽已意识到建构中可能会出现拥堵的问题，但是并未在此时介入引导，而是耐心等待，让幼儿有更多自己发现问题的机会。

　　游戏二：第一次搭建花灯街（进行时间：1周）

　　幼儿按照设计图选取材料。建构留影墙的幼儿以洞洞墙作为背景，拼搭出批皮橙花灯和花灯街的图案；"开店"的幼儿利用乐高桌的基板搭建了烧烤店、果汁店、气球店等,但桌子随意摆放,店铺之间没有间隔。晓岚在"果汁店"买饮料时将"钱"给了"烧烤店的老板",顾客和老板起了冲突。

梓铭:我才是果汁店的老板。

晓岚:你们连在一起,我都不知道谁是老板。

锟龙:我们把店铺隔开,不要挨得太近。

芷晴:可以在店铺上写名字,客人一看就知道这是什么店。

教师:怎样才能让客人快速找到想去的店铺呢?

诗杨:我去海洋王国玩的时候拿着游园地图就能找到想去的地方。

安安:我们也来画花灯街的地图。

大家都赞同这个想法。于是大家开始一起规划景点。

图 1-1-22　规划景点、绘制游览平面地图

💡【思考与支持】

　　幼儿因位置拥挤在游戏时发生了冲突。诗杨结合自己去海洋王国游玩的已有经验提出绘制地图的想法,做到融会贯通地解决问题,已达到深度学习中认知层面的重要目标。

　　教师对搭建花灯街有恰当的预期,当幼儿在游戏中发现问题时,多提开放性的问题促进幼儿思考。通过分析讨论引导幼儿调整计划,找到解决问题的方法。在回顾环节利用平面图帮助幼儿梳理整个花灯街的布局,感知空间方位。

游戏三:第二次搭建花灯街(进行时间:1周)

幼儿结合花灯街整体设计图找到相应的位置进行搭建。店铺组用洞洞墙做门面,用乐高砌出了店铺的名字;花坛组将之前建构的荷花花灯和菊花花灯用五孔长条支起来,但支架太细,风一吹就倒下来;灯谜墙组的幼儿用扭扭乐搭了一个四柱三门的灯谜墙,同样摇摇晃晃不牢固。关于平衡的问题等着幼儿探索与解决。

晞儿走过来说:老师,这个花灯总是掉下来。

教师:这个花灯像真的荷花一样漂亮,有花、茎、叶。想一想,真实的荷花为什么能不被风吹倒?

淳樾:因为泥土里有花的根。

晞儿:我们也可以在茎的下面加上根。于是她拿来四孔转角片,荷花花灯终于立稳了。

汀汀:我们搭的灯谜墙也不稳,一松手就会倒。

教师搜索石牌坊的照片给她们看,问:这个石牌和灯谜墙很像,为什么它能站稳呢?

图 1-1-23　解决花灯和灯谜墙不稳的问题

梓意:我发现石牌每个脚下面都有一个大大的正方形。

教师:为什么它的柱脚有石墩?

文文:有了重量压住就不会倒了。

钲允:如果我们也在柱子下加上这个会不会更牢固?

💡【思考与支持】

　　幼儿能根据平面图进行搭建,初步感知三维物体,与同伴分工合作,发展社会交往能力。幼儿搭建的莲花花灯具有花、茎、叶的细节,展示了对称关系,搭建时注意规律和美感。幼儿在多次遇到建构困难后能主动寻求帮助。

　　教师用语言肯定幼儿搭建的作品。引导幼儿与现实生活相联系,利用图片提供信息支持幼儿学习。

游戏四:游玩花灯街(进行时间:1周)

看着花灯街里琳琅满目的花灯和店铺,幼儿特别有成就感。

教师:花灯街已经建好了,你们有什么想法?

幼儿齐声说:我们想进里面玩。大家围绕"怎么玩? 谁来买? 谁来卖? 价格怎么定?"展开了讨论,紧接着角色游戏开始了。

图 1-1-24　游玩花灯街

【思考与支持】

　　游玩花灯街是整个课程的高潮，也是尾声，幼儿呈现的作品是非常丰富的。虽然这些花灯、食物、店铺都是假的，但幼儿却沉浸在游玩花灯街的喜悦中，脸上洋溢着灿烂的笑容。最终呈现出建构游戏与角色游戏相互交融的自主游戏样态。

▋ 总结与反思

　　1. 幼儿的学习与发展

　　（1）情感态度方面

　　通过亲子参观小榄花灯街、搭建花灯街、游玩花灯街等活动，幼儿了解了小榄的传统文化，对家乡的民俗文化建立了初步的认同感。

　　（2）知识经验方面

　　幼儿的认知发展从最初只知道各式花灯的名称，到了解不同的花灯有不同的寓意；从只关注花灯的外形特征，到后期关注花灯的内部结构。幼儿的建构水平从二维搭建发展到立体的三维搭建。无论是从认知发展水平还是从建构水平上看,都能发现幼儿由浅入深、自发自主地进行关于花灯的探究式学习。

（3）学习品质方面

幼儿对新事物充满好奇,面对自己感兴趣的问题时,能保持持久的专注力。幼儿与同伴分工合作,积极探索,坚持尝试用多种办法解决问题,从失败中总结经验;在探索时能有计划地寻找旋转的物品,用实验证明自己的猜想,呈现出了可贵的学习品质。

2. 教师的支持策略

（1）隐性支持

环境支持。悬挂各式传统手工花灯,营造搭建花灯的氛围。凸显批皮橙花灯,吸引幼儿的兴趣。投放关于花灯的绘本,幼儿通过欣赏绘本中丰富的花灯图案、有趣的故事情节,提升建构花灯的兴趣。提供作品展示架,既肯定幼儿搭建的花灯,又可供幼儿互相欣赏、借鉴。为幼儿建构大型花灯提供自由创作的空间。

材料支持。不断调整建构材料,从单一到丰富多样,一直追随幼儿的脚步。当游戏进展到后期,材料的投放从教师提供转变为幼儿自己寻找。教师更大程度地"放手"让幼儿在全园寻找材料,支持、满足幼儿探究的愿望。体现教师"最大程度支持,最低程度介入"的教育理念。

情感支持。教师营造积极的情感氛围,允许幼儿在建构游戏过程中以自己的方式自由探索,承担风险,鼓励幼儿在不断试错中主动积累经验。

联动家长支持。联动家长与幼儿一起填写调查问卷《花灯文化知多少》,了解走马灯旋转的原因,寻找身边会旋转的物体,实地参观花灯街,感受小榄的花灯文化与习俗。

（2）显性支持

活动支持。当幼儿在游戏过程中遇到问题或无法发现问题时,教师利用各种活动促进幼儿认知发展。

　　师幼互动。游戏中教师注意介入的时机和方法，做到有效的师幼互动，如：教师及时地肯定幼儿的建构作品，运用开放性的问题引导幼儿将自己搭建的花灯和悬挂的真实花灯进行比较，与幼儿一起分析建构材料的特性，引导幼儿联系先前的建构经验，寻找失败的原因等。有效的师幼互动能助推活动走向纵深的发展。

▼ 游戏路径图

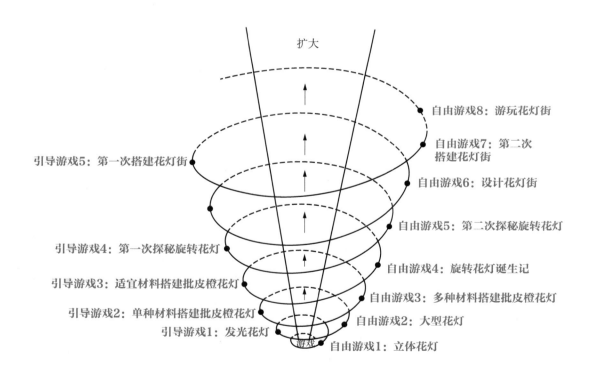

三借芭蕉扇

年龄段:大班

中山市沙溪镇云汉幼儿园

黄韵洁、吴韵玲、陈思慧

▊ 背景信息

《西游记》是中国古典文学四大名著之一。这段时间幼儿在听《西游记》的音频故事,在自主游戏时间,表演区的几名幼儿在表演《三借芭蕉扇》的故事,他们的表演引起了其他幼儿的关注,大家纷纷加入表演的行列,教师及时地将表演过程录了下来,并在游戏分享环节重点进行了分享。这引发了幼儿想要继续表演的兴趣。于是,围绕"三借芭蕉扇"的系列游戏诞生了。

▊ 游戏准备

1. 材料准备

各种颜色、材质的布料。

各种颜色、形状、大小的珠子,剪刀,各种宽度的透明胶,绳子等;幼儿也可以根据需要,去各处寻找自己所需的材料。

2. 环境准备

创设师徒四人取经经过火焰山的情景。

把《西游记》中人物的各种造型、动作及特征图片，展示在班级的主题墙上。

美工区投放亲子超轻黏土手工作品"我最喜欢的西游记人物"。

图 1-2-1 《西游记》情景　　　　图 1-2-2 《西游记》人物超轻黏土手工作品

3. 经验准备

幼儿有表演绘本故事的经验；对《三借芭蕉扇》的故事情节基本熟悉掌握；有一定的绘画、手工制作等艺术表现能力。

▌ 游戏历程

"三借芭蕉扇"从开始到结束，全班 37 名幼儿参与，整个游戏分四个阶段逐步推进，用时 16 周，贯穿了整个学期，一共由 16 个游戏组成。

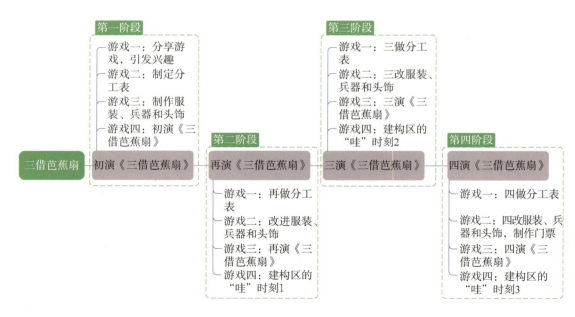

第一阶段:初演《三借芭蕉扇》

游戏一:分享游戏,引发兴趣(进行时间:1周)

自主游戏时间,教师把表演区幼儿表演《三借芭蕉扇》的情景录了下来,在游戏分享环节和幼儿进行了分享。

教师:表演区的小朋友表演了《三借芭蕉扇》,大家觉得演得怎样?

幼1:他们表演得不像,动作太随便了。

幼2:他们没有孙悟空和唐僧的衣服。

幼3:也没有兵器、金箍棒和九齿钉耙。

教师:有什么解决的办法呢?

幼1:我家是开布行的,有很多布,可以用来做衣服。

幼2:可以把自己家里不同颜色的珠子带来做成头饰。

💡【思考与支持】

幼儿在阅读过程中,感受到了西游记人物各具特色的形象,由此自发开展了《三借芭蕉扇》表演游戏。教师及时捕捉到了幼儿的兴趣点,并重点进行了分享,通过讨论帮助幼儿梳理了表演中存在的问题,找到解决问题的方法,让幼儿表演的兴趣得到保持,也引发了更多幼儿参与游戏的兴趣。教师跟家长进行沟通,让家长了解幼儿的游戏状态,并帮忙收集做衣服的各种布料和做头饰的珠子。

游戏二:制定分工表(进行时间:1周)

第二天,幼儿带来了各种各样的布和珠子。晨谈时间,教师组织幼儿围绕"如何做"开展了讨论,有的幼儿说要先做衣服和头饰,有的幼儿说还要做兵器,还有的幼儿提议要把分工的事情先记录下来,这样才知道自己负责什么事情。经过讨论,最后幼儿一致决定先做计划表。

图 1-2-3　各种颜色和材质的布料

图 1-2-4　各种颜色和形状的珠子

区域游戏时，有兴趣参与表演游戏的幼儿聚在一起开始做计划。他们一致决定让平时擅长绘画的梓滨负责画分工表，梓滨拿起笔说：我们把表演的主题《三借芭蕉扇》放在中间位置吧，但我不会写这些字哦。洁莹说：画一把扇子大家就知道是三借芭蕉扇了。梓滨很快在纸的中间画了一把扇子……

经过一番讨论后，梓滨做出了一个蝴蝶状的分工表，幼儿分别在分工表上对应的角色或工作旁写下了自己的名字。

图 1-2-5　讨论如何分工

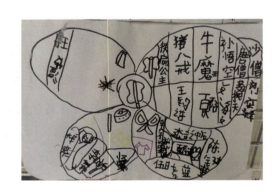

图 1-2-6　第一次分工表

游戏三：制作服装、兵器和头饰（进行时间：1周）

负责给铁扇公主做服装的是钇彤，她在众多的布料中找到一块蓝色的珠片布，将布从前往后包在洁莹身上，在后面打了一个结，但刚松开手布就滑落到地上了，她连忙捡起布重新帮洁莹围起来，用同样的方法打结，又把打结的位置拧了一圈并把结塞进了里面，确保牢固了才松开手。其他幼儿也互相帮忙把服装做好。

图 1-2-7 制作铁扇公主的裙子

图 1-2-8 制作孙悟空的服装

　　负责做扇子的晓蓝用纸画了一个椭圆,做了简单的装饰后剪下来,把两根扭扭棒缠好,用透明胶贴在纸扇面的背面,扇子就做好了。键莹选了红、黄两种颜色的扭扭棒。她先用红色的扭扭棒围成一个圈,再用黄色的扭扭棒分别固定在红色的圈上,唐僧头饰就做好了。做金箍棒的幼儿找了一个小圆柱当作金箍棒;做玲珑宝塔的幼儿在纸上画好宝塔后把它剪下来,宝塔也做好了。

图 1-2-9 制作铁扇公主的扇子

图 1-2-10 制作唐僧头饰

图 1-2-11 制作金箍棒

图 1-2-12 制作玲珑宝塔

经过一轮忙活，第一次表演的服装、兵器等道具制作完毕，第一次《三借芭蕉扇》的表演开始了。

图1-2-13　兵器、头饰作品图

图1-2-14　初演《三借芭蕉扇》造型图

游戏四：初演《三借芭蕉扇》（进行时间：1周）

几名表演的幼儿走上舞台后，站在台上你看看我，我看看你，不知道如何开始，等了两分钟左右，台下有小观众说：老师，不如你来念旁白吧，不然都不知道轮到谁出场了。你说到哪个人物，哪个人物就出场吧。

于是老师就念旁白，幼儿根据旁白提示出场，做相应的肢体动作，老师读完故事内容，第一次表演《三借芭蕉扇》结束。

图1-2-15　唐僧和孙悟空来到火焰山

图1-2-16　孙悟空向铁扇公主借扇子

游戏结束后，老师请表演区的孩子分享今天的表演。

幼1：我们做好分工的计划图就开始做表演的衣服和道具，我是负责做头饰的。

幼2：我和诗韵是负责做衣服的。

教师：那你们的表演顺利吗？

幼3：我觉得不是很顺利，因为衣服老是掉。

幼4：没有人做沙僧的衣服，也没有人演猪八戒。

教师：计划表上不是写着钧诺演猪八戒吗？

钧诺：猪八戒这么丑，我不想演。

幼5：铁扇公主的扇子不是圆的，太软了。金箍棒太短了。

教师：还有什么问题？

幼6：我们的计划表看不清楚谁做什么，所以没有人做沙僧和牛魔王的衣服。

教师：你们对今天的表演都不满意，还发现了很多问题，我们一起整理一下今天的问题：一是衣服总是掉；二是没人愿意演猪八戒；三是铁扇公主的扇子不是圆的，太软了；四是沙和尚和牛魔王的衣服没人做；五是计划表不清晰。针对以上问题，大家可以在午餐后商量一下有没有好的解决办法。

图1-2-17　商量绘画反思图

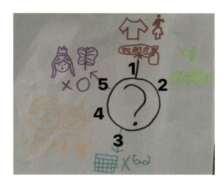

图1-2-18　反思图

💡【思考与支持】

　　以往幼儿的分工大多是口头分工，而这一次幼儿能做书面的分工表，说明幼儿的能力在不断提升。从画分工计划表的过程可以看出，幼儿能将掌握的经验迁移到本次的计划中。幼儿缺乏制作服装的经验，教师与幼儿进行了分析讨论,激发了幼儿继续做服装道具的兴趣。在游戏的过程中,教师给予幼儿思考和处理问题的时间,让幼儿能够发现问题、解决问题、不怕困难,培养了协商、合作的能力。

教师后续在美工区和表演区提供了西游记人物及其兵器的图片供幼儿观察交流;提供各种材料,支持幼儿开展服装和道具的制作;并鼓励幼儿回家向家人了解固定衣服的方法,继续与家人一起阅读《西游记》系列绘本等。

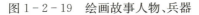

图1-2-19　绘画故事人物、兵器　　　　图1-2-20　亲子阅读《西游记》故事

第二阶段:再演《三借芭蕉扇》

游戏一:再做分工表(进行时间:1周)

自主游戏时间,表演区的幼儿在讨论重新做分工计划,诗韵说故事里面一共有九个人物,需要九个小朋友来表演。键莹说人物和兵器一一对应就会很清楚。钇彤说要一起分工,有做衣服的人、有表演的人,穿衣服时需要互相帮忙。昊森说除了要有人做衣服,还需要有人做兵器……在大家的讨论中,执笔的梓滨画出了表格形式的分工表,最后大家在选择的角色下面写上自己的名字,一张全新的分工表就完成了。

图 1-2-21 商量再演《三借芭蕉扇》的分工

图 1-2-22 再演《三借芭蕉扇》的分工表

游戏二:改进服装、兵器和头饰(进行时间:1 周)

分工表做好后,教师提示幼儿思考:衣服总是掉这个问题怎样解决?

幼儿纷纷说出自己的想法:有的说可以用透明胶或双面胶或魔术贴粘起来;有的说可以绑个结;有的说可以用扭扭棒绑起来……教师鼓励幼儿大胆尝试。

图 1-2-23 预设的方法图

图 1-2-24 探究各种固定衣服的方法

由于第一次制作的芭蕉扇太软,这次幼儿改用筷子做扇柄,并且制作了真、假芭蕉扇;针对金箍棒太短的问题,这次他们制作了长长的金箍棒;把在纸上画的宝塔换成了立体

图 1-2-25 再演《三借芭蕉扇》兵器、头饰

图 1-2-26 再演《三借芭蕉扇》各种造型

的;沙僧的兵器也制作好了;头饰也变丰富了。一切准备就绪,再演《三借芭蕉扇》开始了。

游戏三:再演《三借芭蕉扇》(进行时间:1周)

再演《三借芭蕉扇》开始了,这一次教师继续念旁白。每个出场的角色一边表演一边自己讲出角色的对白。第二次《三借芭蕉扇》表演结束。

图1-2-27　孙悟空找铁扇公主借芭蕉扇　　　图1-2-28　牛魔王和孙悟空打斗

表演结束后,老师将表演的视频和全班幼儿一起分享。

教师:今天的表演怎样?

幼1:铁扇公主好漂亮呀!我想扮演她。

幼2:沙僧和牛魔王都有了,但还是没有猪八戒!

幼3:猪八戒这么丑,我不喜欢演。

教师:为什么你们都不想演猪八戒呢?

幼4:因为猪八戒太丑了,衣服也不漂亮,黑漆漆的,我不想穿这样的衣服。

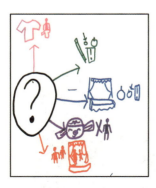

图1-2-29　再演《三借芭
蕉扇》反思图

幼5:猪八戒很胖的,肚子又大,又贪吃,我们没有大肚子,演不了。

幼6:猪八戒好吃懒做,整天不愿做事情,我可不想像他一样。

教师:你们对今天的表演还是不太满意,那我们一起整理一下今天的问题:一是衣服还是系不牢;二是兵器做得不太好,铁扇公主的扇子都烂了;三是仍然没人愿意演猪八戒;四是有新的小朋友要加入表演。

【思考与支持】

表演游戏引起了更多幼儿的关注,他们也想加入表演的行列中。根据重新制作的分工表可以看出幼儿对表演游戏的开展思路更清晰了,角色更丰富了,但仍没有人愿意演猪八戒。在制作服装的过程中,幼儿想到了解决办法并验证,但该问题并未解决,幼儿仍需探索。

为了加深幼儿对角色的了解,教师组织幼儿观看了影片,了解猪八戒的更多事迹;根据需要提供更多的材料;请家长继续陪伴幼儿阅读《西游记》系列绘本,促进幼儿进一步熟悉故事角色、情节等。

图1-2-30 教师与幼儿深入了解猪八戒

图1-2-31 家长陪伴幼儿继续熟悉故事角色、情节

游戏四:建构区的"哇"时刻1(进行时间:1周)

首先,确定主题。

再演《三借芭蕉扇》的第二天是全园的户外自主游戏时间,在做计划的过程中幼儿提出要在建构区用积木搭建《西游记》中的人物:唐僧、孙悟空、猪八戒、沙僧、铁扇公主,于是建构主题确定了。

其次,绘制设计图。

确定搭建主题后,教师组织幼儿进行分组,分别是唐僧组、孙悟空组、猪八戒组、沙僧组和铁扇公主组,并进行了讨论:怎样让人一看搭建设计图就知道要用哪些形状的积木来搭故事人物呢?

　　幼1:我们搭立体的唐僧,要从脚开始。

　　幼2:用基本块搭。

　　幼1:不行,基本块很容易倒的。

　　幼3:用空心积木吧。

　　……

　　各组幼儿一边讨论一边记录需要用的材料,并开始绘制设计图。设计图完成后,教师组织幼儿进行了分享,第一次搭建活动开始了。

图1-2-32　唐僧设计图　　　　图1-2-33　孙悟空设计图

图1-2-34　铁扇公主设计图　　　图1-2-35　沙僧设计图

　　再次,搭建《西游记》故事人物。

　　幼儿分成5组分别带着设计图来到户外的建构区,各组先确定搭建位置,根据需要对设计图进行调整后开始搭建。唐僧组的幼儿根据设计图,很快找到了相应形状的积木,他们很快就搭出了立体的唐僧,并开始为唐僧寻找袈裟。几名幼儿去美术室取来了几块红色的布,将几块布平铺在地上对比哪一块最大,选出最大的一块从唐僧的左肩往右手臂的腋下穿过去,并将两个角在身后打了个结。也许结打得比较松,布总是往下掉,幼儿取来了胶带想要将红布粘住,可怎么也粘不牢。几名幼儿将搭建唐僧的积木轻轻地往上抬起,然后将多余的红布塞进去压好,终于达到他们想要的效果。立体的唐僧搭建好了。

其他的组也相继搭好了各自的作品。

图1-2-36 幼儿正在搭建唐僧

图1-2-37 幼儿正在系唐僧的袈裟

图1-2-38 唐僧成品图

图1-2-39 猪八戒成品图

图1-2-40 铁扇公主成品图

图1-2-41 沙僧成品图

最后，分享交流。

搭建结束后教师组织幼儿一起分享搭建心得：

唐僧组的幼儿介绍说开始的时候用两个万能点搭建唐僧的脚，但是不稳，后来改用了三个万能点来搭，这样才稳了，所以唐僧有三只脚。而对于唐僧锡杖上面的圆，一开始也不知道怎样搭，后来用了两个半圆积木拼在一起就可以了。

铁扇公主组的幼儿说本来想搭站着的铁扇公主，但总是会倒，最后搭了躺着的；沙僧组的幼儿介绍说也是因为同样的原因，才搭了躺着的沙僧。

各组介绍完后，教师和幼儿一起梳理唐僧组的成功搭建经验：设计图很具体，选用面积大的积木作为底座，用长木板做支架，积木如果不够可以找代替物。最后，教师让各组商量调整设计图，并自行决定是在原基础上进行调整还是拆了重搭。

💡【思考与支持】

幼儿的空间思维能力存在个体差异，将二维的平面图转变成三维的立体作品，这对于幼儿来说是一个很大的挑战。教师采用分享加总结的方法，让搭建失败的幼儿找到解决问题的方法，给幼儿提供间接的经验。整个游戏过程中，幼儿参与游戏的兴趣一直高涨，思维的活跃度非常高。

基于此，教师在建构区展示人物的平面图与立体图作为"支架"，鼓励幼儿使用多种辅助材料进行搭建。

图 1-2-42 《西游记》立体人物图　　　　图 1-2-43 《西游记》人物平面图

第三阶段：三演《三借芭蕉扇》

游戏一：三做分工表（进行时间：1周）

经过两次的表演，更多幼儿对表演有兴趣了，幼儿在餐后及自由游戏时间，谈论最多的就是《三借芭蕉扇》里的各种细节。

自主游戏时间，表演区明显比平时多了很多人，新加入的幼儿还在观望。

教师：今天的表演区这么多人，怎么安排呀？

幼1：我们还是重新做一个安排表吧。

幼2：要有人演猪八戒呀！

幼3：我来演吧（班上长得最壮的凯锐），其实猪八戒以前是长得很帅的，而且他很善良很可爱呀！只是贪吃了一点，懒了一点。

幼儿：好呀，就凯锐演吧，我们先做安排表。

教师：好，那你们尝试一下。

在大家的商量讨论下，幼儿第三次调整了分工表。

图 1-2-44　商量三演《三借芭蕉扇》的分工

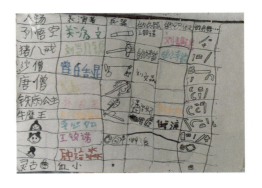

图 1-2-45　三演《三借芭蕉扇》分工图

游戏二：三改服装、兵器和头饰（进行时间：1周）

教师：上次大家说衣服系不牢，找到解决方法了吗？

幼1：妈妈平时帮我缝衣服时是用针和线的，妈妈教会我了。

幼2：我从家里带来了扣针可以用。

幼3：多绑几个结，试试。

幼4：订书机可以把衣服订牢。

教师：好，那你们试试。

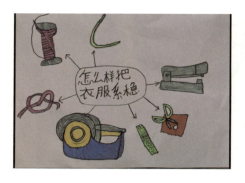

图1-2-46 设想把衣服系牢的办法

图1-2-47 尝试各种办法

教师：上次大家说兵器都太小了，扇子又容易烂，你们想到好办法了吗？

幼1：我们想用万能工匠的材料来做。

幼2：万能工匠的材料可以变出来很多的形状。

教师：可以，你们试试。

最后幼儿用万能工匠的材料做出了芭蕉扇、风火轮、九齿钉耙，还有沙僧的降魔杖和行李箱。

图1-2-48 芭蕉扇、风火轮

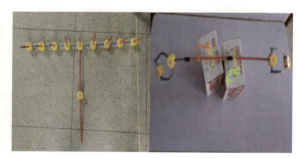

图1-2-49 九齿钉耙、降魔杖

根据第二次表演幼儿提到舞台太小的问题，第三次的表演地点设在了幼儿园大厅，那里有足够大的空间开展表演游戏。

图 1-2-50 三演《三角芭蕉扇》造型图

游戏三:三演《三借芭蕉扇》(进行时间:1周)

幼儿来到了大厅,一起布置表演的场景。大家一起布置铁扇公主的芭蕉洞,然后商量出场的顺序和位置,一切准备就绪后第三次的表演开始了。

教师继续念旁白。听着旁白,幼儿依次出场表演。

图 1-2-51 铁扇公主驱赶孙悟空

图 1-2-52 铁扇公主把扇子递给牛魔王

分享交流时,大家积极讨论。

教师:看完今天的表演,你觉得怎么样?

幼1:他们的服装真好看,兵器也很逼真。

幼2:这次表演的衣服没有掉下来,很稳固。

幼3:我们表演的时候老是忘记对话,只顾着演但忘记说了。

幼儿4：是呀，我也是忘记了。

基于幼儿的讨论，老师对幼儿的问题进行了梳理。

教师：记不住对话，只顾着演于是忘记对话了，大家有什么办法？

幼1：不用表演的小朋友说对白，表演的小朋友就不用说了。

幼2：我们先把我们要说的话录下来，表演时就播放出来。

教师：大家觉得哪个办法好？

幼儿3：老师我们还是录下来吧。

教师：好的。

💡【思考与支持】

　　幼儿的表演一次比一次精彩。终于有幼儿愿意主动演猪八戒，这说明幼儿对故事的人物越来越了解了。在不断地表演中，幼儿开始关注角色的语言、动作和表情，这是幼儿表演能力提升的一个重要标志。

　　教师给幼儿提供录音工具，鼓励幼儿回家向家人了解怎样录音？并尝试进行录音。鼓励家长和幼儿进行亲子表演。

图1-2-53　投放录音工具

图1-2-54　在家中表演《三借芭蕉扇》

游戏四:建构区里的"哇"时刻2(进行时间:1周)

再做设计图。

基于第一次搭建后的分享,幼儿根据同伴的意见调整设计图,并自行决定是在原基础上进行调整还是拆了重新搭建。

图1-2-55 哪吒设计图

图1-2-56 孙悟空设计图

图1-2-57 沙僧设计图

图1-2-58 猪八戒设计图

搭建"站立"的《西游记》故事人物。

幼儿带着自己组的设计图开展第二次搭建。

猪八戒组的幼儿找到教师。

幼1:老师,我们的猪八戒搭好了。

教师：咦，猪八戒的大肚子在哪儿？

幼2：是哦，那要再加一些积木让中间凸出来一点，才能变成大大的肚子。

幼2：我们先把头拿下来，再把肚子变大一点。

幼3：你们过来看，猪八戒的背面不就有积木凸出来了吗，我们只要把眼睛、鼻子、嘴巴贴到后面就好啦，不用拆也可以。

其他幼儿听了后都跑到猪八戒的两侧观察，发现这个办法是可行的，纷纷表示同意，便开始动手，立体猪八戒终于完成了。

图1-2-59　幼儿正在搭建猪八戒

图1-2-60　幼儿正在搭建猪八戒

图1-2-61　幼儿正在搭建沙僧

图1-2-62　幼儿正在搭建沙僧

各组幼儿都通过调整或重建，最后搭建出了站立着的立体唐僧、孙悟空、猪八戒等。

图 1-2-63　哪吒成品图

图 1-2-64　沙僧成品图

图 1-2-65　猪八戒成品图

图 1-2-66　孙悟空成品图

搭建完成后,教师组织幼儿绕建构作品一圈,在观察的过程中鼓励幼儿互相介绍、交流。

【思考与支持】

在本次的搭建活动中,根据二维的图纸搭建三维的立体人物是最大的挑战,从幼儿绘画设计图的过程中看出幼儿已经能够将三维的形象在脑海中转换成二维的设计图并绘画出来,这表示幼儿的空间思维能力有了质的飞跃。

在搭建的过程中,如何突出各个人物的外形特征也是问题,每一组的幼儿都有不同的解决方法,在这个过程中幼儿积极主动地探索,认真专注地思考,依靠共同合作获得了成功。

第四阶段:四演《三借芭蕉扇》

游戏一:四做分工表(进行时间:1周)

第三次表演进一步引发了幼儿对《三借芭蕉扇》表演的关注,有幼儿提议要在六一当天进行一次表演,这个提议得到了全体幼儿的一致赞同。于是在自主游戏时间,幼儿商量重新制定表演分工计划表,这一次他们采用表格的方式,划分了角色人物、表演者、兵器、材料、制作者等几项内容,最后大家认领角色和任务并写上自己的名字,计划表就完成了。

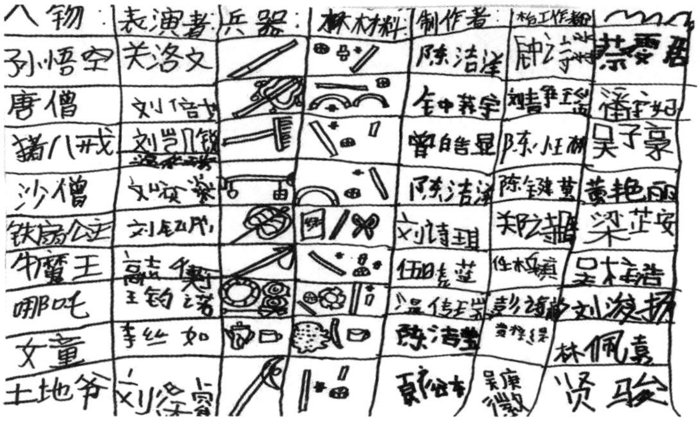

图 1-2-67　四演《三借芭蕉扇》分工表

游戏二:四改服装、兵器和头饰,制作门票(进行时间:1周)

有了前三次的服装、道具制作经验,这一次的改造更顺利,每个项目的负责人都明晰了自己的任务,和伙伴一起完成满意的改造。还有幼儿为第四次表演制作了观演门票,说要邀请老师和其他班的小伙伴来观看表演。

图 1-2-68　观演门票　　　　　　　　图 1-2-69　真、假芭蕉扇

图 1-2-70　四演《三借芭蕉扇》造型图

游戏三：四演《三借芭蕉扇》（进行时间：1 周）

幼儿提出请诗韵念旁白，诗韵也欣然接受了念旁白的任务。于是，四演《三借芭蕉扇》开始了。

旁白依次读出故事情节，唐僧师徒四人跟随着旁白讲述缓缓出场表演。随后，其他人物角色也依次出场，每个故事人物都一边表演一边说自己的台词。表演结束后，全体小演员上台向观众致谢。

图 1-2-71　师徒四人经过火焰山　　　　图 1-2-72　孙悟空偷偷来到芭蕉洞

分享交流：

教师：这一次的表演你们感觉怎样呀？

幼1：我觉得很精彩，孙悟空的衣服是我做的，看他穿着表演我也很开心。

幼2：这次的猪八戒更像了，有了鼻子和耳朵，肚子也大大的。

幼3：我觉得诗韵念的旁白很好，声音很响亮，也很有感情。

……

教师：看来你们对这次的表演挺满意的。

幼4：老师，下次我们到户外的建构区搭建一个大大的积雷山和火焰山吧。

这个提议又引起了幼儿的兴趣，大家都很期待下一次的户外建构游戏。

💡【思考与支持】

　　每次演出之后的分享、交流是帮助幼儿梳理经验、激发思考、深入游戏的过程。在最后一次的分享中，有幼儿说自己虽然没有参与表演，但服装和道具是自己做的，所以感觉也很开心，可以看出幼儿的归属感越来越强了。幼儿对这一系列表演游戏的兴趣有增无减，这说明游戏的不断推进让幼儿有了成功的体验。

　　基于幼儿还想搭建大型场景的想法，教师在建构区提供了故事场景图作为支架，支持幼儿想继续搭建的愿望。

游戏四：建构区的"哇"时刻3（进行时间：1周）

第二天的自主游戏时间，幼儿自发分成了四个小组，一起商量用什么材料搭建，怎样搭建等问题，为搭建场景做准备。

搭建积雷山组：

几名幼儿根据商量的结果搬来空心积木开始搭建牛魔王的积雷山。

幼1：我们要用空心积木搭洞门。

幼2:洞门两边要有牛角的标志。

幼3:我们可以用两个弯弯的积木来代表。

图1-2-73　牛魔王的积雷山洞门

图1-2-74　牛魔王的积雷山

图1-2-75　铁扇公主坐的椅子

图1-2-76　牛魔王住的房间

搭建火焰山组:

幼1:这座山太小太矮了,直直的,一点都不像。

幼2:是呀,山顶应该是弯弯的,不是直的。

幼3:我们可以找弯曲的积木放在上面。

幼4:不行,还是太小了,找一个大一点的吧。

几名幼儿在操场上寻找了一圈,看见环保生态区的摇船,有幼儿高兴地说:这个够大了,我们就用这个来搭吧。于是几名幼儿一起合力把摇船搬回搭建区域。几个人看了看说形状是对了,但火焰山是红色的。洁莹说用红色的布铺在摇船上就变成红色的火焰山了,钇彤马上回班上的表演区拿来了红布。在幼儿的互相合作下,红红的火焰山搭建成功了。

图 1-2-77　幼儿正在搭建火焰山　　　　图 1-2-78　火焰山成品图

💡【思考与支持】

在这一阶段的系列游戏中，可以看出幼儿无论是对分工表还是服装道具和表演，都在往细节方面去完善，从原来关注整体到关注细节，这是幼儿学习能力不断提升的一个重要标志。到了第四阶段，全体幼儿都参与到了游戏当中，在分享活动中可以看到幼儿溢于言表的自豪感和成功感，幼儿的归属感得到了提升。

▮ 总结与反思

1. 幼儿的学习与发展

（1）情感态度方面

阅读与表演是相互成就的一个过程，在初步了解故事情节和人物的基础上，幼儿进行了无目的表演，而在教师的支持下，幼儿从无目的表演向有目的表演发展。在推进有目的表演的过程中幼儿自觉地阅读故事，不断加深对故事情节、人物的理解。幼儿在轻松愉快的过程中培养了良好的自觉阅读习惯。

（2）知识经验方面

在游戏活动中，可以看到幼儿的目的性、计划性在不断增强，能将以往的经验迁移到游戏中，一次次调整直到最理想的效果，解决当下问题。在搭建的过程中不断习得图形、空间方位、数与数量的关系等知识经验。

（3）学习品质方面

从游戏开始到结束，教师极为关注幼儿的学习品质发展和提升。例如，幼儿在游戏中坚持的品质、专注的品质、积极思考的品质、与他人合作的品质等，这些品质都在游戏中得到了发展。

2. 教师的支持策略

（1）隐性支持

环境支持。当幼儿对《三借芭蕉扇》故事表现出浓厚兴趣时，教师创设情境，摆放《西游记》中主要人物的图片和故事书，为表演游戏提供支持。当幼儿想到更宽敞的地方进行表演时，教师提供场地，让幼儿到大厅进行表演。

材料支持。教师除了给幼儿提供丰富充足的材料，还鼓励幼儿跨区域选择自己所需的材料，给予幼儿充足的选择自由度，促进幼儿主动探究，解决问题，让游戏不断深入。支持幼儿在自由操作、试验、探索的过程中，与材料进行互动，提升游戏水平。

情感支持。尊重幼儿的想法和意愿，如，所有人都不愿意演猪八戒时，教师尊重幼儿的想法，没有强迫表演中一定要有这个角色。肯定幼儿的想法，鼓励幼儿独立或与同伴合作完成表演的各种准备。

联动家长支持。教师保持与家长沟通和交流，让家长了解幼儿的游戏主题，从物质上和精神上都支持游戏的开展。

（2）显性支持

活动支持。当幼儿的表演游戏遇到"对话不熟悉"，无法进行表演时，教师利用各种活动为幼儿积累语言素材,如观看《三借芭蕉扇》影片,鼓励幼儿演绎,追随幼儿的意愿,开放大型建构区提供适宜的建构材料给幼儿进行搭建。

师幼互动。有效的师幼互动贯穿整个游戏过程,正是这种有效的师幼互动,才使得幼儿的游戏不断深入。如每次表演后,教师注重让幼儿分享成功的经验,引导幼儿梳理存在的问题,讨论解决问题的方法等。有效的师幼互动促进了幼儿的自主学习、互相学习,促进了幼儿的思考和反思,也让幼儿一直保持游戏的兴趣,不断拓展游戏的深度和广度。

▼ 游戏路径图

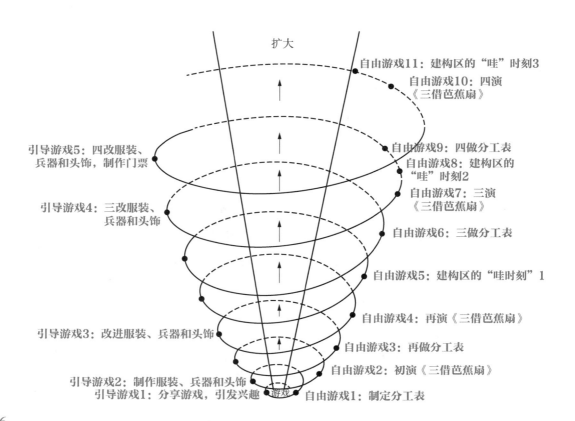

探秘"飘荡的色彩"

年龄段:大班

中山市沙溪镇中心幼儿园

郑宇静、杜绮琪、杨金莲

▌背景信息

飘色,是岭南地区一种融戏剧、魔术、杂技、音乐、舞蹈于一体的传统民俗艺术。"飘"是指脱离地面,尽展凌空之美,"色"是指精心巧妙的伪装。飘色就是由若干人推着装饰华丽的色柜,由人扮演的色仔、色女站在色梗支架上展示人物形象造型,以巡游形式开展的民俗艺术活动。在中山市最具代表性的飘色有南朗镇崖口飘色,2008年被列为国家级非物质文化遗产,每年的农历五月初六南朗崖口都会举行大型的飘色巡游,吸引周边市民到此观看。在中山市许多的大型民俗活动、民间艺术活动中都有飘色的身影。如:中山市一年一度的慈善万人行、沙溪圣狮"四月八"民间艺术大巡游、沙溪龙聚环"三月三"巡游中都会有飘色队的表演。飘色多以历史典故、民间传说、戏曲故事等为表演主题。中山市的飘色巡游活动是根据各镇、区特定的民间节日及习俗举行的。幼儿对飘色活动并不陌生,他们对这些造型特别的飘色人物兴趣很大,班上很多幼儿都喜欢看飘色巡游,并有现场观看的经验。

近期,教师在图书区中投放了一本《八仙过海》故事书。在看书的过程中,孩子们聊起了关于"八仙过海"飘色巡游的话题，并表达了想开展"八仙过海"飘色活动的想法。追随着孩子们的兴趣，我们开展了探秘岭南非遗——飘色的游戏活动。

图 1-3-1　讨论飘色

■ 游戏准备

1. 材料准备

各种不同的布，装饰材料，如毛球、扭扭棒、花片（材料随角色扮演中的需要提供）。

2. 环境准备

在班级区域中摆放与飘色相关的图片以及幼儿们的有关飘色的表征作品。

3. 经验准备

幼儿参与过社区的传统文化节日，如沙溪民间艺术节"四月八""三月三"等活动，对特色传统文化有一定了解。对"飘色"活动好奇、有兴趣。

■ 游戏历程

飘色游戏由几名幼儿开始，到最后全班 34 人参加。游戏分四个阶段推进，由 13 个游戏组成，用时 19 周。

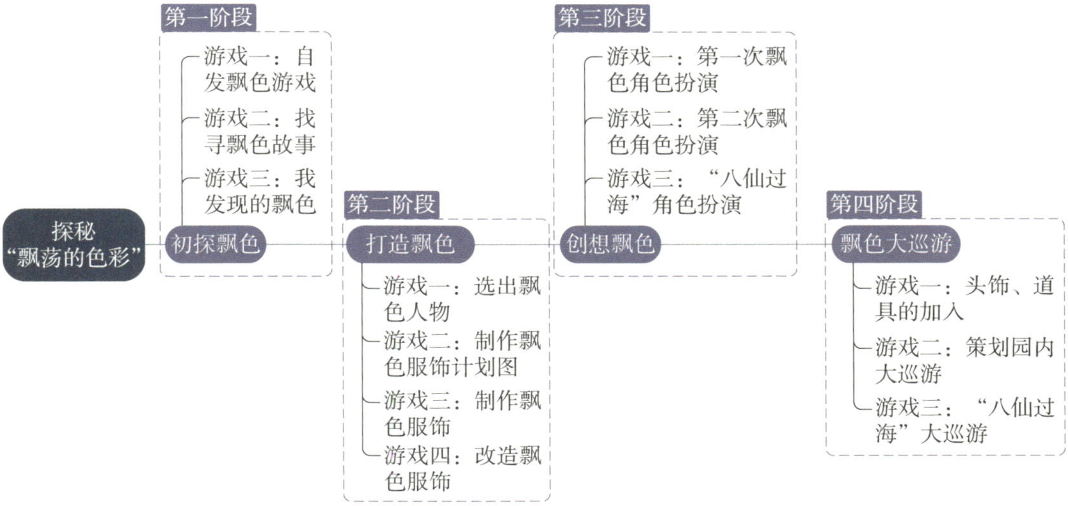
探秘
“飘荡的色彩”
第一阶段
初探飘色
游戏一：自发飘色游戏
游戏二：找寻飘色故事
游戏三：我发现的飘色
第二阶段
打造飘色
游戏一：选出飘色人物
游戏二：制作飘色服饰计划图
游戏三：制作飘色服饰
游戏四：改造飘色服饰
第三阶段
创想飘色
游戏一：第一次飘色角色扮演
游戏二：第二次飘色角色扮演
游戏三：“八仙过海”角色扮演
第四阶段
飘色大巡游
游戏一：头饰、道具的加入
游戏二：策划园内大巡游
游戏三：“八仙过海”大巡游

第一阶段：初探飘色

游戏一：自发飘色游戏（进行时间：1 周）

自主游戏时，盈盈和佩琳在区域里找到了一块布，好像在思考什么，过了一会儿，佩琳对盈盈说：我们来玩飘色游戏吧！于是盈盈将角色区的一块蓝色的布披在身上，对佩琳说：你看，我是何仙姑。

淇淇：好看，我也想做何仙姑。

浩宏：你也来玩吧，我来骑车，带着你们去巡游！

佩琳：我们可以让布飘起来，像这样。

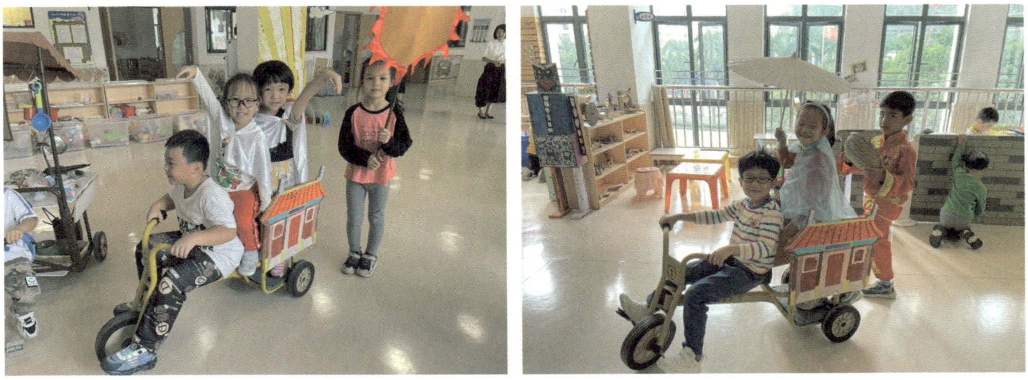

图 1－3－2　自发游戏——何仙姑来了

💡【思考与支持】

　　幼儿在角色区进行了多次的扮演游戏，教师了解到幼儿对飘色扮演游戏的兴趣，通过与幼儿共同收集信息，幼儿了解了飘色的故事，对飘色充满好奇，利用材料进行想象游戏。教师把幼儿对飘色的表征和展示飘色人物特征的图片等展示在班级环境中，便于幼儿从多角度了解飘色。

游戏二：找寻飘色故事（进行时间：1周）

孩子们观看了介绍"飘色"的视频，提出了很多疑问。

家棋：那些小朋友是怎样上去的？

一鸣：他们的造型很特别。

教师：他们的造型各具特色。

雅雅：他们穿的衣服好漂亮。

梓瞳：他们的头饰都不一样，有的是毛球，有的是珍珠。

图 1-3-3　观看飘色视频，了解飘色

佩琳：还有钻石呢！

盈盈：我喜欢何仙姑。

梓乐：吕洞宾的造型好看。

教师：你们观察得真仔细，飘色衣服和我们平时穿的衣服有什么不一样？

子彧：他们的衣服是长长的。

泺泺：有很多颜色。

乐潼：有很多装饰的物品。

教师：小朋友都说了很多飘色衣服和造型的特点，请你们将自己最喜欢的或觉得最特别的造型、人物画下来吧。

图 1-3-4 将自己的想法用绘画形式展现

💡【思考与支持】

　　通过观看视频、组织谈话活动和区域活动,让幼儿认识飘色,利用对话引导幼儿表达自己的想法,师生的积极交流有效引发幼儿思考,激发幼儿探索的欲望。当幼儿表征出飘色衣服与现代衣服的不一样时,教师把幼儿表征出的作品展示在班级环境中,促进幼儿的进一步思考和探究。

游戏三:我发现的飘色(进行时间:1周)

观看了介绍飘色的视频后,孩子们经常讨论飘色。

禧禧:老师,我们能用超轻黏土做飘色人物吗?

教师:你的想法真不错。你想怎样做飘色人物呢?

家棋:我们可以先做衣服,飘色的衣服都是很特别的。

禧禧:我要做吕洞宾,我觉得他最帅了。

教师:你们可以到美工区找材料,那里或许有你们需要的材料。

孩子们走到材料区,选择了纸巾筒和废旧牛奶瓶作为"身体"支撑飘色衣服。

图 1-3-5　用超轻黏土制作飘色服饰

💡【思考与支持】

　　基于幼儿的兴趣,教师利用集体活动、区域活动、谈话活动等多种形式活动丰富幼儿的经验,支持拓展幼儿的兴趣。教师关注幼儿的想法,给予支持并提供信息,为幼儿提供形式多样的材料,让幼儿用不同的方式感受飘色、了解飘色文化。

图 1-3-6　用不同的材料制作飘色人物

第二阶段:打造飘色

游戏一:选出飘色人物(进行时间 1 周)

教室里摆放着有关飘色的图片、孩子们绘制的飘色人物,孩子们又讨论起来。

朵朵:我们来一场真正的飘色吧?

雅雅:要怎样扮演呢?

欣宜:扮演谁?

家棋:如果都扮演,我们会忙不过来的。

博博:我们选出最想扮演的人物。

朵朵:那我们扮演何仙姑吧。

禧禧:我喜欢吕洞宾。

孩子们七嘴八舌地讨论,决定以投票的方式选出想扮演的角色人物。孩子们绘声绘色地介绍自己绘制的人物及其特征,最后大家评选出何仙姑、蓝采和、吕洞宾三个飘色角色造型。

图 1-3-7 幼儿介绍、投票选出想要扮演的人物

💡【思考与支持】

　　幼儿在对飘色不断了解的过程中,萌发了要进行飘色扮演的想法。幼儿通过讨论以投票的方式选出想扮演的角色。教师在这个过程中关注幼儿的想法,结合幼儿的想法给予支持,提供及时有效的帮助。

游戏二:制作飘色服饰计划图(进行时间:1周)

选出了飘色人物后,孩子们马上行动起来。大家七嘴八舌地讨论。

家棋:扮演飘色人物,我们应该先做衣服,衣服最特别。

禧禧:我们先从他们的衣服开始设计吧。

教师:飘色的衣服有自己的特色,你们可以用气泡图画出你们需要的物品。

朵朵:我们需要很光滑的布,摸上去滑滑的。

颖怡：他们的衣服有两只大的袖子,要剪出袖子。

淇淇：上面有装饰品,如毛球、钻石。

孩子们分成小组进行商讨后,以气泡图的形式展示了自己制作服装所需要的物品。

图1-3-8　绘制服饰计划图

【思考与支持】

　　幼儿的游戏进入到制定计划的阶段,在游戏中教师坚持以问题为导向,关注幼儿的想法,引导幼儿大胆表达自己的想法并提出清晰的计划。让他们通过画图把自己的想法和抽象概念转换为直观形象的图示,明确了制作服饰的步骤、所需材料等。

图1-3-9　增添的材料

游戏三:制作飘色服饰(进行时间:2 周)

到了自主游戏时间,孩子们按之前的分组迫不及待地拿着自己的计划图到材料区选取材料,在材料区找到了相应的布料和粉笔,开始在各自的布上画造型。画好后,用剪刀裁剪。游戏小结时,孩子们提出了一些遇到的问题。

婧淇:我裁剪得不对称。

杰杰:我做出来的衣服只有一面,穿不了。

教师:那我们需要怎样做,衣服才能对称?你们观察一下我们穿的衣服是怎样的?

家棋:在中间剪一个洞,把布套在身上,这样就有两面了。

昱程:把布对折起来就有两面了。

……

讨论后,教师让幼儿仔细观察衣服的结构,要求大家在明天游戏时再验证自己的想法,并在材料区增加了针线、魔术贴、夹子、扣子等材料。

【思考与支持】

幼儿初探服饰制作,三组遇到不同的问题。教师以观察者的身份,了解幼儿游戏的发展情况。在游戏环境中展示了一件汉服,供幼儿参考,幼儿则结合生活经验,裁出两面、有袖子的衣服。游戏中教师尊重和回应幼儿的想法,支持幼儿学习,让幼儿感受到被肯定与被支持。当幼儿提出问题时,教师适时地引导和提问,激发幼儿产生新的想法,进一步思考和探索飘色衣服如何制作。

图 1-3-10 环境的支持及幼儿游戏后的表征

游戏四：改造飘色服饰（进行时间：2周）

再次制作飘色服饰时，孩子们觉得飘色服饰还不够漂亮，便进行改造。孩子们在材料区找到了毛球、不织布、珠片等材料。

滢琳：飘色衣服是有好多层的。

森垚：可以用不织布剪成一层一层的，这样飘起来很好看的。

其他两名孩子高兴地点点头。说完，他们马上行动起来。

图1-3-11　幼儿改造飘色衣服

【思考与支持】

再次改造飘色衣服时，幼儿想到了如何把单面的衣服做成双面的，教师鼓励幼儿大胆尝试动手制作，让幼儿自行裁剪，并结合生活经验发挥想象力和创造力，同时提供了有关衣服"大变身"、改造衣服造型的视频让幼儿参考，激发幼儿制作服饰的积极性。

图1-3-12　欣赏制作服装的视频

第三阶段:创想飘色

游戏一:第一次飘色角色扮演(进行时间:1周)

孩子们把改造好的服装穿在身上,何仙姑组小朋友一边骑着角色区中的脚踏车,一边说道:何仙姑来啦!

雅雅:我觉得你们都不像何仙姑,何仙姑的造型不是这样的。

家棋:何仙姑的衣服是很漂亮的,你们装饰的东西太少了。

教师:有什么办法让我们看起来更像呢?

家棋:可以加一些宝石上去,这样会更漂亮。

欣宜:可以绑个蝴蝶结。

图 1-3-13 幼儿穿上"何仙姑"服饰进行巡游

💡【思考与支持】

幼儿觉得自制的衣服还是不太像该角色的服装,教师再次把问题抛向幼儿。为了达成"怎样才能做出更形象、更好看的衣服"的目标,幼儿继续寻找装饰服装的材料,游戏兴趣与积极性更加高涨,这是推进幼儿在游戏中深度学习的生长点。他们利用午餐后的时间改造服装。

图 1-3-14 幼儿自己寻找需要的材料

游戏二：第二次飘色角色扮演（进行时间：2周）

飘色服装再次改造好后，孩子们的角色扮演又开始了，但还是出现了一些问题。

颖怡：飘色的衣服都有大大的袖子，我们的衣服没有。

雅雅：之前我设计的是长袖子，但是不知道如何裁剪。

思源：有没有办法让我们可以方便地做出飘色衣服呢？

教师：我们可以怎样设计？

子彧：衣服的袖口都比较大，我们裁剪的时候会很麻烦，袖子很难对称。

教师：我们能不能在裁剪的时候就解决这个问题？我们一起想办法吧！

通过上网查找资料，教师向幼儿介绍了古代裁剪衣服的方法，孩子们对运用这种方法裁剪出来的衣服比较满意，就用这个方法制作了八仙穿的衣服。

💡【思考与支持】

　　教师提供环境支持，帮助幼儿上网搜索古代裁剪衣服的方法，通过观看视频和图片的方式，幼儿学会了古法裁剪，成功地把八仙穿的服装都制作好了。同时，请家长带幼儿到沙溪龙聚环村参加"三月三"民间艺术巡游，让幼儿近距离接触飘色人物，并填写教师自制的亲子调查表。

图1-3-15　幼儿观看古代裁剪衣服的方法并学习自己裁剪

图1-3-16 亲子研学及完成的调查表

游戏三:"八仙过海"角色扮演(进行时间:3周)

研学回来后,孩子们对飘色巡游有了更直接的感知,而他们也终于制作出了满意的八仙飘色服饰,飘色大巡游马上要开始了。但这时新的问题又出现了:色芯只有一个,大家都想当,怎么办?

杰杰:我们都想扮演色芯,需要重新安排计划。

家棋:如果大家都想当色芯,我们可以轮着当。

立桐:巡游队伍除了有色芯,还有一些负责推色柜的人。

盈盈:那我们要先分工做计划图。

教师:做计划图的时候,要想好自己的角色是什么。

雅雅:我们分组进行制作,这样会更快地制作好。

幼儿自由分组,用画图的方式做好巡游的角色分工计划。

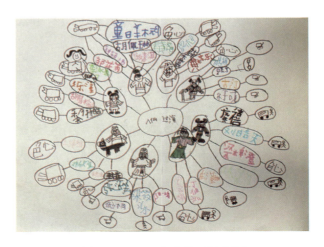

图1-3-17 角色分工计划图

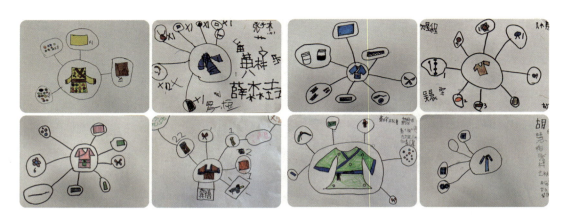

图 1 - 3 - 18　八仙服饰制作计划图

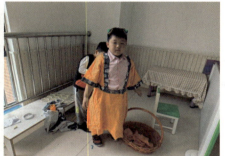

图 1 - 3 - 19　扮演八仙角色

💡【思考与支持】

　　通过家长的支持，幼儿更近距离地感受了飘色文化。幼儿参加沙溪镇龙聚环"三月三"艺术节后，完成了研学调查表，把自己的所看、所思、所想用绘画的形式进行表征。

　　教师利用互动推进、环境支持等支持策略，让幼儿思考做好整个游戏的角色分工与规划，当幼儿提出角色扮演的问题时，也让他们自主研讨解决。同时通过游戏后的小结让幼儿发现问题，不断推动游戏发展。

图1-3-20　教师提供书籍,幼儿用超轻黏土对八仙人物进行表征

第四阶段:飘色大巡游

游戏一:头饰、道具的加入(进行时间:1周)

游戏前,孩子们回顾参加沙溪龙聚环"三月三"艺术节巡游的照片,扮演何仙姑组的孩子提出少了项链和耳环等首饰。

有的孩子提出:我们还可以装扮我们的色柜。

于是孩子们开始制作自己所扮演角色的首饰与兵器等,还进行了色柜的装饰。

滢滢:八仙都有不一样的兵器,我们也要做一些兵器。

家棋:他们的头饰也是不一样的。

琳琳:加上头饰和兵器,巡游队伍会更漂亮。

立桐:用什么材料来做首饰和兵器呢?

家棋:之前在角色扮演区,我发现有发夹,可以在上面加点装饰物,就会很漂亮了。

孩子们讨论完,就开始制作人物的头饰和兵器了。

图1-3-21　制作耳环以及头饰

图 1-3-22　制作兵器、装饰色柜

【思考与支持】

　　幼儿通过多次的角色游戏，发现飘色人物的头饰、色柜各具特色，他们运用已有经验，根据角色的需要补充配饰，制作出与飘色人物匹配的首饰与兵器，并惟妙惟肖地展示出来。教师支持幼儿的创造、想象与制作，在区域中添置了更多半成品材料，对幼儿的操作、实践提供支持。

游戏二：策划园内大巡游（进行时间：2周）

　　幼儿园一年一度的"四月八"非遗文化园内大巡游活动马上要开展了，在谈话时孩子们提出了自己的想法。

　　教师：今年的"四月八"活动我们班以什么主题参加巡游呢？

　　朵朵：可以穿我们制作的飘色服饰进行巡游。

　　淇淇：可以扮演"八仙过海"，把我们制作的色柜都拿到操场，要分好组，还可以加入鼓队、花篮队。

　　洛洛：我们去参加圣狮村"四月八"艺术大巡游的时候，那些飘色人物都化了妆，很漂亮。

　　朵朵：老师，我们可以化妆吗？

　　教师：当然可以。你们的想法真不错。我们一起来为大巡游做准备吧。

图 1-3-23　幼儿园大巡游中的角色分工

图 1-3-24　在园内"四月八"巡游活动中幼儿扮演飘色巡游的队伍

【思考与支持】

　　结合幼儿园开展的"四月八"非遗文化大巡游活动,教师把参与的主动权交给幼儿,让幼儿成为巡游的"主人翁"。幼儿能根据游戏的经验进行分组、分工,同时提出需要化妆。教师支持幼儿的想法,并再次与幼儿观看巡游视频,帮助幼儿为园内巡游做准备。

游戏三："八仙过海"大巡游（进行时间：1周）

游戏前孩子们提出，幼儿园大巡游是有规定出发时间和路线的，大家一起出发，那队伍就更长了。

立桐：我们在扮演的时候按照一定顺序出发，我们的队伍就整齐了。

禧禧：那我们一个跟着一个走就行了。

立桐：上次幼儿园巡游时，园长给我们介绍了巡游的路线，我们也要做一个路线图，还要排好队，商量谁先出发，谁后出发。

禧禧：好，那我们画一个巡游路线图。

巡游路线图画好后，孩子们就开始巡游了，他们分组穿上自己的服饰，打造自己的造型，按照自己绘制的计划图，高高兴兴地扮演着自己的角色。

图1-3-25　制作巡游路线图

💡【思考与支持】

　　幼儿把亲身体验的经验迁移到游戏中，对游戏的规划有了很多自己的想法，在绘制巡游路线图时能把握空间位置，丰富了空间方位认知经验。这一环节展示了幼儿学习品质的提升，他们应对问题与解决问题的能力不断增强。教师在整个游戏中作为支持者，不断地通过有效提问、提供材料与创设环境等支持游戏的发展。

▌总结与反思

1. 幼儿的学习与发展

（1）情感态度方面

通过了解飘色人物、绘制飘色人物、扮演飘色人物、巡游亲子研学、角色扮演大巡游活动的开展，让幼儿了解家乡的文化，了解飘色，感受家乡非遗文化的魅力，建立归属感，萌发爱家乡的情感。

（2）知识经验方面

幼儿的认知有明显提升，在这个过程中幼儿通过观察、做计划，观察能力和动手能力有了很大的提高。通过小组间的协商、个别幼儿间的讨论、全班的分工等，社会交往能力也不断地提升。幼儿能主动发起活动并在活动中出主意、想办法，解决问题的能力也有提升。

（3）学习品质方面

幼儿表现出积极的态度，认真专注，不怕困难，敢于探究和尝试。幼儿自主选择、交流，并根据自己的意愿开展游戏活动。在每一次游戏中遇到问题时，能讨论、思考，不断想办法解决，培养了坚持、勇于尝试的良好学习品质。

2. 教师的支持策略

（1）隐性支持

环境支持。《幼儿园教育指导纲要（试行）》指出，环境是重要的教育资源。当幼儿现有的经验或水平无法解决当前的问题时，教师通过环境支持给予幼儿一定的提示和引导，帮助幼儿顺利解决问题。如把绘制好的飘色人物放在区域中，让游戏不断推进。

材料支持。提供适宜的游戏材料，随着游戏的推进增加材料的种类。从刚开始由教师投放和提供材料，到游戏过程中幼儿自己寻找合适的物品和装饰物，教师完全把主动权交到幼儿手中。

情感支持。整个游戏过程是轻松愉悦的，幼儿根据自己的意愿"想扮演——尝试扮演——按照人物特征扮演——大巡游"，体现了自发、自主、自由，教师只是背后的支持者，在幼儿需要时给予及时有效的帮助，体现了"幼儿在前，教师在后"的教育理念。

联动家长支持。家长是支持中有效的力量，幼儿与家长通过参观研学，亲身体验感受。研学后完成亲子调查表，帮助幼儿了解飘色故事，认识角色、人物的特征等。家长的支持促进了游戏的深入开展。

（2）显性支持

活动支持。在每次游戏后及时进行评价小结，引导、拓宽幼儿的游戏思路，帮助幼儿生成下一个游戏。组织各种活动支持幼儿的认知发展。

师幼互动。教师用适当的有互动性、开放性强的问题，以及平行式的对话有效促进幼儿游戏能力的发展。

▼ 游戏路径图

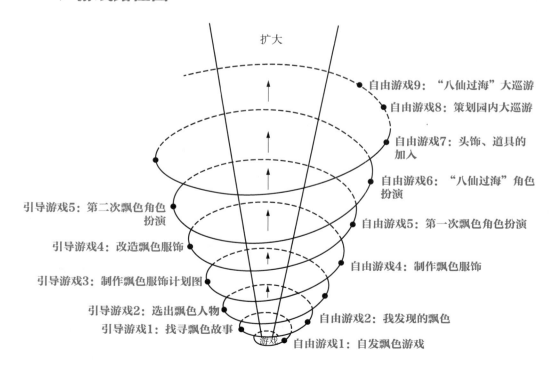

龙舟游乐场

年龄段：大班

中山市精彩童年幼儿园

梁　艺、林雪霞、何令羽

▌背景信息

赛龙舟是中国的传统民间活动之一，也是端午节最重要的节日民俗活动之一，在岭南地区很常见。每到端午节，孩子们就会和家人一起到江边观看龙舟赛，为龙舟选手们呐喊助威。

本学期开学初，幼儿园举办了岭南民间游戏趣味运动会，孩子们决定以"划龙舟"作为出场式主题。餐前饭后，孩子们都在讨论，维维说：我也想玩划龙舟。轩轩：我们自己做一艘龙舟吧。子棠说：龙舟是怎么做的？孩子们对龙舟的兴趣越来越浓厚，自主游戏时，建构区的孩子们搭建了一艘龙舟，自发地玩起了"划龙舟"游戏。

▌游戏准备

1. 材料准备

桌子两张、椅子若干张。

龙舟模型、鼓、船桨、各类积木。

笔、剪刀、废旧纸板、彩纸、吸管、超轻黏土等。

2. 环境准备

班级中摆放划龙舟的图片，创设龙舟主题的情境。

投放关于龙舟的绘本，丰富幼儿对龙舟的认识。

3. 经验准备

大部分幼儿到现场看过划龙舟或者欣赏过划龙舟的视频；了解端午节的传统习俗，例如射五毒、套圈等；能用绘画、手工等形式进行表征。

▋ 游戏历程

龙舟游乐场游戏经历了四个阶段，为期 11 周，由 11 个游戏组成。幼儿从刚开始 2 人探索划龙舟游戏，到后来 25 人参与龙舟游戏。

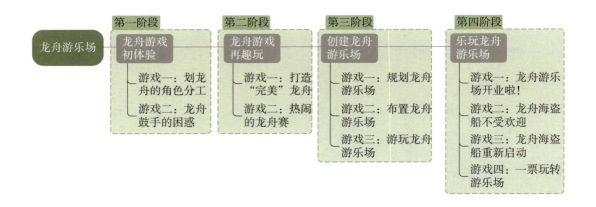

第一阶段：龙舟游戏初体验

游戏一：划龙舟的角色分工（进行时间：1 周）

自主游戏时，角色区的几个孩子商量着要玩划龙舟的游戏，子棠提议去建构区搭好龙舟再玩。他把一张椅子摆在走廊上，然后去建构区拿起圆柱体的积木坐在椅子上，双手握住积木当桨。维维看见了，也搬起一张椅子放在子棠的后面，拿起一根圆柱体积木，做着同样的动作。他们的举动吸引了班上其他人，七八个孩子搬着椅子一个接一个地排成一条龙，玩起了"划龙舟"的游戏。

游戏结束后，教师请他们分享划龙舟的游戏。

教师：刚才看到角色区的小朋友在玩"划龙舟"的游戏，你们玩得好开心呀，能分享一下你们是怎样玩的吗？

子棠：我们用椅子搭龙舟，用积木作船桨玩划龙舟的游戏。

乐乐：后来很多人参加，龙舟越来越长，可好玩了。

教师：划龙舟时你们是怎样分工的？谁负责什么工作？遇到了什么问题？

子棠：我们没有分工，就是这样玩而已。

可依：划龙舟的时候没有人打鼓吗？

萌萌：真实的划龙舟是怎样分工的呢？

💡【思考与支持】

自从运动会出场式定为"划龙舟"主题后，幼儿对龙舟产生了很大的兴趣。子棠和维维划龙舟的动作让大家对划龙舟的角色游戏产生了兴趣。可以看出幼儿对划龙舟很感兴趣，但对划龙舟没什么经验，接下来要丰富幼儿划龙舟的相关经验。教师与幼儿一起观看赛龙舟的图片、视频，了解划龙舟人员的动作特征。在班级的区域中投放关于龙舟的材料，在阅读区投放关于龙舟的绘本，作为给幼儿提供的支架。教师鼓励家长与幼儿一起查阅资料，完成《龙舟文化调查表》，了解与龙舟相关的文化。

图1-4-1　师幼一起了解与龙舟相关的知识　　图1-4-2　在班级阅读区投放龙舟绘本

图1-4-3　亲子研学，参观龙舟文化馆，完成调查问卷

游戏二：龙舟鼓手的困惑（进行时间：1周）

孩子们了解了丰富的关于划龙舟的知识后，商量制定了游戏计划，进行了角色分工，"划龙舟"角色游戏继续进行。

图1-4-4　幼儿的划龙舟角色分工图

子棠：你的船桨打到我的船桨了。

萱萱：我的船桨向后，你的向前，所以才碰到的。

维维：大人划龙舟时是听鼓声来划的，我们也应该听鼓声来划船桨，这样就整齐了。

琪琪：可是谦谦敲鼓有时候很快，有时候很慢。

谦谦：我不知道怎样敲鼓才是对的。

教师：你们发现了问题，通过观察，也知道了原因，怎么解决呢？怎样才可以让鼓手有节奏地敲鼓呢？

彤彤：我学钢琴是看着琴谱来弹的，有图谱给鼓手看，就不会乱了。

教师：这个方法很好，我们可以尝试一下。

教师组织幼儿观察音乐活动的节奏图，了解节奏图的结构，尝试用自己的方式设计节奏图。

可依：我们设计好节奏和口号，大家一起一边喊一边划，这样就能保持动作整齐，船桨也不会"打架"了。

图1-4-5　教师与幼儿讨论鼓手的打鼓节奏

💡【思考与支持】

幼儿自主开展划龙舟角色游戏时，一开始只会根据自己的认知开展角色游戏。当幼儿提出要自主设计节奏图谱时，教师把一些歌曲的节奏图谱投放在表演区，并通过开放式的问题引导幼儿观察音乐活动图谱，了解图谱的节奏，从而设计合适的打鼓节奏图。

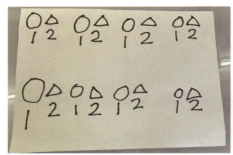

图1-4-6 设计打鼓节奏和口号

第二阶段:龙舟游戏再趣玩

游戏一:打造"完美"龙舟(进行时间:1周)

划龙舟的游戏开始了。

昊霖看着"龙舟":椅子做的龙舟一点都不像。

维维:龙舟很长的,能坐很多人。

子棠:我们能不能用积木搭建一条龙舟?

教师:你们的想法真好,可以试一下。

教师引导幼儿观看龙舟模型以及龙舟图片,认识龙舟的构造,并用绘画或者手工制作的方式把龙舟设计出来。

贯津:要把龙头搭出来。

唯中:要把划手坐的位置搭出来,鼓手的位置要搭在最前面。

萌萌:还要搭龙尾,把我们的队旗插上去。

蕾蕾:这样,我们的龙舟就完美了。

……

孩子们在建构区行动起来了。昊霖搬来了积木,搭建出龙舟的船身。蕾蕾把长方形的积木平铺,维维把圆柱体积木立着摆在一起,做成一张张小椅子。浩浩搬来两块空心积木,放在船头位置,又跑去拿来两个圆柱体积木放在上面,一艘龙舟就搭建出来了。

龙舟搭好后,子棠找来了鼓放在船头,拿着分工表指挥大家各就各位,说完就敲起了大鼓,伴随着"一、二,一、二……"的口号声,孩子们用自己制作的船桨,用力地划起了"龙舟",欢笑声此起彼伏。

图 1-4-7　幼儿打造"完美"龙舟

大家根据自己的了解,设计了打鼓的节奏和口号。教师通过对幼儿游戏的观察,发现龙舟鼓手的打鼓节奏没有进一步突破。利用分享小结,教师和幼儿进行讨论。

教师:今天的龙舟搭得好壮观,你们划龙舟划得好开心呀,我们分享一下吧。

乐乐:子棠做指挥,我们都像参加龙舟比赛的人一样把船桨放两边一起往前划,我们的动作也是很整齐的。

子棠:大家都很配合的。

子怡:打鼓的声音和我们口号的声音有时候不整齐。

教师:怎么会不整齐呢?

子怡:鼓手的节奏不对,不是按"一、二,一、二"这个节奏的。

教师:鼓敲下去"咚"的一声跟"一"一起还是跟"二"一起?

家明:要跟"二"一起,"一"是提醒大家准备好,"二"是提醒大家用力划。

教师:原来是这样,你给我们示范一下吧。

💡【思考与支持】

幼儿通过观察图片,掌握了龙舟的基本构造,和同伴们一起把龙舟进行了升级,用建构材料搭建了新龙舟。游戏中幼儿的分工明确,合作意识很强，也可以看出子棠有一定的领导力，才能让游戏顺利开展。教师为幼儿提供更大的场地支持幼儿开展游戏，并提供龙舟的模型和图片做"支架"，还鼓励家长和幼儿一起了解更多关于龙舟的知识。

图 1-4-8　通过亲子手工、绘画龙舟、搭建龙舟了解龙舟的基本构造

游戏二：热闹的龙舟赛（进行时间：1周）

越来越多的孩子对打造好的龙舟感兴趣，孩子们围在一起讨论。

贯津：我们再搭一艘龙舟，来一场划龙舟比赛吧，比一比谁划的龙舟最整齐、最快。

轩轩：好啊，我们分两队来比赛。

维维：我们可以设计自己的队旗。

子棠：还可以邀请其他小朋友来观看。

教师：好主意，但是划龙舟比赛前要准备什么呢？

贯津：我们一起做一张人员分工表吧，大家一起来准备。

图 1-4-9　龙舟赛的人员分工表

维中和贯津用粉笔在地板上画了一条线,两艘龙舟在线的后面,其他人把椅子摆在走廊的两边,一切都准备好了,两艘龙舟的人员纷纷坐上船,观众们坐在椅子上,子棠在走廊的尽头大喊一声:预备,开始! 两艘龙舟开始划了起来,大家整齐地划着船桨。场上的观众在大声为他们加油呐喊。

游戏后分享小结时,大家提及游戏中遇到的问题。

教师:今天赛龙舟游戏玩得怎样?

蕾蕾:我也想玩划龙舟,但是每次都轮不到我。

诗怡:能不能再多几项游戏,这样可以多一些人一起玩。

家明:可以做个龙舟游乐场,放上更多的龙舟,让大家都来玩划龙舟的游戏。

这个建议得到了所有人的一致响应,他们要建一个龙舟游乐场。

💡【思考与支持】

　　游戏后的分享中,教师注重发问引导,帮助幼儿梳理经验和问题,从而引发了幼儿想要搭建龙舟游乐场,让更多人来龙舟游乐场玩的想法。此时,游戏种类增加了。这是幼儿创造性角色游戏的开始。教师为幼儿提供更大的场地支持幼儿布置场景开展游戏,同时提供更多的辅助材料,支持幼儿进行场景创设。

第三阶段:创建龙舟游乐场

游戏一:规划龙舟游乐场(进行时间:1周)

孩子们都表征出了自己想玩的游戏项目,由于项目太多,最后只好采用投票的方式决定。大家自由分组,材料准备组的孩子商量准备用思维导图的方式表征所需的材料;策划组的孩子在教室里走了一圈,一边走一边商量定点位置。

维维:这里比较宽,可以把龙舟神秘屋搭在这里。

贯津:套圈放在教室里吧,教室里可以贴一条起点线。

可依：这面墙就用来挂射击用的东西吧。

萌萌：我要把这个场地画出来,这样大家才知道怎么搭。

图 1-4-10　幼儿表征自己想玩的游戏,并进行投票

图 1-4-11　幼儿制作场地布置计划图

💡【思考与支持】

幼儿对龙舟的兴趣越来越浓,参与游戏的幼儿越来越多。幼儿游戏的目的性也越来越强,当提出要搭建"龙舟游乐场"时,幼儿就开始规划,并实地观察游戏场地,制作场地布置计划图。

教师关注与支持幼儿的游戏,允许幼儿主导游戏,放手让幼儿自主探索,与幼儿进行讨论,帮助幼儿梳理经验并提供更多的低结构材料、美工材料、建构材料,支持幼儿创建游乐场。

图 1 - 4 - 12 每个游戏需要的材料计划图

游戏二:布置龙舟游乐场(进行时间:2 天)

幼儿按照场地布置计划图开始布置并搭建乐园了。小杜和萌萌负责搭建龙舟探秘屋,小杜先把两个圆柱体积木竖着摆在一起,然后加盖一块长方体积木,接着用同样的方法慢慢地围拢成一个圆形,龙舟探秘屋就搭建完成了;龙舟套圈区的幼儿在美工区用橡皮泥制作各种龙舟摆件……

在大家的共同努力下,游乐场搭建成功了。

图 1 - 4 - 13　幼儿创建龙舟游乐场

【思考与支持】

在游戏过程中，教师一直相信幼儿有布置游戏环境的能力，允许幼儿使用各种材料进行创设，教师鼓励并肯定个别幼儿创造性地使用材料。幼儿有去游乐场玩的经验，在创建游乐场的时候能联系已有经验进而自主创设游戏玩法，这些玩法，则是幼儿在角色游戏中自主制定的游戏规则。

游戏三：游玩龙舟游乐场（进行时间：3 天）

龙舟游乐场布置完成，孩子们自由选择角色，迫不及待地开始游戏了。

蜜蜜：我想当游客。

琪琪：游客可以到处玩，我也要当游客。

子棠：大家都当游客，游乐场的游戏就没法玩了。

琪琪：我们可以交换啊，我先当，下次轮到你。

教师：怎样才能让别人知道你的角色是什么呢？

子棠：我们做个工作证吧，我爸爸上班就要戴工作证的。

蜜蜜：以后谁做工作人员就戴工作证。

幼儿来到了美工区，一起商量制作分工表。幼儿提议用表格的方式来呈现，分别有收银员、游客、工作人员等角色。负责绘画的幼儿，有的画工作牌，有的制作门票。

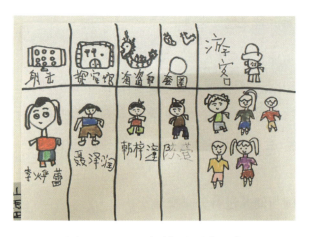

图 1-4-14 游乐场人员分工表

💡【思考与支持】

　　游戏进行到一定程度，幼儿们就会在游戏中衍生出不同的角色。当游乐场搭建完成后，大家都想进去游玩，所以就出现争当游客的现象。教师允许幼儿之间发生这种积极冲突，创造幼儿自主解决交往问题的氛围，幼儿的社会性由此获得发展，这是教师对幼儿成长的隐性支持。

　　教师与幼儿一起通过视频、图片、绘本等了解游乐场。教师的开放性提问促进了幼儿思考。师幼一起收集游乐场的门票，观察了解门票的结构，随后幼儿自主设计龙舟游乐场的门票。

图 1-4-15 幼儿制作的工作牌和门票

第四阶段：乐玩龙舟游乐场

游戏一：龙舟游乐场开业啦！（进行时间：1周）

龙舟游乐场终于开业啦！大家兴奋地走到自己喜欢的摊位开始游戏。几个孩子玩起了赛龙舟的游戏；在射击场，蜜蜜玩射箭时，不小心把"箭"射到路过的孩子身上；套圈区里站满了游客，甘霖想玩套圈，但一直找不到工作人员……整个游乐场乱哄哄的。

游戏结束后，教师与幼儿进行分享交流。

教师：今天的龙舟游乐场怎么样？

蜜蜜：好多人，等太久了。

子棠：套圈工作人员只有一个啊，忙不过来！

维维：程程是工作人员，但是他跑去玩射箭了。

图 1-4-16　幼儿表征人员分工图

轩轩：我问工作人员，他们都不理我的。

浩浩：我去买票的时候，票已经卖完了。

通过游戏后的小结讨论，幼儿发现的问题有：负责游戏区的工作人员不在岗位上，而是去其他区域玩游戏了；工作人员不搭理游客，工作的职责不清晰；幼儿制作的门票很快就卖完了。教师与幼儿进一步探讨解决的方法。

【思考与支持】

　　幼儿提出搭建龙舟游乐场的想法，这是划龙舟游戏的创造性玩法。随着游戏角色的增加、游戏情节的丰富，幼儿的游戏也开始需要制定详细的规则，明确角色分工与职责。教师没有直接告诉幼儿，而是让幼儿在游戏中自己体验和发现，再通过讨论的方式找到解决的办法。

教师鼓励家长带幼儿亲身体验游乐场游戏,观察游乐场工作人员的工作,并完成调查问卷。教师还提供各种低结构材料满足幼儿制作游戏道具的需求等,助推游戏发展。

图1-4-17 幼儿到游乐场研学体验,完成调查问卷

游戏二:龙舟海盗船不受欢迎(进行时间:1周)

其他摊位的游戏都很受欢迎,而龙舟海盗船则静悄悄的,工作人员浩浩显得很无聊。过了许久,小杜走了过来说:我要坐龙舟海盗船。浩浩说:终于有游客来坐龙舟海盗船了,请上来吧。说完,浩浩连忙坐上海盗船,双手敲打着积木,嘴巴里发出"当当当"的声音。过来一会儿,小杜说:不好玩,我还是去套圈吧。浩浩失望地看着小杜离开了。

图1-4-18 "不会动的龙舟海盗船,不好玩"

分享小结时，大家就这个问题开展了讨论。

教师：今天在龙舟游乐场大家都玩得好开心，没有了乱哄哄的感觉。

浩浩：我的龙舟海盗船没有人来玩，才一个游客。

小杜：你的海盗船划不动，一点都不好玩。

家明：如果能让海盗船动起来就好了。

凯凯：在积木下面装上轮子就能动起来啦。

教师：你们都有很多想法，可以尝试一下搭会动的龙舟海盗船。

【思考与支持】

《3—6岁儿童学习与发展指南》中提出，探究应成为幼儿科学学习的核心。不会动的龙舟让幼儿感觉无趣，在分享小结时，幼儿提出要做会动的龙舟。教师肯定幼儿的想法，给予幼儿操作的机会，提供更多的材料，并鼓励幼儿积极探索。

图1-4-19　幼儿自由探索怎样让龙舟海盗船动起来

游戏三：龙舟海盗船重新启动（进行时间：2周）

孩子们开始验证自己的想法。飞飞把积木分两排放在地上，然后在上面放了一块大的空心积木，双手推动了一下，能滚动起来。嘉嘉说：子轩，你坐上来，我推你。

子轩坐了上去,积木滚动了一下,就散架了。孩子们调整了计划,飞飞说:我们要摆一排圆柱体积木,做成一条履带一样,这样应该就能滚动起来。孩子们继续进行验证,结果还是失败了。孩子们仍然不知道怎么制作会动的龙舟,教师就把孩子集中起来一起商讨。

图1-4-20 幼儿探索一直不成功,教师组织幼儿讨论

教师:你们在搭会动的龙舟时遇到了什么问题?是什么原因导致龙舟不能往前动?

乐乐:我把圆柱体垫在积木的底下,可一滚动就会散架。

轩轩:我们把很多圆柱体放在长木板下,再把积木放在长木板上面。能滚动一下,但积木还是会掉下来。

教师:还有其他方法可以让龙舟动起来吗?我们生活中会滚动的东西是怎样的?

凯凯:轮子会滚动,可以装上轮子。

萌萌:难道每一块积木都装上轮子吗?

家明:我们的滑板上只有四个轮子,装四个就可以了。

讨论完后,幼儿开始调整龙舟。他们分成两组,A组来到了器械室,找到了滑板车,用绳子把3个滑板车连接起来,做成了底座,把积木搭在滑板车底座上,龙舟就可以动起来了。B组在体能区找到一块长木板,请保安叔叔找了四个轮子安装在长木板的底下,并把积木搭建在长木板上,做成了能动起来的龙舟海盗船。

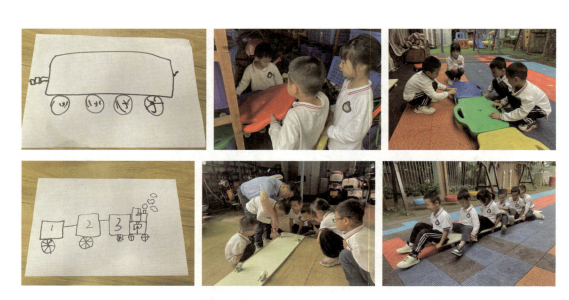

图1-4-21 幼儿分组寻找材料制作能移动的龙舟海盗船

两艘会动的龙舟引来了孩子们的围观,大家都想玩能动起来的龙舟。维维说:我要买龙舟海盗船的票,我还要买一张套圈的票! 梓轩说:我要买龙舟海盗船的票,还要买射击的票,还要买套圈的票! 游乐场一下子热闹了起来。

在分享小结时,大家热烈讨论。

唯中:太麻烦了,一个人要买那么多张票。

维维:可是好多游戏我都想玩啊。

教师:每个游戏都很好玩,怎样解决这个问题呢? 我们去过的游乐场的票是怎样的呢?

轩轩:一张票能玩两个游戏,这样就不用买这么多张票了。

子棠:可以一张票玩所有的游戏吗?

【思考与支持】

幼儿在探索制作会动的龙舟时,能创造性地使用材料,实现滑板车一物多玩,用长木板替代龙舟底座。虽然经历了多次失败,但他们解决问题的能力得到提高。

教师继续提供各种材料,引导幼儿与现实生活相联系,发现轮子能使物体动起来。教师充分相信幼儿,允许幼儿主导游戏,并引导幼儿联系生活经验,联想到了游乐场的单票与套票,从而使游戏进行下去。

游戏四:一票玩转游乐场(进行时间:1周)

游乐场的游客越来越多了。负责售票的唯中说:你要买什么票? 珊珊说:我要买一张套圈的票。唯中说:你要单票是吗? 我们还有套票,套票可以玩更多的游戏。珊珊说:那我买套票。唯中拿出一张自制的卡片,在两块长方形积木中间划了一下,说:可以用了,你进去吧。珊珊来到套圈区,拿出套票递给工作人员,工作人员拿起一个印章在套票后面盖了一个章,递给珊珊 10 个圈,珊珊玩完套圈,拿着票又跑去玩射箭了。

图 1-4-22 增加单票、套票售卖环节,让游客一票乐玩游乐场

【思考与支持】

幼儿的奇思妙想使游戏有了更多的互动、有趣情节。在游戏的过程

中,幼儿渐渐地获得了更多的新经验,这才有了创造性的角色游戏"龙舟游乐场"。幼儿不断联系已有经验,游戏也不断地变得更丰富,有了更多创造性的玩法。

▌ 总结与反思

1. 幼儿的学习与发展

（1）情感态度方面

在游戏活动中,幼儿们通过划龙舟、搭建龙舟、赛龙舟、创设龙舟游乐场等游戏情节,感受岭南地区端午节赛龙舟时大家齐心拼搏的精神,体验了岭南传统风俗的独特魅力,增进了对本土文化的了解与热爱。

（2）知识经验方面

幼儿自主确定了游戏主题,合理进行游戏角色的分工,收集了大量游戏材料,在制作能动起来的龙舟时,不断调整游戏材料,通过以物代物的方法与材料进行了积极互动,不断推进游戏材料的创新使用。在游戏的过程中,幼儿逐步建立起对龙舟文化的认知,同时也对传统习俗有了更深的了解。

（3）学习品质方面

幼儿运用已有的生活经验,与同伴协商分工,自主运用动作、表情、语言创造性地表现游戏角色。与同伴在游戏中互相协助,尝试用多种方法解决问题,培养了敢于探索、积极思考、锲而不舍的良好学习品质。

2. 教师的支持策略

（1）隐性支持

环境支持。在班级中创设龙舟主题情境,激发幼儿探索的兴趣。在角色区投放关于龙舟的绘本,通过阅读绘本,幼儿了解划龙舟的人员分工、赛龙舟的情景等。当幼儿萌发创建龙舟游乐场时,教师适时提供游乐场相关的图片,支持幼儿更好地设计和调整游戏场地。

材料支持。幼儿想玩划龙舟游戏时,教师允许幼儿自由地搬运身边材料进行游戏,在幼儿设计打鼓的节奏图时,教师及时提供纸、彩笔等工具。幼儿自由自主地选择材料进行游戏,教师在适宜的时候提供合适的材料,给予合适的支持。

情感支持。教师尊重幼儿的游戏意愿,理解幼儿的想法,读懂幼儿的需求,支持幼儿的游戏。游戏中,教师允许幼儿自由参与,支持幼儿自由探索,并通过微笑、眼神、语言交流等,鼓励幼儿积极参与,营造宽松自由的游戏环境。

联动家长支持。家长与幼儿一起查阅资料、完成《龙舟文化调查表》,制作亲子手工,参加亲子研学活动,到中山市南下民族文化陈列室了解龙舟文化,拓展了相关认知。

（2）显性支持

教师通过开展龙舟课程拓展幼儿对龙舟的认知;当幼儿在划龙舟游戏中发现问题时教师提出开放性的问题,引导幼儿迁移已有知识经验,创作打鼓节奏图谱;通过提供图片、视频等方式,为幼儿的想法和行动提供支持,引导幼儿大胆猜测或动手验证,不断解决问题。

▼ 游戏路径图

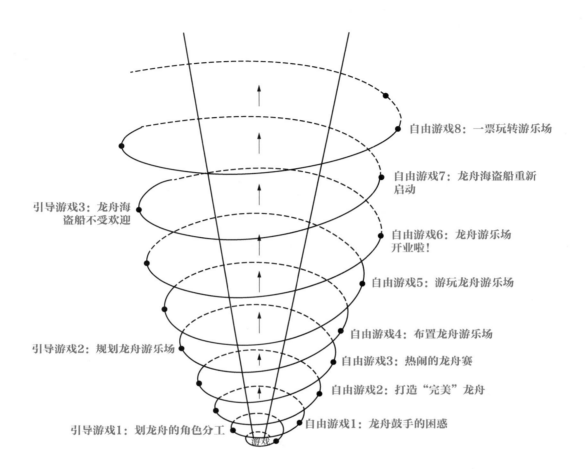

自由游戏8：一票玩转游乐场

自由游戏7：龙舟海盗船重新启动

引导游戏3：龙舟海盗船不受欢迎

自由游戏6：龙舟游乐场开业啦！

自由游戏5：游玩龙舟游乐场

自由游戏4：布置龙舟游乐场

引导游戏2：规划龙舟游乐场

自由游戏3：热闹的龙舟赛

自由游戏2：打造"完美"龙舟

引导游戏1：划龙舟的角色分工

自由游戏1：龙舟鼓手的困惑

游戏

小鸟投食器

年龄段：大班

中山市三乡镇中心幼儿园

曹舒琴

■ 活动缘起

开学第一天，孩子们在幼儿园的大树、房顶和草地上看到了许多小鸟，因此，兴奋地聚在一起比较自己看到了多少只小鸟、找到了多少片羽毛。后来，为了验证到底谁看到的小鸟最多，便开启了一次户外观鸟行动。教师观察发现，比赛结果出来后，孩子们纷纷为"小鸟怎样生活"这个问题犯了难。于是决定追随孩子的兴趣，支持他们深入探究。

图1-5-1 观鸟行动、小鸟数量统计记录

▋ 游戏准备

1. 材料准备

制作材料：塑料瓶、木板、铁钉、螺丝钉、螺丝刀、锤子、锯子、连接片等。

辅助材料：四开牛皮纸、A4纸、彩色纸、玻璃纸、超轻黏土、画笔、手机、尺子、记录表等。

食物：饼干、面包屑、巧克力、小米等。

2. 环境准备

温馨、轻松、有爱的班级氛围，安全的户外探索环境，材料丰富的区域环境，支持型的幼儿园、家庭及社区氛围。

3. 经验准备

对与小鸟有关的一切都感兴趣，对鸟窝的作用有一定的了解，了解过如何制作鸟窝；动手能力强，有一定的解决问题的能力。

▋ 游戏历程

"小鸟投食器"从开始到结束，全班 38 名幼儿全程参与。经历了 16 周，分 3 个阶段，由 15 个游戏组成。教师充分地利用马赛克方法收集幼儿感兴趣的问题，了解他们的想法，并以多元的形式推动游戏不断深入发展。

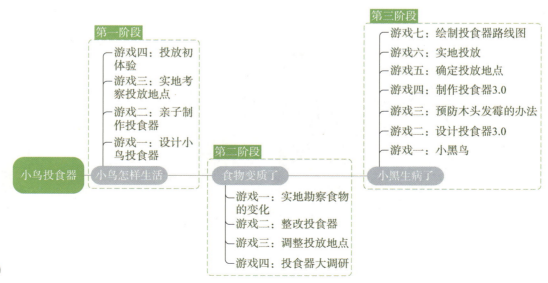

第一阶段：小鸟怎样生活（进行时间 4 周）

游戏一：设计小鸟投食器

观鸟行动结束后，孩子们时常讨论：那么多的小鸟来我们的幼儿园做什么呢？

萱萱：我们的桂花太香了，把它们吸引了过来。

芃芃：来我们这里找虫子吃，你忘了吗？我们菜地里有好多虫子。

蕙蕙：可是才刚开学我们菜地里没有菜啊！那它们吃什么？

佑佑：可以带些东西给它们吃，不然它们就要饿死了！

锟锟：我们要怎样喂给小鸟吃？

浚宇：可以用勺子喂。

乾乾：还没等我们走近，小鸟就飞走了，根本不行。

芃芃：可以像喂鸽子一样，把食物撒在地上让小鸟去吃。

蕙蕙：但是我们不在的时候老鼠会出来吃呀！

佑佑：要不我们做一个像我老家那样的小鸟投食器吧！

 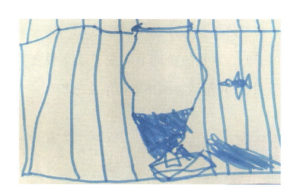

图 1-5-2　第一次的设计图

💡**【思考与支持】**

　　"投食器"这个词顿时引起了大家的兴趣。"小鸟投食器长什么样呢？"

"它有什么作用？"关于投食器的问题奔涌而出，教师敏锐地抓住了课程的生发点,与幼儿一起查找答案,帮助他们用现实生活中常见的材料设计小鸟投食器,并鼓励幼儿与爸爸妈妈一起制作小鸟投食器。

游戏二:亲子制作投食器

了解了小鸟投食器的作用和特征后,孩子们对制作投食器进行了初步的设想。

芘芘:我想做一个大大的投食器,可以放很多食物在里面,给很多小鸟吃。

蕙蕙:做一个装水的投食器,你们的都是装食物的,我的装水给小鸟喝。

浚宇:我想做一个两层的投食器,一层用来装水给小鸟喝,另一层用来装食物。

教师:做投食器需要哪些材料?

锟锟:可以用矿泉水瓶做。

乾乾:用一个碗来做。

蕙蕙:把纸箱的盖子去掉,用纸箱做。

最后,孩子们在家长的协助下完成了小鸟投食器的制作,还进行了一次"小鸟喜欢吃什么"的调查,并将调查结果进行汇总分析。

图 1-5-3　投食器设计图 1.0·小鸟喜欢吃的食物调查表·调查结果汇总思维导图

💡【思考与支持】

　　为了帮助幼儿们了解"小鸟喜欢吃什么",教师鼓励他们针对这个问题在幼儿园和家里进行了调查。在这次调查中,幼儿们得到了"小鸟爱吃超人、爱吃冰淇淋、爱吃香蕉和苹果"等富有童趣的答案。最后,幼儿将调查结果进行汇总分析,并形成思维导图。

游戏三:实地考察投放地点

投放前,孩子们针对投放地点进行了一次实地考察。

邦邦:我想把投食器投放到草地上,因为我看到了很多小鸟喜欢在草地上走来走去。

倩倩:我要投放到桂花树上,因为桂花的味道很香,小鸟应该也喜欢这种味道。

芃芃:我想把投食器投放到仁面子树上,因为仁面子树是全园最高的树,小鸟飞过远远地就可以看到树上的投食器。

子鋆:我想把投食器投放到黄花风铃木树上,树下有鸟屎,可能是因为晚上有小鸟在这过夜。把投食器放在上面,小鸟晚上回来睡觉时,就可以吃晚餐了。

图 1-5-4　小鸟出没图以及幼儿设想的投放地点

💡【思考与支持】

　　在教师的支持下,幼儿以拍照的形式对投放地点进行了实地考察。在这个过程中,他们认真专注地观察着小鸟,及时将小鸟经常出没的地方拍下来,并把自己想投放的地点画出来。

游戏四:投放初体验

投放活动开始了,孩子们兴高采烈地拿着自己的小鸟投食器来到了操场,并根据自己的投放计划有序地进行投放,站在黄花风铃木树下的子銮望着跟前的大树迟迟没进行投放。

这时,完成投放的佑佑走了过去问:子銮,你为什么还不投放啊?

子銮:我太矮了,挂不上去。

佑佑:你想挂在哪里?

子銮:我想挂在黄花风铃木树上,那里比较高,小鸟一下子就可以看到了。

佑佑:我来帮你。说完,佑佑接过投食器爬上了铁架,指着旁边的树杈问这里行不行。

子銮:我想再高一点。

佑佑:不行我够不着了。

佑佑:你等等,我去拿根竹竿来。

不一会儿,佑佑找来了一根绑着钩子的竹竿。最后在两个好朋友的帮助下成功地完成了投放。

图 1-5-5　开始投放·第一次投放地点汇总图·第一次观察记录

💡【思考与支持】

　　在投放的过程中,教师给予了幼儿轻松自由探索的时间与空间,当幼儿遇到高度问题时,注意到了他们的需求并提供相应材料支持幼儿。在集体讨论的过程中,幼儿能够安静地倾听同伴的想法,积极地参与,提出相应的解决办法,并能通过多种方式去验证办法的可行性。

　　活动初期,教师巧妙地运用访谈、观察、拍照等多种马赛克方法,了解幼儿在活动中的想法和需求,并通过家园合作的形式去帮助幼儿收集关于小鸟的信息,拓展他们对小鸟投食器的理解。在幼儿考察投放地点的过程中,教师主要使用驱动性问题去支持和鼓励他们自发地探究,并引导幼儿对自己观察到的情况进行统计、比较、分析和总结,从而找出相应的解决办法。

第二阶段:食物变质了(进行时间5周)

游戏一:实地勘察食物的变化

连续几天的雨终于停了,孩子们迫不及待地带着自己的观察记录表来到了操场,准备去看看有没有小鸟来吃自己投食器里的食物。当他们兴奋地来到自己的投食器旁,却发现里面的食物已经发霉了,发出了一阵阵酸臭味,有的还有小虫子。

蓉蓉:我的小米被吃掉一点了。

萱萱:我的没被吃掉,可能小鸟没看到我的投食器。

芝迪:我投食器里的绿豆发芽了。

婧婧:我的投食器里的食物好臭啊! 怎么办?

教师:食物为什么会变质?

芃芃:因为食物过期了。

睿睿:因为虫子在里面拉了屎。

杰杰:因为灰尘飞了进去。

妈妈：因为雨水飘进去了。

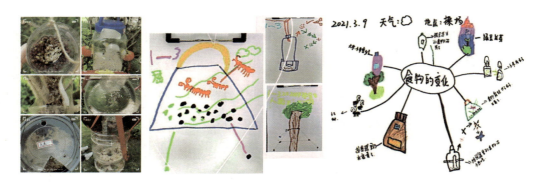

图1-5-6　变质的食物·第三次观察记录·食物变化汇总思维导图

游戏二：整改投食器

发现投食器里的事物发霉后，孩子们进行了一次集体讨论"投食器为什么会进水"。

浚宇：因为我的投食器上面没用盖子盖住。

Vivi：我的投食器太小了。

锟锟：因为我们投放的地方没有挡雨的东西。

蓉蓉：我的投食器口开得太大了。

教师：如何预防投食器进水？

蕙蕙：我们可以在投食器上面加个顶。

佑佑：在投食器的门口也加个盖子挡住。

浚宇：我们可以在投食器上面撑个雨伞。

乾乾：把它投放到有东西挡雨的地方。

找到原因后，孩子们开始绘制调整投食器的设计图。紧接着对他们的投食器进行调整，有的孩子在投食器上方加了顶盖，有的孩子用超轻黏土缩小开口，有的孩子用纸板挡在可能进水的地方……

图 1-5-7　绘制设计图·第二次的设计图·整改过程

💡【思考与支持】

教师引导幼儿根据自己观察到的现象，对食物为什么会变质进行大胆猜测和推理，帮助幼儿厘清食物发霉的原因，并提出对投食器进行调整和改变投放地点等办法。

游戏三：调整投放地点

在第二次对投放地点进行实地考察后，孩子们结合第一次的投放地点及自己投食器里食物的变化进行思考后，重新确定投放地点。

乾乾：我要把投食器放在香蕉树上，用香蕉叶把它遮住，这样就不会有雨水飘进去了。

浚宇：我的放在仁面子树上，我发现经常有小鸟飞来这里。

蕙蕙：我这次把它放在小叶紫薇树上，因为光秃秃的树枝容易让小鸟发现投食器。

图1-5-8　实地考察、记录·实地投放·第二次投放地点汇总图

💡【思考与支持】

　　幼儿了解投食器进水的原因后，在第二次投放过程中，能根据食物的变化情况来选择本次的投放地点和解决方法。

　　教师引导幼儿汇总投放地点，并与第一次投放地点进行比较和分析。

游戏四：投食器大调研

第二次投放后，同样还是遇上了连续几天下雨，当我们再一次去观察时，投食器里的食物又开始腐烂了。

教师：为什么整改后的投食器还会进水？

蕙蕙：我们的投食器太小了，虽然加了盖子，但是雨水一样可以飘进去的。

乾乾：我们设计的投食器都是不防水的，所以下雨之后就进水了。

教师：如何制作防水的投食器？

子銮：我们用大的瓶子做吧！

蕙蕙：可是我们上次就是用瓶子做的啊！它都没办法防雨。

子銮：我们这次用个大的矿泉水瓶就好了！

蕙蕙：上次芃芃就是用大的矿泉水瓶做投食器的，也进水了。

蓉蓉:我们可以用木头像搭积木那样搭一个大一点的!

萱萱:但是木头淋湿之后也会发霉啊,还会长蘑菇呢!

图1-5-9 变质的食物·观察记录

💡【思考与支持】

当食物再次发生变质后,教师组织大家针对"为什么投食器还会进水""如何制作防水投食器""如何解决木头发霉"等问题进行了讨论与调查,用家园合作的方式帮助幼儿了解木头发霉的原因并找到解决办法。

此阶段幼儿在独立思考的基础上,分享交流自己的观点;在倾听同伴的看法时,反思和整合自己的探究经验;在汇总分析中,联结自己的生活经验和探究经验,找到解决方法。

在这个阶段,教师尊重幼儿的合理需求,充分地赋权于他们,帮助幼儿厘清问题的所在,引导他们积极寻找解决办法,让他们在发现问题、分析问题的基础上,敢于质疑,大胆地发表自己的观点,不断进行深入探究。

第三阶段:小黑生病了(进行时间7周)

游戏一:小黑鸟

一个暴雨天,教室迎来了一位特殊的客人——小黑鸟。孩子们纷纷讨论"小黑为什么飞不动了"。

乾乾：可能是累了？

轩轩：会不会是受伤了？

蕙蕙：可能是生病了。

锟锟：小黑为什么会生病？

浚宇：因为淋了雨。

子銮：被传染了。

芃芃：也有可能是吃了投食器里变质的食物。

教师：怎样帮助更多的小鸟使它们不生病？

昊铤：要快点做好新的防水投食器。

思儒：最好是让小鸟有地方吃食物，又有地方可以躲雨。

小黑的到来让孩子们意识到制作防水投食器的紧迫性，但还没等到开始制作，它在第二天就死了，教师利用绘本开展了生命教育。为了纪念小黑鸟，幼儿制作了关于小黑鸟的故事小书，并合作编了故事大书。

图 1-5-10　阅读绘本·自制故事小书·共编故事大书

💡【思考与支持】

　　教师抓住小黑鸟到来的契机，以解决问题为导向进一步激发幼儿改进投食器的愿望。同时，追随幼儿的兴趣，利用绘本开展了生命教育，引导幼儿以书面表征的方式续编小黑鸟的故事。

游戏二:设计投食器 3.0

小黑鸟的死亡加速推动了投食器 3.0 的"开发"。这次,孩子们对制作投食器的材料和步骤有了整体性的计划。首先,各自绘制设计图;然后,向大家介绍投食器的制作材料、制作过程、功能与作用等;最后,集体投票选出最受欢迎的设计图。

蕙蕙:我这个投食器主要是用木板制作的,外面需要用玻璃纸防水。它一共分为四层。第一层是给小鸟接待朋友用的,第二层是给它吃东西用的,第三层是给它睡觉用的,第四层是给它喝水用的。

芃芃:我的投食器像一座房子,一共有两层,在房子边缘有两个喝水的小桶,第二层是吃东西用的,第一层是睡觉用的。

乾乾:我的投食器也是用木头做的,外面涂上防水漆进行防水。虽然它只有一层,但是它很大,吃饭和喝水的地方可以在一起,这样小鸟就不用跑上跑下了。

图 1-5-11 投食器 3.0 设计图·绘制设计图

💡【思考与支持】

　　教师给予幼儿大胆创作与表达的机会,鼓励幼儿在集体中介绍自己的设计图,在交流的同时倾听同伴的设计意图,丰富自己的已有经验。

游戏三:预防木头发霉的办法

在确定投食器 3.0 的制作材料后,孩子们结合自身的生活经验针对"如何预防木头被淋湿"这一问题进行了集体讨论并验证。

浚宇：我们可以用透明胶把它粘住。

伟睿：透明胶遇到水就粘不住了。

子鋆：我们可以用超轻黏土粘住。

萱萱：超轻黏土遇到水就化了。

芃芃：可以在投食器外面贴上玻璃纸。

蓉蓉：我和妈妈查过,玻璃纸是可以防水的。

乾乾：我们还可以在木头上涂防水漆。

芃芃：也可以在投食器上盖塑料布。

图 1-5-12　预防木头发霉的方法调查表

💡【思考与支持】

　　教师通过驱动性问题引导幼儿调动自身的已有经验对防水问题进行猜想,同时,利用家园合作的方式,让家长与幼儿共同调查让木头防水的方法。

游戏四:制作投食器 3.0

　　一切就绪后,孩子们开始制作投食器。在制作过程中,他们遇到锯出来的木头长短不一时,想出了把木头放在一起测量画线后再锯的办法;遇到侧面木板承受不了太大压力时,找来多块木板垫着进行封顶;等等。

图 1-5-13　制作过程·成品图

💡【思考与支持】

　　第三组幼儿发现封顶木板承压强度不够时,教师通过观察幼儿对材料的摆弄、组合和使用,了解幼儿的探究需求,判断并把握幼儿的需要,及时拓展相关经验,提升幼儿的认知水平。

游戏五:确定投放地点

　　投放前每小组对投放地点进行了一次辩论,辩论中孩子们各出奇招,想办法说服别人把投食器投放到自己所规划的位置上,最终大家定下来的位置分别是:香蕉树下、桂花树下、仁面子树上、百香果棚上和花坛平台上。

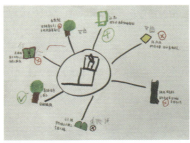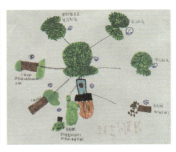

图 1-5-14　辩论过程·投放地点商讨思维导图

💡【思考与支持】

　　在确定投放地点前,教师利用自由辩论的形式激发幼儿对投放地点进行思考。在自由辩论过程中,鼓励幼儿结合自己的生活经验和探索经验大胆地说出自己的想法,并尝试"抓住他人的漏洞"和"找出充分的理由"来反驳他人的观点,促进幼儿的语言和逻辑思维发展。

游戏六:实地投放

　　确定投放地点后,孩子们拿着投食器来到了相应位置进行实地投放。但是,他们很快就发现有些地方是没办法投放的。如,打算投放到仁面子树上的小组发现树杈太小了,而投食器太大,放不下,小组协商讨论后,大家最终同意将本组的投放地点改成桂花树下。

图 1-5-15　投放过程·最终投放地点

💡【思考与支持】

　　此阶段教师将游戏的主动权交给了幼儿,让幼儿针对投食器的投放地点进行多方面的探索,在过程中积累经验和收集信息。教师在游戏中的角色更多的是作为一个支持者,支持幼儿整合经验,重构认知,促进专注力发展。

游戏七:绘制投食器路线图

投放完成后,孩子们为了让小鸟更容易找到投食器而绘制了投食器路线图。首先,孩子们以小组为单位商讨出行路线;接着,开启了一次简短的幼儿园之旅;最后,开始制作指示牌。

图 1-5-16 小组商讨出行路线·幼儿园之旅·制作路线图·制作指示牌

💡【思考与支持】

在这个活动中,教师主要通过驱动性问题循循善诱,引导幼儿对绘制路线图进行初步设想。同时,利用开放式的活动支持幼儿探究路线图如何绘制,并给予幼儿充分的时间、空间以及绘画工具和幼儿园平面图等支持幼儿深度探究。

▌ 总结与反思

1. 幼儿的学习与发展

（1）情感态度方面

整个过程中，教师尊重幼儿的合理需求，充分地赋权于他们，让幼儿在轻松自由的积极氛围中以小组合作的形式进行自主探究，使其在合作过程中发展人际交往能力、理解他人和作出判断的能力、组织语言的能力。

（2）知识经验方面

"小鸟投食器"系列活动中，涉及大量的与数学认知相关的内容。幼儿在绘制小鸟投食器的设计图时，需要对材料的尺寸及数量进行估算、测量；在制作的过程中，需要根据设计图选取材料进行制作；制作完成后，需要进行统计并与计划进行对比、分析，为下次活动积累经验。

在制作投食器时，根据平面的设计图制作立体的投食器；在投放活动中，利用空间推理来解决方向、重量和距离等实际问题；在制作地图时，熟练地将三维的幼儿园布局转化为二维的地图，幼儿的空间方位感知能力得到了一定的发展。

（3）学习品质方面

活动中幼儿始终保持着积极主动的、有计划的、专注的状态，以自身独特的态度、习惯与喜好进行互动与探索，表现出了好奇心、独立性和主动性，会进行一些合理冒险，能根据实际问题去制定计划并付诸实施。在讨论的过程中，能清楚、大方地向同伴表达自己的想法及建议，在汇总分析时不断地进行反思；在经验分享的过程中，将已有的经验和正在探究与操作的内容进行联结，更新活动经验，不断进行深度学习，养成良好的学习品质。

2. 教师的支持策略

（1）隐性支持

环境支持。活动实施过程中,除了本班级教室外,园内所有户外活动场地均为幼儿可自主探究的场所,同时,教师用展现幼儿学习过程的海报布置班级环境,以便在探究时与幼儿回顾学习过程。

情感支持。教师始终关注着幼儿兴趣的发展,为幼儿营造出温馨、轻松、积极的情感氛围;及时抓住教育契机,遵从幼儿的想法并提供有效的支持和帮助;当幼儿遇到问题时,鼓励他们积极寻找解决办法,让他们在发现问题、分析问题的基础上,敢于质疑,大胆地表达自己的观点。

联动家长支持。整个活动中,家长帮助幼儿完成亲子调查问卷,协助幼儿收集小鸟投食器的改造材料及制作材料,在前期与幼儿共同完成小鸟投食器的制作。

（2）显性支持

活动支持。利用可视化的观察记录,引导幼儿在交流分享中尝试整理、概括自己的探究发现,并通过小组讨论、集体访谈和自由辩论等形式,更充分地了解同伴的观点,开展互动、互学。

师幼互动。师幼互动是教育的重中之重,在课程实施的过程中,教师始终以问题驱动的形式去推动活动的发展,频繁采用多种马赛克方法去激发幼儿表达自己的观点,从而倾听他们的声音,了解他们的经验水平和兴趣关注点,充分地尊重他们的想法,支持他们的发展。

▼ 游戏路径图

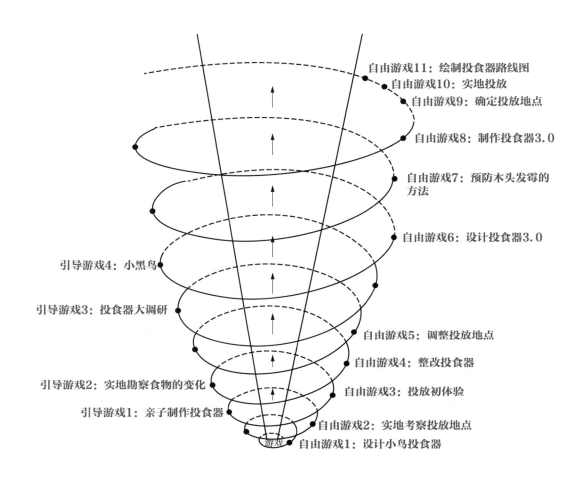

自由游戏11：绘制投食器路线图

自由游戏10：实地投放

自由游戏9：确定投放地点

自由游戏8：制作投食器3.0

自由游戏7：预防木头发霉的方法

自由游戏6：设计投食器3.0

引导游戏4：小黑鸟

引导游戏3：投食器大调研

自由游戏5：调整投放地点

自由游戏4：整改投食器

引导游戏2：实地勘察食物的变化

自由游戏3：投放初体验

引导游戏1：亲子制作投食器

自由游戏2：实地考察投放地点

游戏

自由游戏1：设计小鸟投食器

第二章

建构游戏

02

探秘飘色车

年龄段：大班

沙溪镇中心幼儿园

黄孝韶、王婉华、伍苑婷

■ 游戏背景

　　飘色是国家级非物质文化遗产,起源于广东吴川,在中山黄圃、崖口均有飘色艺术。飘色人物造型丰富、动作奇特,分为色柜、色梗、色芯三个部分。它不仅具有欣赏价值,更重要的是它将神话故事或历史传奇人物及场景巧妙地融合其中,代代流传。

　　晨谈活动时,晟泓说:昨天,妈妈带我去看巡游了,我最喜欢看的是飘色,由老人推着柜子,小朋友穿着漂亮的古代服装,飘在半空中,那小朋友可神气了！其他孩子纷纷围过来问这问那……第二天,晟泓带来了相片、视频与同伴分享。孩子们的话题都聚焦在飘色车上:那个车好神奇,居然可以让小朋友飘在上面。每辆车设计得不一样,好好看啊！哇,这些车子上都有椅子或者有秋千,坐在上面一定很帅吧。接下来的一周,孩子日常交流的话题和在美工区里绘画、制作的作品都是与飘色车(指飘色中色柜与色梗的组合)有关的。基于孩子们对飘色的兴趣,以及挖掘和传承优秀的民俗艺术是幼儿园义不容辞的责任,教师设计了亲子调查表,让家长们带孩子去研学,加深孩子对飘色车的了解及兴趣。

图 2-1-1　幼儿参观巡游

图 2-1-2　亲子研学活动

图 2-1-3　幼儿绘画飘色车

▊ 游戏准备

1. 材料准备

建构材料：各种积木、棍棒类等户外建构材料（材料随建构活动的开展逐步增添）。

辅助材料：笔、纸、剪刀、尺子、胶带、扎带等。

2. 环境准备

创设以色柜、色梗为主的情境，投放有关飘色的物品，如：绘本、教师仿制的鲤鱼公主飘色及飘色巡游时所需要的道具等。

3. 经验准备

家长进园与孩子分享崖口飘色、圣狮村"四月八"巡游等相关视频和图片，幼儿有一定的搭建技能。

▊ 游戏历程

"探秘飘色车"从开始到结束，全班 35 名孩子全程参与。游戏经历 14 周，分三个阶段逐步推进，由 9 个游戏支持孩子对飘色车进行深入探究。

```
                                              ┌─ 游戏一：怎样让飘色车动起来？
                                              ├─ 游戏二：飘色车动起来啦！
                      ┌─ 游戏一：飘色车畅想      ├─ 游戏三：飘色车巡游开始啦！
                      ├─ 游戏二：各种各样的飘色车  └─ 游戏四：装饰飘色车
   ┌──────┐   ┌────────────┐   ┌────────────┐   ┌────────────┐
   │ 探秘 │───│ 第一阶段：室 │───│ 第二阶段：户外 │───│ 第三阶段：飘色 │
   │ 飘色车 │   │ 内搭建飘色车 │   │ 搭建大型飘色车 │   │ 车巡游开始啦！ │
   └──────┘   └────────────┘   └────────────┘   └────────────┘
                                    ┌─ 游戏一：不一样的飘色车
                                    ├─ 游戏二：牢固的飘色车
                                    └─ 游戏三：飘色车大变身
```

第一阶段：室内搭建飘色车

游戏一：飘色车畅想（进行时间：1 周）

日常交流和绘画已不能满足孩子对飘色车的好奇和创作欲望，孩子自发地将关于飘色车的创作带到了建构区和家中。

伊一：我的飘色车是玩具化妆台做的，上面放了一块红布！

彦汐：我用乐高积木搭了飘色车，一个人在后面推，两个演员站在上面表演。

天天：我的飘色车可以站两个人。

艺桉：我用牛奶罐给飘色车做了轮子。

柏乔：我想做一辆可以在上面翻跟斗的飘色车！

图 2-1-4　孩子在家中创作飘色车

图 2-1-5　孩子在建构区创作飘色车

简单的绘画表征对于大班的孩子来说是相对容易的,幼儿自主自发地运用身边不同物品进行三维立体的搭建,呈现出了对飘色车的兴趣与理解。由于是第一次尝试搭建,幼儿对飘色车的外形特征了解不够深入。教师尝试在不同的区域投放丰富的材料,如:在益智区投放各种各样的桌面积木、在语言区投放有关飘色的图书、在主题墙展示有关飘色的图片等,让幼儿再次进行观察,丰富幼儿对飘色车的认知。重点引导幼儿观察飘色车的组成部分(色柜、色梗、色芯)。

游戏二:各种各样的飘色车(进行时间:1周)

孩子们通过搜索资料,了解到原来黄圃、南朗等地方的飘色车是不一样的,黄圃飘色车多为单个的色梗,以人力扛抬;南朗飘色车的色柜上面有一个"秋千"般的色梗。对飘色车的组成有了进一步的了解后,孩子们在游戏时自发进行了桌面搭建。

彬彬:我们搭一个人扛的黄圃飘色车。

美缘:我搭一个可以推的飘色车。

露露:我们搭了南朗特色的飘色车,是推的!

郑宣:我想站在飘色车上表演。

露露:我们的飘色车这么小,站不上去呀。

教师:你们想想可以利用什么材料搭一个能站上去表演的飘色车?

美缘:我觉得操场的大积木可以用来搭大大的飘色车。

【思考与支持】

幼儿自发地通过上网、看书、实地走访等不同的途径,寻找有关飘色车的各种信息,并尝试用各种材料搭建黄圃、南朗等地不同特色的飘色车。幼儿发现现在的成品太小了,无法让人站在车上表演。为追随幼儿的兴趣助推游戏发展,教师介入提出问题,让幼儿重新设计并选择搭建飘色车的材料。

图 2-1-6　孩子运用不同桌面材料搭建不同地方特色的飘色车

第二阶段:户外搭建大型飘色车

游戏一:不一样的飘色车(进行时间:2 周)

孩子们决定到户外建构区搭建飘色车。

嘉琪:我们的飘色车封不了顶。

郑宣:对啊!用四倍块封顶总是滑下来!

柏乔:积木放在上面我怕掉下来,我不敢坐上去。

晋熙:我们搭的那三个色梗很容易倒下来。

梓峰：用正方块固定色梗吧！

教师：为什么积木组合会不稳固呢？你们想想有什么办法能够让飘色车牢固一些？

晋熙说：因为地面很滑，没有可以卡住的地方。

发现问题后，孩子迅速分组讨论和改造。

图 2-1-7　孩子运用多种材料搭建飘色车

【思考与支持】

　　基于前期的搭建经验，幼儿能够合理自主地运用多种丰富的游戏材料进行表征。当发现色芯不牢固和不安全时，他们萌发了再次探索的想法。

　　教师及时反馈帮助幼儿梳理经验，让他们发现不稳固的原因：材料结合不紧密，不稳固；重心有偏移。利用频繁的交流支持幼儿进一步解决问题，引导幼儿对接下来的活动进行构思与规划，肯定幼儿在游戏中能为同一目标而共同努力、友好商量和分工合作的行为。

游戏二:牢固的飘色车(进行时间:2周)

为解决搭建飘色车过程中不牢固的问题,孩子们重新调整计划图,重新选材。

南朗飘色车小组在搭建过程中发现了问题。

露露:我们将黄轮竖起来用黄管连接,搭出飘色车的底部,然后在中间建一个支架,上下两端再横向连接一个黄轮,这样就能搭建出来啦!

梓川:中间连接的黄管总是掉下来,横向连接的两个黄轮也经常会掉下来,可能是下面的两个黄轮太重了。

卢卢:是的,黄轮掉下来也不安全。

有的孩子提议换一根管子,有的孩子找来了透明胶在管子上缠了几圈,再插进黄轮里,这样黄管牢固了。

番禺飘色车小组在搭建过程中也发现了问题。

诗诗:我们搭建一个船形的水上飘色车吧!

孩子们先把船的底部搭好了,再进行连接,可多次尝试利用长短不一的管子进行拼接和组合,都不成功。

教师:你们想一下还有什么材料可以代替?

孩子们用纸卷成管子进行拼接,但还是不够长,纸也不够了。郑宣突然想到:可以用海绵棒! 它有弹性,又是圆形的,还可以裁剪。孩子们试了试,这一次成功了。

💡【思考与支持】

　　幼儿在多次的搭建过程中表现出积极的状态,运用了各种材料进行尝试,每一组幼儿都遇到不同问题和困难,但他们并没有泄气和放弃。他们从实践中总结经验,积极寻找问题成因,通过分析、推理寻找解决的办法,大胆地探索不一样的搭建方法,不断发掘更合适的材料,并对原有的材料进行调整。在搭建中幼儿相互支持,相互配合。

游戏三：飘色车大变身（进行时间：2周）

飘色车搭好了，孩子们分享着自己组搭建的飘色车。

教师：你们的飘色车上坐着谁呀？

熙熙想了想说：我们的飘色车是如来佛祖的。

教师：如来佛祖坐的是什么椅子呀？

熙熙：是坐在莲花座上的。

峰峰说：我们要搭个莲花座。孩子们于是尝试用海绵棒、积木搭建莲花座。

其他组的孩子也开始思考他们飘色车上的相关人物与故事，为了丰富孩子们的经验，教师通过集体活动和孩子一起欣赏了各地特色的飘色车人物与故事。搭建前孩子先设计飘色车的主题，并根据主题设计故事牌、色梗及色芯。

伊伊：我们用纸先画好故事的主题人物，再剪下来。

宣宣：纸太软了，我们要在后面垫一张硬卡纸，这样就很结实了。

熙熙：我们在后面再加上有重量的矿泉水瓶，它就可以站立了。

每组孩子们把设计好的故事牌装饰在飘色车上，利用矿泉水瓶、海绵棒把色芯固定在色梗上。

【思考与支持】

　　刚开始搭建时幼儿并没有关注自己搭建的飘色车的色芯与所呈现的主题。在搭建完成后，教师通过有效提问，引导了幼儿关注色芯，也引发了幼儿思考如何更好地根据故事场景改建自己的飘色车，推进了游戏的发展。通过集体活动再次丰富幼儿对飘色主题与故事的认识，使幼儿再次搭建时能更关注细节。

第三阶段：飘色车巡游开始啦！

游戏一：怎样让飘色车动起来？（进行时间：2周）

南朗飘色车搭好后，艺桉自豪地站在中间，同组的小朋友推着车在操场开始飘色巡游,其他的孩子纷纷停下,注视着他们的可移动飘色车,想加入他们的巡游队伍。

天天:老师,我也好想让我们的飘色车动起来。

老师:那你们想想,我们可以利用什么材料让飘色车动起来?

月丽:我们可以在飘色车下面加轮子。

梓峰:是要把轮子安装上去吗?

天天:飘色车太重了,轮子会撑不住的。

孩子对探索如何让飘色车动起来产生了很大的兴趣,课间经常讨论制作的方法。一天户外活动时,孩子们用滑板玩小乌龟爬行的游戏。这时进勇有了重大的发现。

进勇:老师,我知道了,只要把滑板放在飘色车下面,我们的飘色车就可以移动了。

其他小朋友听了,说:我们的飘色车不能用这个方法,因为我们的飘色车是用空心积木一块一块搭的,没办法移动。

教师:为什么安上滑板就能动呢?

艺桉:有轮子,就可以移动了。我们可以去找带轮子的物品放在飘色车的下面。

想到了办法后,孩子们在园内进行了"寻宝",他们找到了滑板、四人滑行龙舟车、移动小床、运送积木的工具车等。

💡【思考与支持】

　　一组幼儿的飘色车成功动起来后,引起了其他幼儿的探究兴趣。他们起初对如何让飘色车动起来这个问题感到束手无策,为了拓展幼儿的经验,教师安排了体育游戏"乌龟爬行",让幼儿从中受到启发,知道可以利用轮子让物体移动。

图 2-1-8　孩子寻找可移动辅助材料

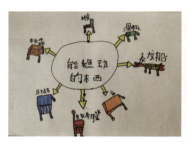

图 2-1-9　孩子探索可移动物品后绘制气泡图，各组制作选取材料的计划表

游戏二：飘色车动起来啦！（进行时间：2周）

南朗飘色车小组的飘色车底部是方正的，比较结实，他们用红管将万能工匠的蓝轴穿插在底部变成车轮，飘色车就可以动起来了。

番禺飘色车小组的飘色车整体如船形。他们一开始失败了，后来在滑板和黄轮的中间垫上纸，再用绳子把黄轮和滑板绑在一起。这一次成功了。

黄圃飘色车小组的飘色车呈长方形，建构的积木较为零散，他们直接以运送积木的工具车作为底座，飘色车也成功动起来了。

吴川飘色车小组将滑板固定在搭建好的飘色车底部，结果飘色车并没有动起来，反而快要倒了，于是组员聚集在一起讨论如何解决这一问题。

【思考与支持】

　　游戏的过程就是幼儿探索解决问题的过程。为支持幼儿解决让飘色车动起来的问题，教师开展了滑板游戏，支持幼儿在周围寻找可以利用的材料，不断调整，幼儿的自豪感、自信心不断增强。

图 2-1-10　孩子利用各种材料搭建可移动的飘色车

游戏三：飘色车巡游开始啦！（进行时间：1周）

　　在不断尝试和调整中，各个小组的飘色车都能都动起来了，孩子提议要举行一个大型的飘色车巡游。巡游时，有两组遇到了不同的问题。有一个小组遇到了接驳处卡不住，松脱的情况。经过大家的观察分析和讨论，发现原来是接驳处的空隙太大，于是孩子们进行了调整，将接驳的两端用纸巾包裹好，减小接驳处的空隙。松脱的问题终于被解决了。

【思考与支持】

　　教师支持幼儿的想法，让幼儿在实践后总结失败的原因，并在过程中合理地调整，通过分析推理，让幼儿测试各种让飘色车动起来的方法，将生活经验充分运用到游戏中。

131

图 2-1-11　孩子尝试移动飘色车进行巡游

游戏四：装饰飘色车（进行时间：1 周）

孩子们的飘色车成功出巡，他们特别高兴。

在交流中，郑宣提出：我觉得我们的飘色车还可以装饰得更漂亮一些。

教师：可以呀！怎样把飘色车装饰得更漂亮呢？

诗沅：我们可以拿一些旗子装饰飘色车。

梓峰：我们可以画各种花纹装饰飘色车。

孩子们分工合作，有的组在飘色车上插了旗子，有的组在纸上画了梅、兰、竹、菊，随后把它们贴在色柜上。孩子们都兴奋地装饰着自己搭建的飘色车……

💡【思考与支持】

　　幼儿并没有满足于飘色车动起来，而是提出了装饰飘色车的想法，教师用谈话的形式，提出问题，让幼儿思考并讨论，及时支持幼儿的游戏。

图 2-1-12　孩子尝试装饰飘色车

图 2-1-13　移动飘色车大巡游

▎总结与反思

1. 幼儿的学习与发展

（1）情感态度方面

通过搜索资料、搭建各种各样的飘色车、飘色车巡游等活动，幼儿用自己喜欢的方式去理解中山的民俗文化,激发自豪感和热爱之情。

（2）知识经验方面

幼儿的建构游戏从单一到多元,从模糊到清晰,从对原有飘色车的模仿到创造性表征,对飘色车的结构越来越了解。认知水平和建构水平都逐渐发展。

（3）学习品质方面

《3—6岁儿童学习与发展指南》中指出,孩子在活动过程中表现出的积极态度和良好行为倾向是终身学习及发展所必需的宝贵品质。在整个游戏过程中,幼儿大胆地尝试和研究材料,呈现出了积极主动、勇于探索、不怕失败的良好学习品质。当幼儿在游戏过程中不断遇到失败时,教师与同伴的鼓励和支持给予幼儿不断试错的机会,幼儿与同伴之间相互合作,相互支持,培养了团队精神。

2. 教师的支持策略

（1）隐性支持

环境支持。利用走廊空旷的位置打造飘色情境,让幼儿主动地与环境进行沟通对话。教师也跟随幼儿的脚步,将幼儿的兴趣点通过不同方式呈现在其视野中。教师将幼儿的游戏计划和活动照片及时展现在主题墙上,让幼儿在潜移默化中回顾和总结游戏,为游戏的推进不断积累经验。

材料支持。游戏的材料直接影响着游戏的质量和水平。教师在不同的区域提供不同的材料,尝试让幼儿运用不同的方式了解和创作飘色车。随着游戏的推进,不断为幼儿增添各种适宜的建构材料,尽可能地提供辅助材料,幼儿逐渐养成"身边一切物品、一切材料皆有可能为我所用"的思维习惯。

情感支持。教师关注每位幼儿的不同性格特点和搭建经验。当幼儿尝到成功的喜悦时,教师充分地肯定和赞扬;当幼儿遇到困难和挫败时,教师总能站在幼儿的后面,轻声细语地进行询问,通过提出问题不断支持幼儿。

联动家长支持。通过发放亲子调查问卷、亲子手工飘色车大制作，让家长与孩子共同了解飘色文化及不同地方特色的飘色车。

（2）显性支持

活动支持。为持续地激发幼儿的兴趣，教师开展了欣赏飘色巡游的活动，让幼儿在活动中了解飘色的呈现方式和意义。当教师发现幼儿对车的结构不清楚时，开展了飘色车大探秘的活动，有目标、有重点地让幼儿观察飘色车的结构，为幼儿在户外搭建飘色车的探究活动作铺垫。

师幼互动。基于对本班幼儿成长水平的观察，考虑到幼儿已具备独立解决问题的能力，在游戏中教师始终充当着观察者、支持者、合作者的角色。追随幼儿的兴趣走向，用欣赏的目光去看待幼儿的奇思妙想。教师通过有效提问来帮助幼儿发现问题的关键，通过小结活动帮助幼儿梳理经验。

▼ **游戏路径图**

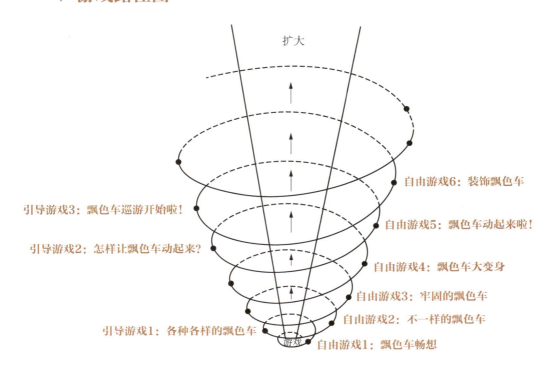

好玩的野炊

年龄段：大班

中山市三乡镇中心幼儿园

黄秀丽

■ 背景信息

春游活动后，煨鸡炉、帐篷等深深印在了孩子们的心中，也被带到了建构游戏中。佳蕙：我们可以用平铺的方法做一个野餐垫。芃芃：我想做个烧烤架。追随孩子们的兴趣，我们收集、整理建构材料，开展了以"好玩的野炊"为主题的大型建构活动。

图 2-2-1 幼儿参与的春游活动

■ 游戏准备

1. 材料准备

各式积木。

2. 环境准备

较为宽敞平整的户外场地。

3. 经验准备

大致了解过野炊，已有平铺、垒高、连接、架空等建构技能。

■ 游戏历程

"好玩的野炊"从开始到结束，全班孩子全程参与。经历 9 周，分 3 个阶段，由 9 个游戏组成。

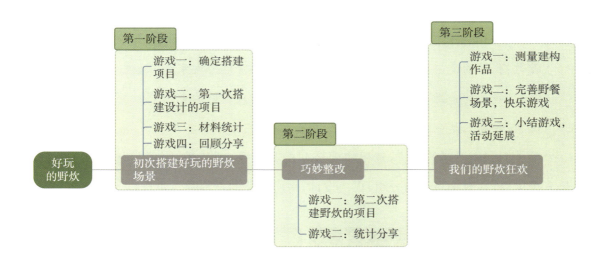

第一阶段：初次搭建好玩的野炊场景

游戏一：确定搭建项目（进行时间：1 周）

游戏萌芽，孩子们自主设计建构图。

乾乾、惠惠、锟锟将春游野炊的见闻讲给其他的孩子听，孩子们投来赞许的目光，也努力回忆自己的踏春经历。在讨论中，孩子们决定要在幼儿园也进行一次好玩的野炊。

野炊有哪些游戏项目？孩子们自己设计调查问卷去访谈家庭成员、周围的人，进行统计分析后纷纷开始设计自己喜欢的野炊游戏项目。

图 2-2-2　幼儿设计搭建项目

集体分享环节，大家共同确定搭建的项目。

每个孩子的野炊经验都不一样，但他们都在为筹备一场幼儿园里的野炊游戏而努力。孩子们准备好自己的设计图，大家一起来选择，一场精彩的演讲开始了。

乾乾：我画的是一个烧烤架，我们在野炊的时候可以给大家烤一些吃的东西。

萱萱：我画的是野餐桌，我觉得我们需要桌子来放做好的食物。

佳蕙：我画的是一个双门的煨鸡炉，需要 22 块长方形积木和……

孩子们利用投票的方法，选出将要搭建的是帐篷、煨鸡炉、野餐桌、烧烤架、野餐垫五个项目，并对项目进行分组，再次设计，将所需的材料数量也进行了规划。

图 2-2-3　投票决定搭建项目

【思考与支持】

"好玩的野炊"搭建活动源于幼儿的兴趣,教师以"野炊"的兴趣点为契机,支持幼儿通过看、听、问、记等多种方式,收集并整理与"野炊"主题相关的知识——自主设计"野炊"游戏项目建构图——投票选择搭建对象——选择适宜的建构场地和建构材料——讨论建构方法并协商分工搭建任务——合作完成帐篷、煨鸡炉、野餐桌等的搭建——各小组对搭建对象所用积木数量进行统计——欣赏作品——总结搭建经验、反思整改方法。整个过程追随幼儿的兴趣,调动幼儿的生活经验,引导幼儿仔细观察,激发幼儿主动发现问题、分析问题并想办法解决问题。

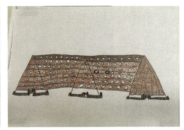

图 2-2-4　幼儿的设计图与投票情况记录

游戏二:第一次搭建设计的项目(进行时间:1 周)

孩子们自由分组讨论搭建的要领,一个个小小设计师在场地上忙开了。野餐桌组的孩子们商议要用大圆柱搭桌腿;帐篷组的孩子们选择用带卡口的长板做了两个三脚架,再用长板搭顶;煨鸡炉组的孩子们则是注意到一个细节——要搭两个炉门。

1. 高高大大的"煨鸡炉"

煨鸡炉组的孩子们搭建到第九层正准备封顶时,"轰隆"一声,煨鸡炉门上的墙体倒塌了。这一场景似乎是孩子们早就预料到的,他们讨论一番后就开始了整理和修建。不一会儿,他们便把门上的墙体修建好了。但是,当他们在搭建十二层的时候,墙体再次出现了倒塌……这一次开始有孩子向教师求助。

孩子们开始有埋怨的语气:老师,我们的煨鸡炉封不了顶,不管怎样搭,它总是塌。

教师:我们一起来看看这次煨鸡炉的形状、大小和之前的有什么区别?

有的幼儿提出:我们需要一层一层地往中间收,最后搭圆锥形的顶,我上次和妈妈他们去农场搭煨鸡炉的时候,看到他们是这样搭的。

教师:你这个想法很好,也许你还可以考虑一下其他的搭建材料或者其他的封顶方式。

经过了大家的努力,高高大大的煨鸡炉终于封顶了。

图 2-2-5　搭建煨鸡炉

2. 摇摇晃晃的"帐篷"

搭建开始时,大家听从至航的指挥,搬来了四个卡口长板便开始了。焕懿准备连接两个三脚架搭建帐篷顶,佑佑和钰成搭好了三脚架,还增加了一个支撑点来加固。在搭建帐篷斜面时,佑佑正小心翼翼地拿起一个四倍块,突然"哗啦"一声,孩子们接着喊道:山体滑坡啦!他们发现每次放完一个四倍块之后,积木就会往下滑。孩子们商量要找到顶住这些四倍块的方法。

图 2 - 2 - 6 初搭帐篷

3. 宽宽长长的"野餐桌"

野餐桌组的孩子们在搭建第二组桌面时,诺熙发现桌子腿的支撑点太小了,有点不稳,总是摇摇晃晃的,两个孩子商量后改用基本块做支撑点。很快,稳固的桌子出现在大伙的眼前。在搭建第五组桌面时,基本块用完了。诺熙:积木没有了,怎么办?

斌斌:我们用小方块吧,两个小方块拼在一起差不多是基本块的长度,那些个小方块其他组没用到,会多一点。

然而大家发现基本块和小方块都快被用完了。

有的孩子发现他们的桌子腿需要的积木太多了,且只能用二倍块了。

斌斌摇摇头:1,2,3……如果全部都用基本块的话,我们需要308个,太多啦!

图 2 - 2 - 7 初搭长桌

【思考与支持】

　　教师努力做游戏主题确定的"支持者"、游戏材料准备的"援助者"、游戏过程的"观察者"和"记录者"、游戏评价的"倾听者"、数学语言运用的"引导者"、解决问题的"挑战者"，保护幼儿的兴趣，尊重幼儿的发展需要，重点关注幼儿的合作过程。当帐篷组幼儿搭建斜面遇到多次倒塌时，教师利用情境再现的方式，引导幼儿仔细观察搭建对象，对比、分析搭建材料的问题所在。

游戏三：材料统计（进行时间：1 周）

孩子们挑战绕圈数数。

煨鸡炉组的孩子正在统计搭建时所用到的长方块数量。

蓝琰：2、4、6……我忘记我数到哪里了，芃芃你能帮我数吗？

芃芃：我也数不了，怎么办？

子鋆：你可以一圈一圈地数啊！

芃芃：对哦，你一圈一圈数，我把数加起来就好了。

蓝琰：可以，1、2、3……22，第一圈 22 块。……

芃芃：太多了，我不会算那么多数的加法。

图 2-2-8　数煨鸡炉的积木数量

孩子们利用按群数轻松完成统计。

焕懿:5、10、15、20,凹槽积木一共用了20个。

钰成:1、2、3、4……我又数乱了。

焕懿:我告诉你,你数一排就知道其他的是多少个了,它们都是一样的。

钰成:你帮我吧!我不知道怎样数。

焕懿:2、4、6……一排有11个四倍块,这里有四排……44个。

钰成:上面还有2个。

焕懿:那就46个。

图2-2-9 数长桌的积木数量

💡【思考与支持】

　　幼儿先自由设计野炊游戏项目,自主制定计划,再分组搭建,整个活动过程环环相扣,层层递进。在搭建过程中,教师充分尊重幼儿,给予幼儿充分探索搭建的空间,为幼儿顺利完成煨鸡炉封顶搭建提供了合适的学习支架,促进幼儿的观察能力、反思能力、合作交往能力等的发展。

游戏四:回顾分享(进行时间:1周)

每位小组长安排成员代表分享搭建方法、搭建趣事,搭建过程中遇到的困难及解决方法。

教师小结:我们既碰到了问题,还解决了问题,但是我们还存在问题,就像煨鸡炉组的小朋友刚刚说希望下次在封顶时,能够成功围封成圆锥形,佳蕙提出将煨鸡炉缩小改成单门的煨鸡炉;佑佑发现帐篷不太稳,一碰就倒,需要想办法让它变得更加牢固;婧婧提出野餐桌很稳,而且足够长了,不过我们现在的椅子还不够所有人坐。这些问题都等着我们去解决。

图 2-2-10 大家在幼儿园里分享搭建的作品

【思考与支持】

　　教师以问题为导向,引导幼儿讨论遇到的问题和解决方法,并提出完善搭建对象的计划。在小结反思环节中,引导幼儿向更深层次的学习迈进。

第二阶段:巧妙整改

游戏一:第二次搭建野炊的项目(进行时间:1 周)

孩子们根据上次总结的搭建经验,重新画了调整计划图,还确定了很详细的整改步骤。

1. 为帐篷打造稳固的力量型底座

在第二次搭建帐篷时,孩子们搭了一个底座用来支撑。在快完成斜面的搭建时,突然"哗啦"一声,搭建斜面的积木有一半掉落在地上。

佑佑:我没有碰到它,它自己掉的。

教师:我们一起看看,它们为什么会自己掉下来,而另一边的积木都是纹丝不动的。

钰成:这个三脚架下面的底座挪开了。这里的底座少了一排积木。

很快孩子们发现——底座需要加固,加固后就不会倒了。

图 2-2-11　整改帐篷

2. 挑战高难度围封煨鸡炉

煨鸡炉组的孩子们快速地将双门的超大煨鸡炉改成了单门的煨鸡炉,在搭第九层时依然出现了倒塌。于是孩子们改为从第七层开始慢慢往里收拢围封,继续挑战圆锥形围封。看着逐渐收拢的煨鸡炉,孩子们露出了笑容,伴随着孩子们的笑容而来的又是一声"轰隆",再一次出现了大面积倒塌。

孩子们直言太难了,但他们并没有放弃,而是坐下来思考:为什么上次在大厅用同样方法搭的煨鸡炉更高,却没有倒,而这次的还没有上次高却倒了?

芃芃跳起来说:哦,知道了,应该是这里的草地太软了。我们在下面铺一层积木就可以让这里变得跟地板一样硬了。

大伙听到后纷纷去搬了四倍块积木过来,搭建了一个坚硬的支撑底板,这一次的搭建终于成功了。

图 2-2-12　调整煨鸡炉

【思考与支持】

　　幼儿能借助日常生活经验来解决搭建活动中遇到的实际问题。教师发现煨鸡炉组和帐篷组幼儿对空间布局、面积大小与连接位置关系不明晰时，进行了平行式介入，引导幼儿对搭建技术和搭建对象进行梳理、总结，循序渐进地帮助幼儿丰富和拓展已有的搭建经验。

游戏二：统计分享（进行时间：1周）

搭建完成后，孩子们有计划地分工合作以进行统计。

至航：焕懿，你来数，我来登记。

芃芃：佳蕙和子鋆两个人一起数，我做记录。

佳蕙：好的，我先在这画个标志，我们从这里开始数就不会数重复了。

图 2-2-13　统计积木数量

孩子们介绍搭建作品，分享搭建过程。

芃芃:这是我们的煨鸡炉,我们今天的任务实在是太难了,因为草地太软了,倒塌了好多次,最后在底下搭了一层底板才搭成功。

佑佑:我们今天搭的帐篷也很难,这边搭好了那边塌,后来把这个底座全部连接起来才搭好。现在帐篷超级稳,刚刚钰成摔倒碰到它了,但它都没倒。

婧婧:我们今天搭椅子很轻松,不过最开始的时候,大家都不知道该怎么办,是萱萱想出来搭这种长长的椅子的,这样可以快速地搭好能让所有人坐下的椅子。不信你们试试,这次绝对每个小朋友都有座位。

💡【思考与支持】

通过搭建,幼儿既可以感知煨鸡炉和帐篷等搭建对象的空间结构、大小比例、基本样态,又可以比较其形状、宽度、高度、长度,学会测量、并体验力的相互作用;既可以激发艺术创造和审美力,又可以学会如何处理个体与集体的关系,如何与他人沟通协作。分享作品时,教师引导幼儿结合生活经验讲出自己在搭建过程中的体验,对建构作品进行表征。

第三阶段:我们的野炊狂欢

游戏一:测量建构作品(进行时间:1周)

挑战一:测量长桌的长度。

教师:昨天,大二班菲菲问我这张桌子有多长?还有那个煨鸡炉也好高,比我都高了,它有多高呢?你们知道自己搭的这些作品有多高?有多长吗?

孩子们讨论后得出:可以一个接一个手拉手测量桌子有多长;也可以找一条绳子量一下。

图 2-2-14　测量长桌

挑战二：测量煨鸡炉的高度。

芃芃：我到煨鸡炉的这里，我 120 厘米，煨鸡炉超过了 120 厘米。

子銮：你们等一下，我先去搬一把椅子来。

芃芃：不行，站在椅子上我又太高了。

蓝琰：我去找曹老师来。曹老师，你可以帮我们量一下煨鸡炉吗？

教师：需要我怎么做？

芃芃：像上次那样，你站过去就好了。

教师：我 168 厘米，我比你们的煨鸡炉高了多少？

佳蕙：我觉得我们还是到植物区拿尺子吧！

图 2-2-15　测量煨鸡炉的高度

挑战三：测量帐篷的高度。

焕懿：这几种方法量出来的尺寸都不一样啊！

钰成：那到底哪个才是它真正的高度呢？

至航：尺子需要拉直才能量。

图 2-2-16 测量帐篷的高度

【思考与支持】

　　在测量过程中,教师关注幼儿能否合理运用不同的测量方法,进一步引导幼儿根据实际调整测量工具并且与同伴协商测量方法,幼儿的同伴交往能力、测量经验均得到不同程度的发展。

游戏二:完善野餐场景,快乐游戏(进行时间:1周)

孩子们用积木搭了一些碟子、勺子、筷子和碗,用来装"食物",制作了餐牌,还做了一个蛋糕。

图 2-2-17 自绘价目表

搭好帐篷以后,大家决定装饰一下。

佑佑:我们把这些灯挂上,晚上的时候就可以看见灯光了。

至航:那我来挂这个球吧,我家的帐篷上也有一串这种球。

佳蕙:芃芃,你的木柴是哪里捡来的?

芃芃:在那棵桂花树下,还有很多。

浚宇:我来钻木取火。

孩子们"品尝"着蛋糕,尽情地"干杯",煨鸡炉组的小朋友热情地抬上香喷喷的"烤鸡",大家一起狂欢。

图 2-2-18　自制烧烤

图 2-2-19　幼儿野炊游戏

【思考与支持】

　　幼儿们的合作经验和建构技能有了一定程度的发展。教师进一步支持幼儿自主选材、尝试表征,拓展建构内容,完善搭建。

　　煨鸡炉组幼儿能通过观察周边的自然材料,找来干树枝当柴火将生活经验融入野炊游戏中,找到适宜进行角色游戏的材料。

游戏三:小结游戏·活动延展(进行时间:1周)

"野炊"活动结束,孩子们开始策划绘制故事小书,他们将整个主题活动中的趣事、创想浓缩在他们的作品里,并大胆、自信地与同伴、老师、家人分享。

图2-2-20 幼儿野炊游戏

▌ 总结与反思

1. 幼儿的学习与发展

(1)情感态度方面

通过亲子春游等活动,幼儿感受到野炊的欢乐,有了积极的情绪体验。

(2)知识经验方面

幼儿在自主探究、动手操作、亲身体验中满足了利用建构材料动手创造的学习需要。达成了玩中学、做中学,习得按群数、目测接着数以及空间方位、图式等数学核心经验,并在游戏中合理运用。

（3）学习品质方面

游戏来源于幼儿的生活经验,幼儿根据"发现问题——设计解决方法——利用数学经验、搭建技能解决问题——运用理性方法验证解决效果",将生活经验延伸到游戏活动中,在真实情境中培养设计能力与解决问题的能力。幼儿在游戏中体验合作的乐趣,进行深度学习。

2. 教师的支持策略

（1）隐性支持

环境支持。在教室游戏区域中展示不同的野炊场景图片和各种搭建技巧的照片,让幼儿直观地了解煨鸡炉、帐篷、野炊桌等野炊工具,为幼儿游戏做了很好的铺垫。

材料支持。准备了不同种类的积木,有实木积木,也有可以拼插的积木,还有便于幼儿设计、表征的纸和笔,最大程度地支持幼儿表达。

情感支持。教师创设环境支持幼儿通过小组合作、同伴互助的方式来解决遇到的真实问题,鼓励幼儿大胆尝试不同的方法、不同的材料来建构,在分享活动中给予幼儿充分表达的机会,促进幼儿个性化发展。

联动家长支持。通过亲子活动让家长和幼儿一起了解野炊活动的内容,让幼儿在亲子活动中积累相关经验。

（2）显性支持

活动支持。追随幼儿的兴趣,生成系列活动,让幼儿对野炊活动有深入的了解。

师幼互动。教师充分尊重幼儿的兴趣、发展需要和想法,引导幼儿自主决定活动的方式、方法,与建构材料互动,倾听幼儿的想法、回应幼儿。

▼ 游戏路径图

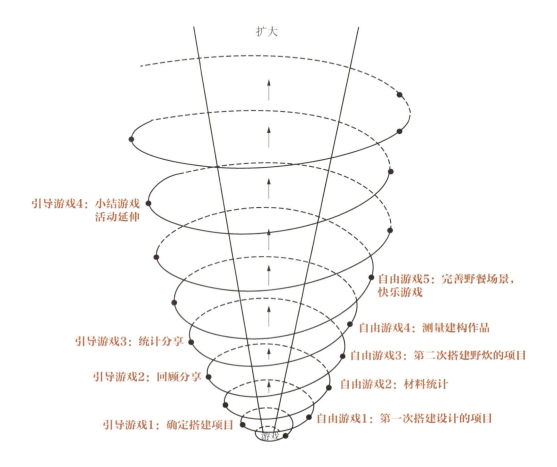

扩大

引导游戏4：小结游戏
活动延伸

自由游戏5：完善野餐场景，
快乐游戏

引导游戏3：统计分享

自由游戏4：测量建构作品

引导游戏2：回顾分享

自由游戏3：第二次搭建野炊的项目

自由游戏2：材料统计

引导游戏1：确定搭建项目

自由游戏1：第一次搭建设计的项目

游戏

阜峰文塔

年龄段：中班

中山市机关第一幼儿园

高　旭

■ 背景信息

随着"美丽的家乡"主题活动的开展，孩子们对岭南风格的家乡建筑尤为关注。幼儿园附近有一座阜峰文塔，很多孩子有去那里游玩的经验。一天，子谦说：我周末去参观了阜峰文塔，那是一座好高好高的塔，上面有一个葫芦。司晨说：我也去过，它的门是拱形的。……好几个孩子都表达了他们对阜峰文塔的见闻，一些孩子自发地搭起了塔，他们对此表现出浓厚的兴趣，关于塔的系列建构游戏随之而来。

■ 游戏准备

1. 材料准备

建构材料：各种积木、泡沫垫、纸筒、塑料杯、PVC管等（材料可逐步增添）。

辅助材料：绘画工具、尺子等。

2. 环境准备

提供有关各种塔的图片、模型、书籍等。

3. 经验准备

初步了解塔的基本结构和作用，能用画笔简单地表现阜峰文塔，有叠高、围拢的建构经验。

■ 游戏历程

"阜峰文塔"从开始到结束，全班 36 名幼儿全程参与。经历了 10 周的游戏历程，分 3 个阶段逐步推进，由 9 个游戏支持幼儿对阜峰文塔进行深入探究。

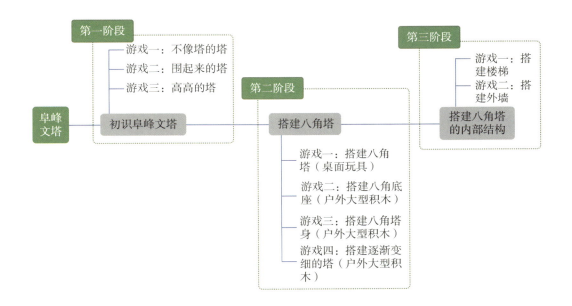

第一阶段：初识阜峰文塔

游戏一：不像塔的塔（进行时间：1 周）

自主游戏时，孩子们自发地搭起了阜峰文塔，楚淇开心地指着她的作品对朋友说：你看！我搭好了阜峰文塔的墙。

蕙心和瑞涵：我们给阜峰文塔搭了一个门。

霍森和好朋友先用两个半圆形拼成圆形，接着沿圆形的边缘一个接一个地摆放圆柱，摆了一圈后再用同样的方法往上搭，搭到第三层时，老师刚好从他们身边走过，他们开心地与老师分享：我们已经搭到第三层了！

　　沐溪先将一个长条木块竖着摆放，再将一个长条木块横着放在上面，接着在横着的木块两边同时放上相同的小圆柱和小半圆，说：这是塔外面翘起来的地方。孩子们一边搭一边讨论。

图 2-3-1

玥玥：我觉得一点都不像塔！

可可：我觉得一茗搭得很像，它是圆形的，阜峰文塔也是圆形的。

思凯：我喜欢沐溪搭的，虽然他用的是很细的柱子，但是它很稳。

子谦：塔是要围起来的，他都没有围起来。

瑞涵：我有办法围起来。

　　瑞涵找来一些木块，将木块一个一个连接，围成了一个大大的不规则的圆圈，孩子们仍然说不像。

💡【思考与支持】

　　根据孩子们第一次搭建的作品可以看出，他们能表现出阜峰文塔的部分特征，例如：一层一层的，有圆形外墙、拱形门等，这说明孩子们对阜峰文塔的关注点是不一样的，同时也说明他们对建筑物的了解更多停留在平面阶段，大部分孩子不能搭建立体作品说明他们缺乏立体的空间思维，也缺乏盖顶、围拢的建构经验。

　　《3—6岁儿童学习与发展指南》（以下简称《指南》）指出，我们要用多种方法帮助幼儿在物体与几何形体之间建立联系,鼓励和支持幼儿用各种形状的材料进行建构游戏或制作活动。为了帮助幼儿从平面的搭建过渡到立体的搭建,教师将活动室的阜峰文塔平面图换成了立体的模型,同时提供纸板、泡沫垫等辅助材料,希望他们在实际的观察和操作中感受材料的特点、发展空间思维。

游戏二:围起来的塔(进行时间:1周)

第二天,孩子们发现建构区新增了泡沫垫和纸板,纷纷取出来用。由于每个孩子都去取圆柱,圆柱很快就用完了。

子谦:没有圆柱了,怎么办?

司晨:我们用得太多了,要不让老师再买一些?

杰朗:现在买来不及了! 我们摆得太密了,把它们分开一点。

孩子们调整后,仍然缺少圆柱。

大家纷纷向老师求助,问能不能提供更多的圆柱。

老师:你们想想,圆柱没有了,有没有材料可以代替它呢?

玥玥:柜子里有许多塑料杯可以用。

桐桐:我还看到有一些细的圆柱,我来试试行不行。于是,大家在材料柜中翻找,取来各种圆柱甚至其他形状的积木,再次尝试进行连接、围拢。

图 2-3-2

　　游戏中,孩子们很善于发现和运用教室里出现的新材料,在与材料的互动中,他们的空间思维能力在不断提高。当材料不够时,他们并没有被动等待,而是主动观察、积极思考,通过调整圆柱的间距节省圆柱;教师则提供支持:鼓励他们用合适的材料进行补充和替换。

游戏三:高高的塔(进行时间:1周)

　　一茗把一块纸板盖在围拢的圆柱上时,纸板一边高一边低。他尝试调整纸板方向,可是纸板仍然出现高低不平的现象。

　　一茗:咦? 纸板怎么放不平呢?

　　途途趴在地上一边观察一边说:你看,这里都空着! 有一些太矮了。

　　一茗:我看看,试一试把矮的拿掉?

　　梓瑞:我们的塔总是摇摇晃晃的,我想搭高一点都不行,太矮了,阜峰文塔有七层呢!

　　一茗:另一边的柱子太多了,这一边比较少,要把柱子移过来一点。

　　老师:你是说支柱的间距要均匀一点吗?

　　一茗:是的! 要这么宽。每一个地方都可以顶起来。他一边说一边用手比画。

　　司晨:我看到他们搭建的颜色有点乱,上面和下面用同一种颜色会更好看。

　　思凯:我看到有的摆得太密了,都看不到里面了。

　　孩子们各抒己见,在讨论后对圆柱的间距、颜色等进行了调整。

图 2-3-3

分享环节,孩子们互相欣赏作品。

司晨:我星期天和妈妈一起去看了阜峰文塔,阜峰文塔不是这样的!它有八个面,是一个八角塔,我还看见了门、屋檐、栏杆。反正跟我们搭得不一样!

梓萌:那我们再去阜峰文塔看一看。

途途:我也好想去,我们一起去那里看吧!

💡【思考与支持】

　　分享环节,孩子们对自己的作品进行反思很出乎我的意料,他们能从间距、立柱高度以及颜色等多角度进行分析、讨论,讨论的语言体现出他们有一定的相关生活经验,同时对作品的观察也非常仔细。我帮助幼儿梳理关键经验,引导他们完成难度更高的至高技能并封顶,成功地搭建出更坚固的高层塔。

　　幼儿们对搭建的作品是否像真实的阜峰文塔提出了疑问,是直接告诉幼儿答案,还是让幼儿自己去寻找答案呢?陶行知先生曾提出"社会即学校",《指南》也提出"鼓励幼儿根据观察或发现提出值得继续探究的问题"。于是我提议家长和孩子一起带着问题有目的地参观并寻找答案。孩子们因此发现塔原来并不是圆形的,而是八角形的;还有屋檐是逐渐加宽的,塔从下到上是逐渐变细的。他们还仔细观察了屋檐、楼梯、栏杆的细节和内部结构。在实地参观中获得更深的感官体验,这为之后的搭建积累了经验。

图 2-3-4

第二阶段：搭建八角塔

游戏一：搭建八角塔（桌面玩具）（进行时间：2周）

周一早上，几个孩子迫不及待地尝试用积木搭建八角塔，但一直未能成功。看着孩子们因多次失败而气馁，教师提议他们先用桌面建构材料进行拼搭。

梓瑞：我在圆盘上放八个柱子，再放八块薄片就变成八角了。

奕可：我把八个子弹积塑围起来就是八角了。

秋妍：我用八个长积塑插在一起也变成八角了。

图 2-3-5

霍森：我们先用吸管玩具拼成一个四角的塔，然后在每个角上插两根吸管就像八角了，可是连起来就变弯了。我用吸管把它们连起来，就变得不像八角了。

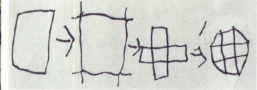

图 2-3-6

分享时，吸管组的孩子提出遇到的问题，大家进行了讨论。

老师：为什么明明像八角，连起来就不是八角了呢？

梓瑞：它们连起来是弯的，要用直的材料连接。

一茗：我觉得要用更长的。

教师:如果只有短的,怎么办?

熙城走到教室前拿起吸管:把吸管放进去一点就可以了。

教师:原来八角形可以由一个正方形、四个长方形和四个三角形组成。(如图 2-3-7)

💡【思考与支持】

幼儿们用积木屡次尝试却未能拼搭出八角塔,他们可能缺乏相关经验,且大型搭建难度太大。教师建议他们使用桌面玩具进行尝试,游戏中,始终密切关注幼儿的进程并提供支持。

教师观察到他们的疑惑是因为不了解等边直角三角形的对边与另外两边的长度不等。《指南》指出,用多种方法帮助幼儿在物体与几何形体之间建立联系,引导幼儿体验图形之间的转换。于是,教师将他们的拼插过程以平面图的形式呈现,幼儿们在直观的观察中发现了这一关键要素,为后面的游戏活动积累了经验。

图 2-3-7

游戏二:搭建八角底座（户外大型积木）（进行时间:1周）

一周后,孩子们尝试用户外大型积木搭建八角底座。

逸垚组把空的地方用小正方块平铺填满。

可睿组先在每一块木砖后面连接了两块木砖,再连接外周形成八角形。

思凯组先用十二块木砖拼一个每边三块木砖的正方形,再将正方形的四条边延长,最后用木块将外周连接成八角形。

奕可组直接用八块薄木块连成八角形。

逸垚组

可睿组　　　　　　　　　　　　　　　思凯组

图 2 - 3 - 8

💡【思考与支持】

　　在这次游戏中,我欣喜地看到孩子们成功地将用桌面玩具搭建八角形的经验迁移运用到大型积木的搭建中。一开始,他们并不是特别熟练,通过不断调整,选择合适的组合材料,在反复尝试的过程中,他们对图形的组合、空间的把握更加自如了。

游戏三:搭建八角塔身(户外大型积木)(进行时间:2周)

搭建好八角底座,孩子们开始第二层的搭建。

逸垚组沿着边缘竖着摆放了一圈木砖,接着又找来两种不同长度的木板盖在上面,但全部盖满时,凯霖疑惑地问:为什么八角不见了?

可睿组在原来的八角底座上小心翼翼地往上叠高,当叠到第三块时,木块总是掉落,她叹了一口气说:积木太容易掉落了,我们试试把木板向里面移一点吧。当他们垒到第三层时,可可惊讶地说:我们的八角塔变成圆塔了!

思凯组沿着八角形的边,用横竖交错的形式往上搭,搭着搭着,思凯和鋆泽都惊讶地发现:咦?怎么八角又变回四角了?

奕可组直接在原来的薄木板上垒高,当他们小心翼翼地垒到第二层和三层时,木块总是掉落。

逸垚组

可睿组　　　　　　　思凯组　　　　　　　奕可组

图2-3-9

集中讨论时，孩子们对"消失"的八角很疑惑，为了帮助孩子们解开疑惑，老师出示了三张塔的图片：黑白的八角亭、阜峰文塔和另一个八角楼，引导他们观察。

老师：你们看看这些八角形建筑，它们都有什么相同的秘密？

熙城：都有柱子，上面的柱子和下面的柱子好像连起来了。

皓宇：是对齐的。

楚淇：对齐看上去更漂亮，角也是对齐的！

老师：除了更漂亮，这些柱子还有其他的作用吗？

逸垚：我知道，这些柱子可以把塔撑起来，不然会塌的。

老师：哦！原来柱子起到了承重的作用。

在对比观察中，孩子们发现了承重柱，且八根柱子全部在角上，柱子起到了支撑、承重的作用。

随后孩子们在每个角上放柱子，再进行连接。他们不断调整积木的摆放位置、角度，终于成功搭建出八角塔。

逸垚组

思凯组

可睿组

奕可组

图 2-3-10

【思考与支持】

《指南》中指出,有意识地引导幼儿观察周围事物,学习观察的基本方法,培养观察与分类能力。针对"八角不见了"这个问题,教师给幼儿们提供了各种八角形建筑的图片,同时通过提问引导他们观察这些建筑的共同点、思考建塔的关键要素,幼儿们在观察、对比中发现了更多细节,还发现了承重柱。为了让幼儿们更深入地了解承重柱,教师带着他们在幼儿园里寻找园内建筑的承重柱,观察并感受承重柱的位置及柱与墙、顶之间的关系等。幼儿们积累了相关的经验。

图 2 - 3 - 11

游戏四:搭建逐渐变细的塔(户外大型积木)(进行时间:1周)

过了两天,逸壵组成功地搭出了一个七层的八角塔,他们开心地欢呼起来,其他组听到欢呼声都围过来参观。他们在观察中发现塔的上下一样宽,秋妍说:阜峰文塔是从下往上慢慢变细的呀!

怎样搭建逐渐变细的八角塔呢?孩子们又开始了新的尝试。

孩子们尝试将柱子往里面移动,但木块总是掉落,失败了好几次之后,我建议他们再去观察阜峰文塔的模型。

证融:我知道了,柱子要往中间移。

图 2 - 3 - 12

逸垚：可是这样会掉的。

凯霖：我们能不能先在中间放一块板撑住？

逸垚：不行呀！刚才试过了，这样角就变少了。

证融：两边同时放一块同样的行不行？

逸垚：我们先试一下。

他们一边讨论一边尝试调整木板，终于成功了。

图 2 - 3 - 13

【思考与支持】

　　随着游戏不断深入，幼儿们所遇到的问题难度也不断增加，在搭建逐渐变细的塔时，幼儿们多次反复地尝试都失败了，这说明他们缺乏相关经验。他们虽有些气馁，可表现却出乎意料。教师建议他们再次观察阜峰文塔的模型,引导他们观察塔的每一层边长都不同,并从不同角度观察阜峰文塔。幼儿们在接受建议后,主动讨论、实践、调整方案,最后获得成功。这一环节,教师给予幼儿们足够的信任和鼓励、充分的探索时间和空间,并站在幼儿身后提醒他们注意安全。

第三阶段:搭建八角塔的内部结构

游戏一:搭建楼梯(进行时间:0.5周)

一周后,各组的八角塔陆续成功地建好了,孩子们围着作品一起欣赏、讨论,他们提出要修建楼梯和飞檐。

搭楼梯时,大家都用传统的方式进行搭建。很快,柜子里的材料所剩无几,积木再次不够了。怎样用更少的积木搭建更多层的楼梯呢? 在探究中,有的孩子把积木架起来,或是将较长的积木竖起来替代多块叠放的短积木,他们把使用的积木数量记录下来,经过对比发现架空的办法既省材又坚固。随着楼梯越来越高,大家又找来了许多较粗的PVC管,并在排列好的PVC管上搭建楼梯,成功地完成了楼梯的搭建。

图 2 - 3 - 14

游戏二:搭建外墙(进行时间:0.5 周)

几天后,各组开始装饰外墙。有的搭窗户,有的搭飞檐,有的搭小栏杆,还有的为塔顶装上葫芦……

图 2 - 3 - 15

💡【思考与支持】

当幼儿们在搭建楼梯时,再次遇到积木不够的问题,教师进行了思考,幼儿园的材料是有限的,且幼儿们全部采用逐步增加、叠高的方法,为了鼓励幼儿尝试不同的方法,教师认为应该引导幼儿了解"用有限的材料同样能搭建理想的建筑"。于是,教师把问题抛给幼儿,鼓励他们在实践中思考如何搭建省材且同样坚固的楼梯。幼儿们在不断调整的过程中发现,增加材料不是唯一的搭建办法,运用架空或借助其他辅助材料能起到美观、坚固且省材的作用,这为他们在今后类似的活动中积累了相关经验,拓展了新思路。

▌ 总结与反思

1. 幼儿的学习与发展

（1）情感态度方面

幼儿们通过亲子参观、观看视频等方式充分了解了具有岭南特色的家乡建筑及相关背景文化,萌发了热爱家乡的情感,为将来进一步了解岭南文化奠定了基础。

（2）知识经验方面

幼儿们在建构过程中积累了大量的数学、科学的关键经验,如,成功地用多种方法分解八角形,用对称的方法搭建八角塔,知道了承重柱在建筑中的重要作用等。

（3）学习品质方面

幼儿发现问题,反复讨论、预测、实践、验证,直到成功搭出八角塔,这是一个不断深入探索学习的过程,幼儿主动解决问题的能力得以提升。同时,他们的自我中心意识逐渐减弱,合作意识逐渐增强。勇于接受失败、遇到困难坚持不懈等良好学习品质不断养成。

2. 教师的支持策略

（1）隐性支持

环境支持。创设多元化的环境。在建构主题墙粘贴阜峰文塔的图片；在班级平板电脑里储存好关于阜峰文塔建塔背景的视频、古塔及古建筑的照片等；提供塔的模型；在图书角提供各类关于塔的书籍。充分发挥环境的隐性功能，让幼儿与环境积极对话。

材料支持。逐步投放小型的积木材料—圆形纸张、泡沫垫等辅助材料—绘画材料—桌面玩具—大型户外积木—小型积木—PVC管，根据游戏的需要投放合适的材料。

情感支持。教师为幼儿提供自由、宽松的游戏环境，尊重他们对材料、伙伴、游戏的方式、解决问题的策略的选择，允许幼儿试错，鼓励他们在困难面前积极思考，不断积累相关经验，充分体现"儿童在前、教师在后"的教育理念。

联动家长支持。和幼儿一起收集阜峰文塔的相关信息，带领幼儿一起参观阜峰文塔。

（2）显性支持

活动支持。当幼儿对阜峰文塔是圆形还是八角形充满疑惑时，组织幼儿集体参观；基于建构中出现的问题开展专门的探索活动，让幼儿了解八角楼的特点、承重柱的秘密；当材料不够时，引导幼儿开展专门的搭楼梯活动。

师幼互动。《指南》中指出，教师要成为幼儿的支持者、合作者、引导者。教师应及时捕捉幼儿的兴趣点和疑惑点，抓住契机引导幼儿持续深入地探索。当幼儿忽视关键信息时，引导他们观察和对比，发现问题，促进他们深度学习。此外，教师及时梳理幼儿的观察发现和讨论的见解，并引导幼儿用绘画、讲述等方式将搭建过程和问题进行梳理，帮助幼儿梳理经验，提升整体规划能力。

▼ 游戏路径图

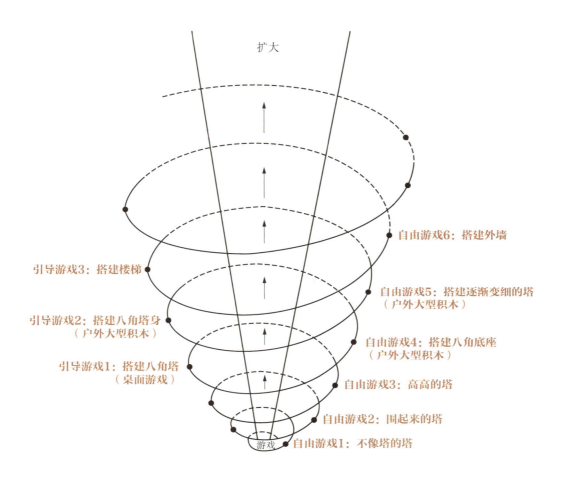

扩大

自由游戏6：搭建外墙

引导游戏3：搭建楼梯

自由游戏5：搭建逐渐变细的塔
（户外大型积木）

引导游戏2：搭建八角塔身
（户外大型积木）

自由游戏4：搭建八角底座
（户外大型积木）

引导游戏1：搭建八角塔
（桌面游戏）

自由游戏3：高高的塔

自由游戏2：围起来的塔

游戏

自由游戏1：不像塔的塔

热闹的骑楼街

年龄段：中班

中山市菊城幼儿园

李珺芳、冯丽霞、刘慧婷

■ 背景信息

广府地区以广州为中心，涵盖珠三角周边的粤西、粤北部分地区和桂东南地区，多年来形成了"生猛鲜活"的广府文化。广府文化务实重商、兼容并包、勇于创新，在我国博大精深的传统文化中独具一格，源远流长。其中岭南骑楼更是有着百年历史，热闹的街道，商住两用的人文气息，讲述着广府人的生活方式。它们见证着广府地区商贸文化、饮食文化、人文文化的发展，是岭南文化的名片，是中华优秀文化的瑰宝之一。

我班有一个岭南书屋，环境布置得古色古香，投放了很多关于广府文化的书籍，吸引了孩子们来看书。有一天孩子们在《大话广府》的书里，发现了一座奇怪的房子，这引起了他们的兴趣。妍若说：这座房子好美呀，上面有美丽的装饰。芷瑜说：它的窗户和教室的窗户不一样呢，五颜六色的，真好看。子康说：它前面好像小脚一样，好奇怪哦。宇晨说：这到底是什么房子，怎么和我们身边的房子不一样呢？孩子们开始探索骑楼。

图 2-4-1 热闹的广州上下九步行街

■ 游戏准备

1. 材料准备

各种各样的积木、各种木板、纸筒、线筒（材料可逐步增添）；绘画材料、黏合材料、尺子、黏土、珠子等。

2. 环境准备

创设岭南骑楼风的班级环境，操作区投放骑楼模型，投放与骑楼相关的书籍，如《长脚的房子》《大话广府》《广府新游》等。

3. 经验准备

参观过石岐孙文西路骑楼街，简单了解骑楼的作用和来历，完成亲子调查问卷《骑楼知多少》，有一定的建构经验。

■ 游戏历程

"热闹的骑楼街"从开始到结束,全班 35 名幼儿全程参与,经历了 13 周,分 4 个阶段,由 11 个游戏支持幼儿对骑楼街进行深入探究。

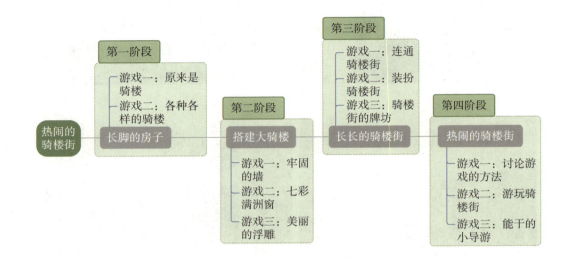

第一阶段:长脚的房子

游戏一:原来是骑楼(进行时间:1 周)

孩子们觉得长脚的房子很特别,想搭建出来。他们初次搭建的骑楼都没有走廊,可能是中班孩子的空间感知能力还没发展到相应水平,不理解骑楼的结构。老师在书屋投放了骑楼的相关书籍《长脚的房子》,请家长利用周末带孩子到石岐孙文西路参观骑楼街。通过一系列的活动,孩子对骑楼的来历、特征和发展有了一定认知。

再次搭建时,他们搭建了走廊,但是走廊和房子是分开搭建的。老师引导孩子仔细观察。

子康:走廊和房子是连在一起的,与骑楼的二楼、三楼是对齐的。

宇晨:骑楼走廊和房子,分开搭会有缝。

梓童:连在一起搭就好了。

老师:怎样连在一起搭建呢?

妍若:可以用六根柱子搭建,前面两根搭走廊。

老师：搭多宽的走廊呢？

晴怡：我看到骑楼的楼房很深，走廊是很窄的。

柏言：走廊就基本块（一种积木）那么宽就好。

昀庭：那我们先搭出走廊，再一起盖顶。

经过一番探索，孩子们终于成功地搭出了骑楼的走廊，他们发现骑楼都有一面很高的墙。

颖童：骑楼楼顶上都会有一面墙，每一面墙都不一样，很漂亮。

敬安：为什么会有这面墙呢？

这个问题引起了大家的好奇，他们一起寻找资料，原来这是一面女儿墙。通过观察，孩子们发现女儿墙有很多种形状，是对称的，上面会有个洞，可以防御台风的袭击。他们用图表记录女儿墙的特点，还设计了女儿墙，使用积塑、积木等材料搭建各种各样的美观的女儿墙。在搭建时能注意女儿墙的对称性。

💡【思考与支持】

在认识女儿墙的过程中，幼儿对岭南的特色建筑骑楼的来历有了更深刻的了解，知道它既有中国的建筑特点，也有西式的建筑特点。在设计、搭建女儿墙中，他们掌握了对称结构的特点，设计了各种样式，体验到设计的乐趣，了解了关于骑楼的历史典故。

过程中，教师作为支持者，给予了幼儿知识经验上的支持，在幼儿遇到问题时，给予他们观察、思考的方法。如：在建构骑楼时给幼儿提供了书籍，鼓励家长帮助幼儿理解廊式结构，引导幼儿探索搭建。在搭建女儿墙时，引导幼儿了解广府的文化，让幼儿了解对称的结构，支持幼儿的创造性发挥。

观察骑楼

初次搭建的骑楼

观察讨论

实践操作

屋子和走廊分开搭建

用6根柱子搭建出骑楼的架构

图 2-4-2　探索搭建骑楼

女儿墙结构特点图

设计女儿墙

搭建骑楼上的女儿墙

图 2-4-3　搭建女儿墙

游戏二：各种各样的骑楼（进行时间：2 周）

童童在书中发现几座特别的骑楼——广州"上下九"著名骑楼：陶陶居、皇上皇、莲香楼。它们都是百年骑楼，造型特别，历史悠久。孩子们表示要搭建这几座骑楼。他们根据自己喜爱的骑楼分组，绘制计划图纸，讨论搭建材料，随后"开工"了。

子康：莲香楼的女儿墙像一朵莲花一样，可以用大曲面搭建。

妍若：陶陶居二楼有个阳台，楼顶有一座六角亭，叫望月亭，可以用小曲面或者三角块来搭建。

灏泓：皇上皇是直立的，女儿墙像两个皇冠，三角块可以组合成这个形状。

孩子们开始搭建了，但这四座骑楼都比较大，搭建墙的时候，积木材料不够了。

老师：那能不能用其他材料来代替呢？

经过比较，他们有的使用纸筒和长板组合来砌墙，有的用三角块组合砌墙，终于把墙都砌好了。

💡【思考与支持】

　　在这次探索中，孩子们搭了封闭式结构、带阳台的骑楼，材料不够的时候能够去寻找替代材料。他们会用组合的方法建构，建构能力有了很大的提升。

皇上皇

莲香楼

陶陶居

图 2 - 4 - 4　分组搭建骑楼

第二阶段：搭建大骑楼

游戏一：牢固的墙（进行时间：1 周）

骑楼搭好了，孩子们想要进去玩，但骑楼太小了，他们萌生了到幼儿园的游泳池搭建大骑楼的想法。难题来了：搭几间骑楼？门朝向哪里呢？怎么搭建？

子康：骑楼是并排的，门向着一个方向的。

康潼：那我们并排地搭建三间大骑楼，骑楼门向着操场。

老师：用什么材料搭建骑楼呢？

妍若：有很多圆柱体、圆锥体积木，搭建陶陶居刚刚好。

梓童：方方正正的积木，可以搭建皇上皇的皇冠女儿墙。

柏言：纸筒和白色的线筒能搭建莲香楼。

老师：大家决定好了搭建的材料，那要搭多大的骑楼呢？

昀庭：要想进骑楼玩，那骑楼得高高的，但不能太高，不然我们搭建时积木不够。

梓童：一楼搭到我们的脖子这里就可以进去玩了。

孩子用木板测量骑楼的宽度，根据自己的身高估算骑楼的高度，为了搭出稳固的骑楼柱子，孩子们进行了探索。纸筒组的孩子使用圆形木板和纸筒组合成稳固的罗马柱，空心积木组的孩子发现用交错的方法摆放积木能让柱子更稳固。

在搭建骑楼的墙体时，孩子用纸筒、木板结合的方法进行搭建，可是刚搭好，墙就倒塌了。

子康：纸筒的高度不一样，搭出来的墙不稳，风一吹就容易倒塌。

康潼：用一样高的纸筒就可以了。

他们随后用一样高的纸筒搭建墙体，搭到最后一层时，纸筒用完了，就用木板替代。刚搭好，墙体又倒塌了。

柏言：墙的上面放了三块木板，上面重，下面只有一块木板，下面轻，就倒塌了。

子康：那把木板放在下面，下面重，上面轻就不会倒了。

再次搭建时，他们在第一层放了三块木板，第二、三层各放了两块木板，墙体终于稳固地搭建好了。接下来的工作是盖顶。

柏言：大纸板铺上去就好了。

康潼：纸板都弯了，它托不住积木。

宇晨：我们要用硬的东西来盖顶。

子康：那用木板吧。

家语的家里刚装修完，有几块板是多余的，她的爷爷就把板锯成长条，给孩子们盖顶。一楼的盖顶轻松完成了，可是给二楼盖顶时，他们踮着脚尖都够不着。

梓童：我们可以用梯子来垫高。

家语：木板重，要合作，一个人递木板，一个人站在梯子上放木板。

康潼：一个人在另一边接住。

于是灏泓给梓童递木板，梓童把木板一块一块放在骑楼上；宇晨给柏言递木板，柏言和康潼一起把木板放在骑楼的二楼，就这样他们也完成了二楼的盖顶。

💡【思考与支持】

　　幼儿在活动中很积极、投入，能围绕问题开展讨论与探索，迁移与应用经验，寻找原因，思考解决的方法并实践猜想，最终获得成功。给二楼盖顶时，幼儿们懂得与同伴合作，共同完成任务，合作能力也在实践中不断提高。

用木板测量骑楼的长度

根据自己的身高测量骑楼的高度

图 2-4-5　测量骑楼

上面的板多，上重下轻

调整木板位置

砌好的墙

图 2-4-6　纸筒组探索砌墙

用纸板盖顶

把纸板换成木板

合作完成二楼盖顶

骑楼搭好了

图 2-4-7　盖顶

游戏二：七彩满洲窗（进行时间：2周）

孩子们在《广府新游》这本书中发现了一些彩色的玻璃窗，并提到他们在参观骑楼时也见过。

澄澄：这扇窗好漂亮呀，和我们身边的窗不一样。

妍若：这是满洲窗。

子康：为什么要做这样的窗呢。

查阅资料后，孩子了解到满洲窗与岭南的湿热天气有关，可以起到阻隔热气、保持室内凉爽的作用，推开式的窗户可以让风吹入室内。窗上的图形是对称的，孩子们用气泡图的方式记录了满洲窗特点，设计了自己喜爱的满洲窗。

童童：原来满洲窗这么有用，还好看，我们也给骑楼装上满洲窗吧。

孩子们的兴趣被激发起来了，开始制作满洲窗。他们用尺子测量了骑楼的尺寸，设计满洲窗的样式，用亚克力板等材料制作出了七彩的满洲窗，把满洲窗安装在骑楼上。晨间，太阳光射进骑楼，窗户折射出五彩的光影，孩子们十分欣喜。

💡【思考与支持】

　　幼儿能用思维导图记录满洲窗的特点，用测量、比对的方法确定窗的尺寸，创造性地使用多种材料制作满洲窗。在问题出现时，老师给予恰当的支持与帮助，为幼儿提供材料、工具、知识经验等的支持，激发幼儿探索、搭建的兴趣。

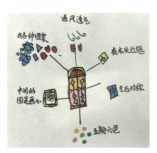
满洲窗气泡图

制作满洲窗

安装满洲窗

图 2-4-8　制作满洲窗

游戏三：美丽的浮雕（进行时间：1 周）

观看各种骑楼图片时，孩子发现了各种各样特别的花纹。

梓童：骑楼上的花纹很漂亮。

澄澄：为什么会有这些花纹呢？

老师：我们一起去找答案吧。

他们在书中找到了答案，当时去欧洲留学的建筑师们，回国后结合岭南的建筑特点，设计了各种各样的山花浮雕。

佩恩：如果我们的骑楼上也有山花浮雕，一定很好看。

雅霏：我们也做一些山花浮雕放在骑楼上吧。

做山花浮雕的想法就这么定下来了。老师提供了超轻黏土、纸皮、泡沫板、石头等材料给孩子们创作。

妍若做了菊花样式的浮雕，一下子就引起了其他孩子的创作兴趣，他们创作了不同的山花浮雕。孩子们把这些浮雕放在搭建好的骑楼上，骑楼一下子有了不一样的风情。

💡【思考与支持】

　　为支持幼儿的创作，老师带领幼儿观察浮雕，寻找浮雕的来历，并提供了各种材料。幼儿了解了关于浮雕的故事，对于骑楼各种样式的山花浮雕建立了认知。

制作浮雕

放置在骑楼上

图 2 - 4 - 9　制作山花浮雕装饰骑楼

第三阶段：长长的骑楼街

游戏一：连通骑楼街（进行时间：1周）

孩子参观骑楼时发现，骑楼连在一起就成了骑楼街，这样，行人在行走时就不怕风吹日晒雨淋了。孩子们纷纷表示要搭骑楼街，讨论后决定搭建走廊来连通骑楼。

老师：用什么材料来搭建比较合适呢？

柏言：纸筒可以搭建走廊的柱子。

妍若：圆柱积木也可以搭柱子。

梓童：可以用一米板架空和盖顶，走廊就搭成了。

他们分别使用纸筒和碳化积木搭建走廊，一开始柱子搭得太多了，人无法走进去，经过一番努力和调整，终于把走廊搭建好了。

💡【思考与支持】

　　幼儿进一步了解骑楼街的作用，感受骑楼商住两用的人文气息，认知的提升促进了建构活动的开展。他们会思考如何分配有限的材料，并学会了用板或者自己的身体来间接测量宽度，最后成功搭好了骑楼。整个过程中，老师给予了幼儿充足的时间与空间。

碳化积木组搭建走廊

纸筒组搭建走廊

图 2 - 4 - 10

游戏二：装扮骑楼街（进行时间：1周）

骑楼街终于完工，准备投入使用。

森民：我和妈妈在参观广州骑楼街时，看到街道上挂满了灯笼，很漂亮，每家店面都有招牌呢。

雅霏：我们来装扮骑楼街吧。

梓童：我发现每家店都有两个招牌，一个悬挂着，一个贴在门框上。

柏言：我们也来制作店铺招牌，装扮骑楼街。

子康：春节的时候，我们挂过的小灯笼，挂在骑楼街上一定显得很热闹。

孩子们说干就干。每个小组都使用了不同的材料制作招牌和牌匾。接下来的工作就是要把灯笼、招牌和牌匾挂上去。孩子找来了双面胶，把小灯笼贴好了。接下来的问题可把孩子们难住了：怎样才能把招牌悬挂起来呢？

子康：碳化积木上有洞洞，可以在骑楼顶放一块碳化积木，把牌匾绑在棍子上，把棍子插进积木的洞里，就可以了。

大家都觉得这个办法不错，就把碳化积木放置在骑楼上，并且用麻绳把牌匾绑在棍子上，插进洞里，招牌就悬挂起来了。一条热闹的儿童版广州"上下九"跃然眼前。

💡【思考与支持】

幼儿参观了广州"上下九"，观察了街道的装饰、店铺的招牌。能根据店铺的特点挑选不一样的材料制作招牌。在悬挂店铺招牌时,幼儿会考虑木棍能否承受招牌的重量,想出合适的悬挂方法。

图 2-4-11　装扮骑楼街

游戏三:骑楼街的牌坊(进行时间:1周)

柏言:我去广州"上下九"的时候,先走过一座高高的牌坊,然后才进入骑楼街的。

康潼:如果我们的骑楼街有牌坊,就可以做骑楼街的入口啦。

峻堎:那就给骑楼街搭一座牌坊吧。

妍若:牌坊一定要搭得高高的。

康潼:还要搭三个门,中间大,两边小。

大家都觉得这个主意不错。可是剩下的材料不多了,这成了一个难题。

他们把剩下的材料全部都搬来了,用纸筒、圆形积木、基本块、长板把牌坊的架构搭建出来,但没有材料搭建牌坊上的飞檐了。

子康:我们可以用小曲面、大曲面、半拱门来搭牌坊上的飞檐。

于是,他们又搬来了教室的积木,用间隔排序的方法搭建了牌坊上的飞檐。经过一番努力,把牌坊搭建好了。

柏言:广州的牌坊上写着"上下九",我们也在牌坊上写"上下九"吧。

他们用超轻黏土制作了"上下九"牌匾。

【思考与支持】

　　幼儿用纸筒和长方块组合起来搭建柱子，他们掌握了按规律排序，并运用这个规律搭建飞檐。老师支持幼儿从多处收集材料，完成搭建。

图 2 - 4 - 12　搭建牌坊

第四阶段：热闹的骑楼街

游戏一：讨论游戏的方法（进行时间：1 周）

骑楼街建成了，游戏前开展了谈话活动"我想玩的骑楼游戏"。

子康：我们搭建的是莲香楼，卖最好吃的饼。

妍若：我们搭建的是陶陶居，让别人来喝茶，吃最好吃的广府茶点。

梓童：我们搭建的是皇上皇，卖最好吃的腊肠。

老师：游戏需要什么材料呢？

霏霏：我看到莲香楼里有很多饼。

森民：它们被包装得很漂亮，放在货架上给人选购呢。

锟锟：皇上皇用架子和钩子挂了很多腊味呢。

峻堁：我去陶陶居喝茶时，看到各种各样的茶点。

　　大家于是制作材料清单，用超轻黏土做了各种各样的酥饼、茶点，用泡沫做了腊肉、腊肠、腊鱼，设计了精美的包装盒、包装袋，还搭建了货架摆放酥饼和茶点，用架子挂起腊肉、腊肠。

晴怡：鸡公榄很有趣，要是有鸡公榄就好了。

他们想起了表演时用过的鸡公榄，可以穿上在"街头"叫卖。

💡【思考与支持】

　　幼儿到广州参观时切身感受了广府文化，他们能自主设计游戏计划、准备游戏材料、根据计划开展游戏，能模仿广州市井开展游戏，与人交往、合作的能力有了很大提升。

图 2-4-13　骑楼街游戏计划

图 2-4-14　准备游戏

游戏二：游玩骑楼街（进行时间：1 周）

一切准备就绪，孩子们分组讨论角色分配。

子康：莲香楼需要两个售货员，一个售货，一个收银。

灏泓：我的笑容最好看了，顾客一定很喜欢，我来当售货员。

康潼：我最会算数了，我要当收银员。

昀庭：我能有礼貌地招呼客人，让客人开心，我要当服务员。

建豪：在晨会表演中，我表演的鸡公榄大家都喜欢，我来卖鸡公榄，生意一定会很好的。

......

游戏开始了。只见莲香楼的服务员忙碌地给客人装酥饼,陶陶居的服务员热情地招待客人,皇上皇的服务员为客人介绍腊味,而那只色彩鲜艳的鸡公榄在街市中穿梭。街道非常热闹,仿佛广州"上下九"步行街。

💡【思考与支持】

　　幼儿在融入角色的游戏中,切身地感受到各个角色的工作,从最初根据自身优点选择角色,到积累了游戏经验后,根据角色的特点,调整自身的情绪和工作态度,可以看出幼儿的社会能力在提升。

客似云来的莲香楼

座无虚席的陶陶居

皇上皇的服务员卖力吆喝

排队选购的客人

有趣的鸡公榄

热闹的骑楼街

图 2-4-15　热闹的骑楼街

游戏三:能干的小导游(进行时间:1 周)

骑楼街的店铺开张一周了。

澄澄：如果有外地的游客，他们不知道怎样逛骑楼街哦。

峻堄：小导游可以给他们介绍呀。

子康：在《广州老字号》书里就有个导游带着游客去逛"上下九"，我们开一家旅行社吧。

老师：开旅行社，要准备什么物品呢？

澄澄：要有一面旗子，人多的时候大家才不会走丢。

峻堄：骑楼街人很多，要准备一个喇叭，说话才能让人听见。

子康：还要准备一张旅游路线图，把行程展示出来吸引顾客。

孩子们在板上画出了路线图"骑楼一日游"，用数字标注参观顺序，准备了一面小旗子、一个小喇叭，旅行社就开张了。澄澄和峻堄当起了小导游，他们进行了分工，峻堄拿着旗子带领游客，澄澄拿着喇叭向游客们介绍骑楼街的历史故事、特色，游客们听得津津有味。

💡【思考与支持】

导游是幼儿不陌生的职业，幼儿知道导游的工作内容，他们会根据骑楼街的故事，设计解说词，根据解说词调整路线图的顺序。在这个过程中，幼儿的语言表达能力得到了提高。教师还提出了更高的挑战——让孩子用粤语来介绍，让孩子在游戏中传承家乡的语言文化。

制作宣传展板

导游为游客介绍骑楼

游客听得津津有味

图 2-4-16 能干的小导游

■ 总结与反思

1. 幼儿的学习与发展

（1）情感态度方面

幼儿在潜移默化中感受广府人的生活方式，传承广府的传统文化，培养热爱家乡的情感、文化自豪感。幼儿自主分配角色，扮演角色，完成角色任务，发展了社会能力，提升了协作能力、交往能力。

（2）知识经验方面

探索骑楼的廊式结构——搭建骑楼的女儿墙——制作满洲窗和浮雕——模仿人们的活动，幼儿在此过程中层层深入学习。不仅获得了建构方面的经验，还获得了地理、历史方面的知识。

（3）学习品质方面

整个过程中，幼儿一直坚持尝试、不放弃，一次次地调整，这都体现出幼儿不怕困难、坚持不懈的学习品质。

2. 教师的支持策略

（1）隐性支持

环境支持。在教室内创设有岭南特色的环境，在背景墙上粘贴幼儿绘制的骑楼画进行装饰，创设认知骑楼主题墙，在语言区投放骑楼相关的绘本，在建构区以主题版块形式呈现幼儿搭建的过程。

材料支持。关注幼儿的搭建需求，逐步提供材料支持。如在室内搭建时，增加积木的数量；在搭建大骑楼时，增加大纸筒、长木板等；在制作满洲窗时，提供亚克力板、彩色玻璃纸等。

联动家长支持。鼓励家长与孩子一起完成家长调查问卷，让幼儿了解骑楼的结构、来历；带孩子实地参观骑楼，了解骑楼，感受骑楼街的文化。

（2）显性支持

活动支持。满洲窗是离幼儿生活比较遥远的东西，幼儿们对于满洲窗会感到陌生,为了让幼儿认识满洲窗,教师组织幼儿到博物馆参观,了解满洲窗的来历、特点,让幼儿获得直接经验。

师幼互动。在整个活动过程中,教师作为支持者和引导者,帮助幼儿梳理搭建经验。引导幼儿观察、思考、发现问题,并鼓励幼儿坚持完成任务。

▼ 游戏路径图

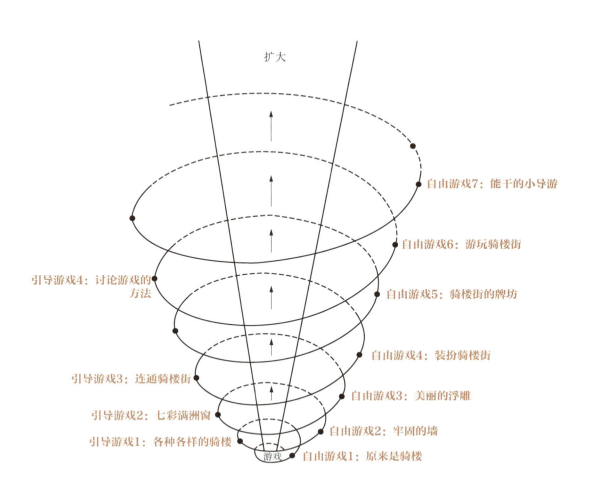

船来船往

年龄段：中班

中山市菊城幼儿园

黄铭贤、庄莲琴、黄庭娇

■ 背景信息

广州是海上丝绸之路的发源地，广式古帆船集中反映了岭南地区传统文化、商业贸易的发展。而广式商船、军船、渔船扬帆于珠江口岸，形成了一道壮丽的风景线。

一天，柏希兴高采烈地跟好朋友分享他周末和爸爸妈妈去江边坐渡轮的趣事。倩倩说：我跟妈妈旅游的时候也坐过船。泓希说：我在龙山公园坐过船。骏宇说：游乐场也有船，荡来荡去的。关于船的话题源源不断，很多幼儿还利用周末的时间和爸爸妈妈到江边体验坐渡轮，并且在班级中分享了照片。户外自主游戏时，幼儿自发在拼搭天地里拼搭渡轮。骏宇搭出了有吊机的渡轮，恩恩拼搭出四层的渡轮。奕淳说：我们拼的渡轮都在墙上，是平的，人都不能坐在上面。熙淳说：如果能建一艘可以坐的渡轮，肯定很厉害。包包说：我还可以用花片拼渡轮。幼儿对渡轮的兴趣越来越浓厚，开始尝试用不同的材料拼搭渡轮。

图 2-5-1　对渡轮萌发拼搭的兴趣

■ 游戏准备

1. 材料准备

建构材料：乐高、基板、扭扭乐、木板、纸筒等。

辅助材料：塑料瓶、泡沫箱、游泳圈、各种纸、粘贴材料、绘画工具等。

2. 环境准备

前期墙面展示各种船的剪影，摆放亲子制作的手工船和仿真船模型；后期布置幼儿绘画作品主题展。

3. 经验准备

幼儿对船的种类、结构有初步认知，有用花片积塑、积木等材料拼搭的经验，能够使用围合、连接等方法拼搭出平面的船。

■ 游戏历程

"船来船往"游戏从开始到结束，全班 37 名幼儿全程参与。历时 18 周，分 4 阶段，由 12 个游戏助推幼儿深入探究。

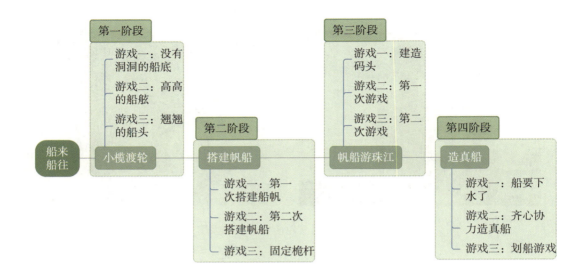

第一阶段：小榄渡轮

游戏一：没有洞洞的船底（进行时间：1周）

智勇和包包把六孔长条片用围合的方法，拼出了一个菱形。

旁边的奕淳：你的渡轮有这么大的洞洞，肯定会进水的。

智勇想了想，拿来了更多的六孔长条片：拼起来就不会有洞洞了。

只见他和包包用平铺的方法做好了船底。

可是，大家都认为用六孔长条片做的船底还是有洞。

教师：我们这里有什么材料是没有洞的呢？

骏宇：黑色的那个软软的板中间没有洞洞。

 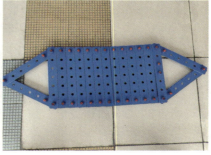

图 2-5-2　尝试用各种方法做船底

【思考与支持】

　　初次接触扭扭乐，幼儿能够迁移围合和平铺的建构技能，对渡轮进行简单的表征，知道船底要密封才不会进水。教师提供了丰富的材料和使用技巧说明图片，帮助幼儿进一步认识和熟悉材料。

图 2-5-3　利用环境支持幼儿熟悉材料

游戏二：高高的船舷（进行时间：1 周）

　　再次来到拼搭天地，幼儿自由选择材料，并分成了扭扭乐组和乐高组。经过观察，扭扭乐组的智勇选择了用 EVA 方片做船底，还用 EVA 长条片做了一个船上的篷。

　　乐高组的淳业和俊杨也用围合的方法，拼搭了一个长方形。

　　在分享回顾的环节，熙淳突然说：你们拼搭得都不像渡轮。

　　教师问：为什么不像渡轮？哪里不像呢？

　　骏宇指着图片说：渡轮的边沿是高高的，这样水不容易进去。

图 2-5-4　用适合的材料做船底

💡【思考与支持】

　　幼儿能够把自己的作品和渡轮的图片进行对比、分析,根据拼搭的需要,对材料进行甄别并有选择性地使用。

　　教师还利用锡纸船小实验,让幼儿通过实际操作,亲身体验低矮的船舷容易进水,高高的船舷不容易进水的原理,推动了幼儿的深度学习与探索。

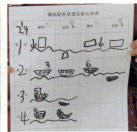

图 2-5-5　锡纸船小实验

游戏三:翘翘的船头(进行时间:2周)

幼儿给船舷进行加高。经过3天的拼搭,终于把高高的船舷围合搭建好了。

扭扭乐组的雯浠说:我们的渡轮是有船头的。

乐高组的倩倩说:我坐的渡轮船头不是这样的,是斜斜的。

雯浠说:但是我不会拼搭斜斜的船头啊。

子霖指着展示墙上的照片说:看,这里是斜斜的,就像翘起的船头一样。

教师说:你们的眼睛很善于观察,这种拼搭的方法叫做外扩式阶梯互锁。

图 2-5-6　分组拼搭高高的船舷

倩倩说：船头是斜斜的，阶梯也是斜斜的。

幼儿经过多次的尝试，终于拼搭出翘起来的船头。

可是第二天再次来到拼搭天地时，船头却散落在地板上。

倩倩说：翘起来的船头很容易散开，怎么办？

倩倩和子霖尝试了好几次，船头还是一碰就散，他们有点气馁。

教师走过去说：我们去展示墙那边再看看别人是怎样拼搭的。

倩倩再次仔细地看了很久，说：我知道了，要把两边的船舷和船头拼接在一起，像这个长方形一样，就不会散开了。

图 2-5-7　翘翘的船头

💡【思考与支持】

　　为了让幼儿对船头的构造有更加具体的认识，教师请家长，利用周末时间亲子制作手工船，并把作品带来展示。幼儿通过观察，对船头有了更加深入的了解。

　　在拼搭遇到困难时，教师并没有直接告知幼儿拼搭的方法，而是引导幼儿通过仔细观察，学会发现问题和解决问题。

第二阶段：搭建帆船

游戏一：第一次搭建帆船（进行时间：2周）

一天午餐后活动时，几个孩子围着书本激烈地讨论着。原来大家发现绘本里的一艘船很特别，教师告诉大家，这是几百年前的一艘帆船，叫做南海一号。大家一起上网观看了关于南海一号的纪录片。

图2-5-8　认识南海一号

在拼搭天地里，幼儿纷纷拼起了帆船。

熙淳看了看泓希搭的帆船说：你的帆船没有布，我的帆船是有布的，比你的更像。

熙淳用卡纸做帆，筷子做桅杆，用超轻黏土固定在船的甲板上。

骏宇说：你的帆像旗子一样摇摇摆摆。

教师：真正的船帆是怎样的呢？

图2-5-9　第一次做的帆船

【思考与支持】

　　三维立体的船拼搭好后，幼儿对帆船产生了兴趣。但此时幼儿只能简单地把船帆表征出来，实际上对其结构并不了解。为了丰富幼儿对帆船的认知，教师投放了绘本《揭秘船舶》，让幼儿通过绘本了解帆船的构造；还投放了帆船的模型，幼儿可以近距离观察。引导幼儿大胆地利用美工区中的雪糕棒、吸管、木筷子等材料制作桅杆和帆桁，用不织布、卡纸等做船帆。

幼儿在活动中经常出现争议，教师没有过度干预，而是鼓励、支持幼儿对他人提出的观点进行质疑，引导幼儿有理有据地提出自己的看法，并通过实验验证猜想的合理性，直至最终解决问题。

图 2-5-10　重新认识帆船

游戏二：第二次搭建帆船（进行时间：2 周）

幼儿把提前在美工区做好的船帆拿到拼搭天地，有的人把船帆直接插在洞里，有的人用透明胶粘贴在甲板上，有的人用热熔枪固定，有的人用超轻黏土固定。但是他们发现船帆很快就倒下了，不够牢固。四组幼儿用的四种不同方法都失败了。

图 2-5-11　用多种方法固定船帆

【思考与支持】

多次的失败使幼儿产生了负面情绪，教师继续提供充足、安全、适宜的材料,让幼儿大胆地猜想,操作验证,并及时关注幼儿在活动中遇到的困难和情绪变化,鼓励幼儿互相学习,重新产生拼搭的意愿。

图 2-5-12　发现新方法

游戏三:固定桅杆(进行时间:2周)

扭扭乐组的智勇用二倍方块做帆船桅杆,EVA 方片做船帆,还把六孔长条片连接起来制作板条,可是船帆仍然容易倒下,没有办法立起来。

分享回顾时,教师问:为什么你的船帆总是倒下呢?

图 2-5-13　扭扭乐组的帆船

智勇:应该是螺丝没有拧紧,太松了,所以固定不了总是倒下。

桦桦:我们做的船帆太重了,要一直用手扶着才行。

宁宁:我们做的船帆太高了,太高了也是容易倒下的。

智勇:但是有的大树也很高,为什么不会倒下?

桦桦:因为大树的树干很粗,力气够大,就不会倒。

教师:对啊,我们的桅杆如果像大树的树干一样粗,也许就不会倒了。

艺恩这一组选择了缩短桅杆的高度从而降低了船帆的高度,终于能够成功地把它固定在甲板上了。

图 2-5-14　观察生活中的大树和高架子

图 2-5-15　加粗、变矮的桅杆

💡【思考与支持】

　　中班的幼儿有分辨物体的高矮和粗细的能力,但是很难理解船帆的重心过高会使它容易倒。教师引导幼儿迁移经验,帮助幼儿初步感知高度和重心之间的关系,引导幼儿找到失败的原因,找到适宜的方法固定桅杆,让幼儿感受到成功的快乐。

第三阶段:帆船游珠江

游戏一:建造码头(进行时间:2周)

大家拼搭的渡轮和帆船都做好了。

教师:这么多的作品应该放在哪里呢?

柏宇:我看到船休息的时候是停在岸边的。

倩倩：我和爸爸去坐船，船是停在码头等我们上船的。

柏宇：我们的船也需要一个码头来休息。

家阳：我们要怎样建码头？

倩倩：我和爸爸坐船的时候，要先去买票，再经过长长的通道才能下船的。

于是，师生一起上网查找了关于码头的相关资料，知道码头分成售票大厅、栈桥和平台三个部分。

乐高组花了三天时间把平台铺好，并制作了三座栈桥，可是发现三座栈桥的朝向、高度和宽度不统一。

此时，扭扭乐组的材料不够了，而包包和艺恩搭建的栈桥桥面和售票大厅的房顶一样高。

图 2-5-16　第一次搭建的码头

教师：为什么你们建的栈桥有的宽，有的窄，有的高，有的矮，有的长，有的短呢？

雯浠：他们用了很多材料建栈桥，所以他们的桥宽一些，我们用剩下的材料做的栈桥就窄一些、短一些了。

教师：如果要制作两座一样宽、一样长的栈桥，该怎么办呢？

家阳：用同样的材料就可以搭建出一样的栈桥了。

图 2-5-17　点数材料并绘制设计图

雯浠:他们用什么材料搭建,我们也用什么材料搭建就行了。

教师:可以把你们的设计图先画出来,再根据设计图搭建,栈桥就不会方向不一了。

💡【思考与支持】

幼儿能够综合利用不同材质的材料、不同区域的材料搭建码头,但是没有留意售票大厅和栈桥的高度要一致、方向也要一致的问题。

教师引导幼儿利用绘画表征的方法,把自己心中设想的码头画出来,再根据设计图进行建构,最后提醒幼儿通过点数的方法,统计所需要的材料数量,从而搭建出高度和宽度一样的栈桥。

图 2-5-18　改良后的码头

游戏二:第一次游戏(进行时间:1周)

看着搭建好的船和码头,芷珺说:这么多的船,我也想去坐船。

子萱:那我们来玩坐船的游戏吧。

倩倩:我跟爸爸去广州坐船,要先买船票的。我们现在没有船票啊。

晓琳:可是我们没有钱买船票。

俊铭:我们可以自己设计船票和钱币。

子萱：船票是怎样的呢？

倩倩：我看到船票上是有船的图画的。

图 2-5-19　制作钱币和船票

幼儿经过一轮的讨论和制作，钱币和船票都有了，大家都迫不及待地去玩坐船游戏。乘客纷纷争先恐后地跑上了船。只见有的船坐了两个人，有的船坐了三个人，船长们拼尽全力却拉不动船，还要忙着收"钱"，以至于"钱"掉得满地都是。

图 2-5-20　乱哄哄的游戏现场

分享回顾时，教师提问：你们觉得今天的游戏好玩吗？

柏宇：不好玩，因为大家都想去坐船，没有人和我一起当船长开船。

熙雅：我坐了三次船就不知道要玩什么了。

子霖：我收的钱全部掉到地板上了。

教师：我们要怎样玩才能更加有序呢？

可可：我去公园玩，工作人员穿的衣服上都是有标志的，工作的时候是不能去玩的，我们也可以做一个工作的标志。

熙雅:我爸爸是开宵夜档的,我也想像他一样开一家宵夜档,大家坐完船可以来吃东西。

艺恩:我们需要一个钱包把钱放在里面,就不会弄丢了。

💡【思考与支持】

　　幼儿尚未意识到当游戏中遇到角色分工不明确,没有制定合理的游戏规则,游戏玩法和材料不够丰富等问题时,游戏会出现杂乱无序的情况。

　　教师引导幼儿对活动进行反思讨论,和幼儿一起制定了游戏的多种玩法,明确了分工,联动家长收集游戏所需要的辅助材料,使得游戏能够更加有序、有趣地开展。

图 2-5-21　游戏分工、制作材料、收集材料

游戏三:第二次游戏(进行时间:1周)

幼儿在游戏前先进行了分工,大家给每个游戏区域贴上了名称,售票员准备好工

作台,宵夜档厨师准备好厨具和其他材料等。在工作人员的引导下,乘客有序地在售票大厅排起了队伍。

图 2-5-22　有序地进行游戏

游戏正在火热进行中,有的客人吃完宵夜去坐船,有的还到大三班的骑楼街买了手信又回来坐船,游客络绎不绝。客人们玩得正高兴时,只见几个船长一起又是推,又是拉,船开得越来越慢,最后大家都坐在地板上罢工了。

宁宁:老师,船长都全部坐在地板上不拉船了。

淳业:实在太累了,我们没有力气了。

俊铭:如果把船拿到水里划,就不会这么累了。

俊杨:对呀,我们要玩真的划船游戏。

奕淳:我们把船拿到有水的地方就可以玩划船游戏了。

教师:好,那我们就把船拿到水里玩。

图 2-5-23　疲惫的船长们

　　幼儿能够根据自己的生活经验，丰富游戏的角色、制定游戏规则，并且能够按照自己的计划和角色完成任务，但他们更加渴望玩真游戏。教师没有急于告诉幼儿结果，而是先肯定了幼儿的想法，再给予幼儿试错的机会，让他们在尝试中体验船有良好的密封性是很重要的。

第四阶段：造真船

游戏一：船要下水了（进行时间：1周）

　　浩浩荡荡的船队从教室转移到一楼的戏水池，大家都很期待船下水后的游戏，扭扭乐组的船率先下水，大家费尽力气抬船下水，不一会儿，水就淹没了船底。

　　柏宇：看我们乐高组的船，肯定不会进水。说完，柏宇和熙淳便一起把乐高船放到水里，船开始慢慢倾斜，最后进水了。有的幼儿表现得很失落。

　　萱萱：我们的船太重了，所以会进水。

　　芷珺：要找一些轻一点的材料才行。

　　奕淳：我们没有用力把缝隙压紧，所以才会进水的。

　　倩倩：我们无论怎样拧紧扭扭乐，都是有洞的，会进水。

　　淳业：我们需要用一些不会进水的材料来造船。

图 2-5-24　船进水了

【思考与支持】

幼儿通过观察、分析、推理发现材料的轻重和密封性对于船的浮沉至关重要，萌生了要调整材料的想法。

教师引导幼儿大胆猜测哪些材料适合造真的船，并且以思维导图的形式记录想法；支持幼儿带着批判性的思维去推翻自己的已有认知，形成新经验，推动活动向更高层次发展。

图 2-5-25　什么材料可以造真船

游戏二：齐心协力造真船（进行时间：2周）

大家都觉得空的矿泉水瓶和泡沫板比较轻，而木板是没有洞的，都适合用于造真船。大家用了两周的时间收集材料，然后开始造真船。

倩倩用麻绳绑住水瓶，想用绳子把水瓶连接起来，可水瓶总是散开。

梓睿把水瓶的顶部对着顶部摆成两列，用双面胶粘贴在一起。

智勇和柏宇则把水瓶的底部对着底部，摆成两列，也用双面胶粘贴在一起。

图 2-5-26　尝试连接空矿泉水瓶

经过了三天的拼接和粘贴,空矿泉水瓶造的船终于拼好了。

俊铭把从家里带来的泡棉和四个游泳圈绑在一起,做成一艘船。

淳业和雯浠用热熔枪把木板粘在一起。

> **【思考与支持】**
>
> 　　幼儿能够迁移在美工区制作手工的已有经验,用麻绳和透明胶、热熔枪连接材料,尝试用多种方法进行拼接,体现出了敢于尝试、不怕失败的学习品质。
>
> 　　教师提供的材料已经无法满足幼儿的游戏需求,于是鼓励家长一同收集材料,让幼儿自主探索拼接的方法,灵活运用各种材料。

图 2-5-27　用多种材料造真船

游戏三:划船游戏(进行时间:1 周)

经历一周的时间,幼儿用各种材料造的船已经完成,应幼儿的需求,泳池也开放了,大家兴高采烈地把船拿到泳池里进行划船比赛。

艺恩划的空矿泉水瓶船一直在水里旋转,后来虽然进了水,但是没有沉下去。

俊铭和宇恩划的木板船,还没有划到泳池中间就沉下去了,但是两人笑得不亦乐乎。

奕淳和晴晴划的泡沫船虽然没有船舷和船头,脚还会泡在水里,但可以划得很远,不会沉也不会进水。

图 2 - 5 - 28　划船游戏真好玩

【思考与支持】

　　划船游戏虽然没有全部成功,但是在游戏中,幼儿感受到划船带来的快乐和成就感,沉浸在喜悦当中,而且初步感受了浮沉现象背后的科学原理。

▊ 总结与反思

1. 幼儿的学习与发展

（1）情感态度方面

　　活动中幼儿了解的不仅仅是小榄的渡轮文化,还了解了广州和海上丝绸之路的相关文化,激发了对家乡的热爱之情和自豪感。

（2）知识经验方面

　　幼儿从刚开始的关注基本外形表征到后来逐渐了解船的内部结构和作用。在这个过程中,他们知道了在搭建前,需要观察和比较,对已有经验进行梳理,这对幼儿的构思、预见、规划等能力都是很好的锻炼。同时,幼儿能接触到平面几何图形、点数、平分等数学知识,也会接触到关于接触面、重心、浮力等的物理知识。

（3）学习品质方面

幼儿进行了一系列探索活动，体现出了较好的坚持性。幼儿大胆地尝试和探究材料的不同用法，用行动证明自己的猜想，体现出了敢于尝试的品质。在此过程中他们学会了与同伴分工合作，体现出了积极主动等学习品质。

2. 教师的支持策略

（1）隐性支持

材料支持。教师一直追随幼儿的脚步不断提供适宜的材料。当游戏进展到后期，材料的投放从教师提供转变为幼儿自主收集，体现教师"最大程度支持，最低程度介入"的教育理念。

环境支持。悬挂幼儿绘画的各种船，营造搭船的氛围。让幼儿与环境对话，通过展示墙了解材料的搭法，继续开展游戏。在相关区域投放与船相关的绘本、帆船的模型和船的制作图示，让幼儿可以直观地、近距离地观察。

情感支持。教师作为幼儿行动上和情感上的合作伙伴，与幼儿形成平等、和谐的师幼关系。在整个活动中，发现幼儿的"哇"时刻，及时赞赏，给予肯定，引导幼儿不断探究与挑战。

联动家长支持。带孩子周末乘小榄渡轮，参观南海一号博物馆和观看纪录片，亲子填写调查问卷《什么材料造船最合适》，让幼儿更进一步了解古帆船的原理、感知各地风俗习惯。

（2）显性支持

活动支持。教师帮助幼儿在直接感知、亲身体验、实际操作中形成对事物的认知，让幼儿在"做一做""试一试"的过程中，激发探究兴趣。

师幼互动。教师针对幼儿遇到的不同问题，引导幼儿从多角度思考、推理与探究，鼓励幼儿用"提出想法——推理预设——实验验证——发现问题——再次提出新办法"的思维模式，不断提高分析问题、解决问题的能力。

▼ 游戏路径图

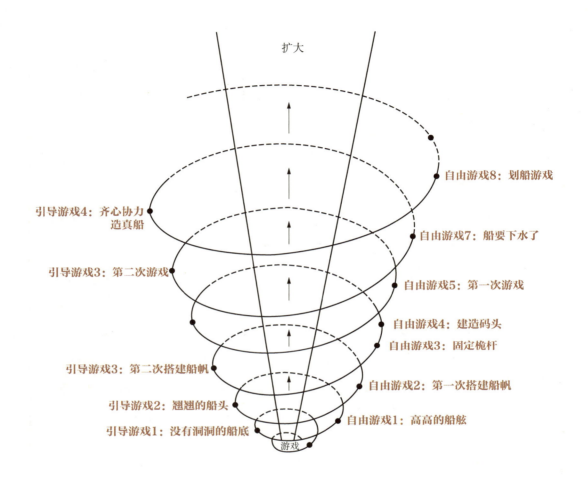

扩大

自由游戏8：划船游戏

引导游戏4：齐心协力
造真船

自由游戏7：船要下水了

引导游戏3：第二次游戏

自由游戏5：第一次游戏

自由游戏4：建造码头

自由游戏3：固定桅杆

引导游戏3：第二次搭建船帆

自由游戏2：第一次搭建船帆

引导游戏2：翘翘的船头

自由游戏1：高高的船舷

引导游戏1：没有洞洞的船底

游戏

第三章

三

角色游戏

03

探秘醒狮馆

年龄段:大班

中山市东凤诺亚舟幼儿园

宋慧霞、余雅娟

■ 背景信息

广东醒狮,又称南狮,至今已有一千多年历史,是岭南文化的优秀代表,也是中国传统文化的瑰宝之一。2006 年 5 月 20 日醒狮入选第一批国家级非物质文化遗产名录。

中山醒狮表演的独特之处在于多以"武狮"为主,主要展现狮子的骁勇性格。醒狮不仅是吉祥、如意的象征,还代表着雄健、勇敢和力量。

在中山,逢神诞日、四月八浮屠浴佛节、新年、元宵佳节等重要节日,醒狮助庆的场景屡见不鲜,群众们很是喜闻乐见。醒狮的寓意是繁荣和好运,醒狮也是一种创造节日气氛和带来快乐的方式。日常生活中幼儿经常有机会观看醒狮表演或者醒狮比赛,因此幼儿对醒狮有浓厚的兴趣。

醒狮馆在幼儿园附近,每次出去活动经过醒狮馆时,幼儿都很好奇,很想进去一探究竟。为了满足幼儿的探索欲望,老师带领幼儿进入了醒狮馆。

多多:醒狮的眼睛大大的。

一一:醒狮的头怎么这么大啊?

小奕：这里有个红色的醒狮。

远远：醒狮为什么有只尖尖的角？

我们开始了探索醒狮之旅。

图 3-1-1 幼儿自发画醒狮

▍游戏准备

1. 材料准备

主体材料：醒狮服饰、醒狮、大头佛、鼓、锣、镲、醒狮旗、梅花桩、长凳等。

辅助材料：毛线、针线、毛绒球、纸巾筒、塑料筐、笔、纸、剪刀、尺子、超轻黏土、双面胶、矿泉水瓶、扎带等。

2. 环境准备

在图书角投放醒狮相关绘本，创设醒狮情境，后期在活动区域展示幼儿制作的醒狮手工以及绘画的百狮图。

3. 经验准备

幼儿对醒狮馆的布局和醒狮文化有初步的认知，有角色游戏的经验。

▍游戏历程

"探秘醒狮馆"从开始到结束，全班幼儿全程参与。经历了 14 周，分 3 个阶段逐步推进,由 11 个游戏支持幼儿对醒狮馆进行深入探究。

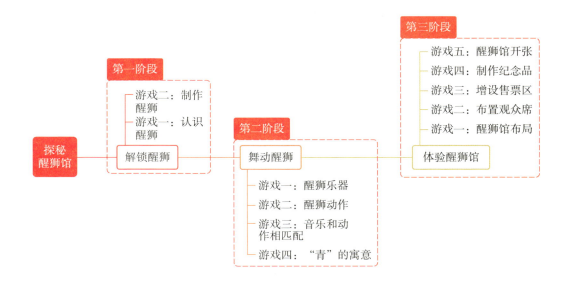

第一阶段:解锁醒狮

游戏一:认识醒狮(进行时间:1 周)

幼儿在家长的协助下,通过实地观察、查阅关于醒狮的图片和视频,并和同伴进行分享。

芙媛:我知道红色的醒狮代表关公狮。

可可:我在书里看到醒狮有南狮和北狮两种。

奕奕:我爸爸说醒狮头中间尖尖那个叫狮角。

宇晨:我知道狮角下面圆圆的是天灵镜。

幼儿们了解到南狮有三种:"刘备""关羽""张飞",刘备狮是黄色的,代表贵气、祥和;关公狮是红色的,代表财富、财神;张飞狮是黑色的,代表霸气、勇猛。醒狮的狮头由狮眼、狮角、狮鼻、狮嘴、狮耳、天灵镜组成。

了解南狮之后幼儿打算制作属于自己的"醒狮",并分组讨论出制作醒狮的材料,画出设计图后,大家根据分工表上的角色寻找制作醒狮的材料(图 3 - 1 - 2)。

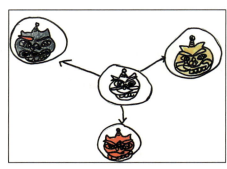
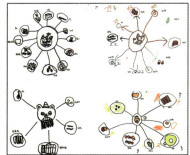

图 3-1-2 了解醒狮，画出制作醒狮设计图

【思考与支持】

　　前期准备的活动主要是教师和家长陪幼儿查阅资料、观看视频、实地观看醒狮馆，丰富幼儿对醒狮的了解，并在查阅资料和观看视频以及实地观看醒狮馆后完成调查问卷《岭南特色文化之醒狮调查问卷表》，梳理知识经验。除此之外，教师还投放了有关醒狮的绘本、材料、醒狮成品等，激发幼儿对醒狮探究的兴趣和游戏的热情。

图 3-1-3 布置情境区

游戏二：制作醒狮（进行时间：3周）

　　经过分组讨论，幼儿根据分工表来到仓库找到纸箱和鸡蛋托，在教室找到了剪刀、透明胶等，尝试用纸箱来制作狮头。

　　木木：这个纸箱制作的狮头很容易烂，舞一下就散架。

多多：是的，纸箱不耐用，碰到水也容易烂。

言言：那我们有什么方法可以加固吗？

木木：我们在纸箱外面贴一层透明胶，应该就不容易烂了（图3-1-4）。

图3-1-4 完成狮头的制作

幼儿合作完成了狮头的制作，而对使用什么材料制作狮尾产生了疑问。

奕奕：用树叶，但是树叶做狮尾很容易烂，树叶干了也会变皱。

讯祥：可以用水果网袋试试，它又轻又大。

阳阳：用棉花，一大片铺上去，还可以用泡沫球装饰。

幼儿自发分成了四组，找来了水果网袋、泡沫球、棉花等。通过测试，发现水果网袋比较合适。哪里有那么多水果网袋呢？大家决定一起收集。收集好了水果网袋后，他们讨论把这些水果网袋按颜色的深浅排序，这样才能呈现出渐变色：白色—柠檬黄—橘黄—橙色—玫红。排序后用胶枪粘贴，但是粘完后大家发现还是不够牢固，言言提出她可以使用针线进行加固。于是，通过大家的齐心协力，狮尾终于制作完成（图3-1-5）。

图3-1-5 制作好的醒狮

【思考与支持】

　　教师提供了幼儿自主寻找材料的机会，在第一次设计制作狮头的环节中，幼儿发现材料和方法不适宜制作狮头，从而进行讨论、反思、总结。教师提供实物狮头让幼儿直观地从不同角度仔细观察狮头，更深入了解狮头的内外结构，重新寻找材料和调整制作方法。幼儿愿意听取和接受同伴的意见及建议，能轮流分享各自的想法。幼儿能够分工合作，体会到合作的重要性，共同完成任务。

　　在制作过程中，面对收集的水果网袋大小不一、颜色各异的问题时，教师没有直接给出具体方法，而是启发幼儿运用排序、分类等数学核心经验来解决遇到的问题。

第二阶段：舞动醒狮

游戏一：醒狮乐器（进行时间：1周）

醒狮制作完成后，幼儿迫不及待地进行舞狮，但是幼儿各舞各的，舞狮的场面非常混乱。

黄一：我看到店铺开业时醒狮表演有乐器演奏的，我们的表演没有音乐。

子睿：没有音乐我们要怎样舞狮呢？

伟栋：我们用奥尔夫打击乐的乐器试试。

逸升：我负责打鼓。

硕硕：试试一边打鼓，一边放音乐。

桐桐：请老师放音乐。

根据幼儿的想法，在醒狮表演中，教师播放音乐，幼儿打鼓。表演结束后大家都觉得有音乐太吵了，听不到打鼓的声音。醒狮的音乐是怎样的呢？通过一起查阅资料和观看醒狮表演视频，幼儿对醒狮乐器有了初步的了解（图3-1-6）。

　　教师提供鼓、锣、镲三种乐器，与幼儿一起探索每种乐器的操作方法和技巧。在探究活动中，通过直观的操作体验，激发了幼儿对声音探索的兴趣，幼儿的学习潜能被唤醒与提升。

游戏二：醒狮动作（进行时间：1 周）

　　幼儿掌握了鼓、锣、镲的演奏方法，兴高采烈拿着乐器进行醒狮表演，但这时又发现了新的问题。

　　辉辉：醒狮表演有专门的动作。

　　心仪：我看过视频，舞狮的时候要把狮头举过头顶。

　　奕扬：还可以举着狮头左右舞动。

　　瀚武：要有统一的动作才好看。

　　教师：醒狮都有哪些动作呢？

　　然然：我回家问问爸爸妈妈。

　　教师派发了亲子调查问卷，家长和幼儿一起了解舞狮的动作有哪些。在家园共同的支持下，幼儿了解舞狮基本动作有以下：合步举狮、马步举狮、左弓步举狮、右弓步举狮等。（图 3-1-7）

图 3-1-7 练习基本舞狮动作

💡【思考与支持】

　　教师观察到幼儿对舞狮动作有简单的认识，但舞狮动作不规范，于是通过录视频的方式，活动后组织幼儿观看视频进行回顾。教师是幼儿游戏的观察者和引导者，让幼儿萌发更强的自主探究意识和解决问题的积极性。

游戏三：音乐和动作相匹配（进行时间：2周）

经过一段时间的练习，幼儿对舞狮表演充满了信心，胸有成竹的他们配上乐器开始舞狮。

梓博：他们敲乐器有时候快，有时候慢，我们都跟不上节奏。

秀俊：我们的动作也不一样。

阳阳：我不知道做哪个动作，梓博总是会踩到我的脚。

逸升：那我们约定什么乐器配什么动作，这样就不会乱了。（图3-1-8）

幼儿经过多次实践,总结出:双鼓声——舞狮的幼儿跨步举狮;镲声——抖狮;锣声——会狮。幼儿通过声音指令,提升了相互之间的配合度。

图 3-1-8 乐声与动作相配合

💡【思考与支持】

幼儿对舞狮有独立的思考,掌握了较充足的舞狮经验,语言表达能力也因此提升了。每当出现新问题时,教师及时帮助幼儿梳理和总结,并鼓励幼儿以分组讨论的方式商量解决。

游戏四:"青"的寓意(进行时间:1周)

幼儿园旁边文具店开业了,幼儿去观看后有了新的发现。

馨怡:我看醒狮表演时,看到醒狮吃生菜。

信宇:我们刚才表演的时候为什么没有吃生菜?

高歌:开学典礼醒狮表演也有吃生菜的。

浩屹:我还看见过醒狮表演吃葱的,嘴里还吐出一个东西。

灏文:我也想表演醒狮吃生菜。

教师和幼儿一起了解了"青"的寓意并制作了"青",教师:醒狮是怎样采青的呢?

名名:把生菜挂起来,狮子站在柱子上吃掉它。

奕多:可以用水管把"青"挂起来。

姝言:我看见过在地上采青的醒狮。

乐乐：我还看见过有人把"青"挂在门口。（图3-1-9）。

图3-1-9 "青"的寓意

💡【思考与支持】

　　教师发现幼儿对"青"不了解。通过查阅资料、观看视频，共同了解了醒狮表演吃青菜叫作"采青"。"青"有四种，分别是：葱、蒜、芹菜、生菜。葱的寓意是"聪明伶俐"，蒜的寓意是"精打细算"，芹菜的寓意是"勤劳致富"，生菜的寓意是"生财有道"。采青方式多种多样，如：采地青、采凳青、采盆青、采高青等，狮子采青后还要"吐青"，以示吉利。

　　在探索"采青"的过程中，幼儿对"青"很感兴趣，提出自己制作"青"，教师及时提供材料，给幼儿尝试和操作的机会。在制作过程中幼儿与同伴共同合作，共同思考，找到了合适的材料，在制作过程中幼儿的语言表达能力和社会交往能力也在一步步地提升。

第三阶段：体验醒狮馆

游戏一：醒狮馆布局（进行时间：1周）

经过不断练习，幼儿能配合乐器表演醒狮了。他们非常有成就感，但是观众很少。

言言：我们的醒狮舞得这么好，可以表演给大家看。

升升：佛山醒狮馆表演时有观众席，我们也摆一些椅子，邀请别人来观看我们表演。

一一:除了有观众席,醒狮馆还有设计醒狮、制作醒狮的地方。

奕扬:我还看到有制作醒狮纪念品的地方。

馨怡:进去观看的时候是需要买票的。

幼儿开始调整(图3-1-10)。

图3-1-10　调整区域

💡【思考与支持】

　　为了让更多的幼儿、老师们看到他们的表演。幼儿开始讨论,决定要调整醒狮馆区域。教师提供了空间更大的活动室,增加区域柜供幼儿整理物品,提供材料供幼儿设计,根据他们的设想、需要、计划来重新调整区域。

游戏二:布置观众席(进行时间:1周)

醒狮馆重新布置好了,他们摆了很多椅子作为观众席,第一次摆放时,椅子横七竖八的,很混乱。

教师:你们觉得这些椅子可以怎么摆放?

多多:我们的椅子摆得这么乱,观众来了也不知道坐哪里。我们去看电影的时候,椅子都是一排排摆整齐的。

一一:可以一排一排地放,试试横排5张椅子,竖排也5张。

名名：座位都是有号码的，买了票要根据票上面的号码找位置，现在的座位没有号码。

多多：我玩过找座位的玩具，1代表第一排，1-1代表第一排第一个位置，2-1代表第二排第一个位置。

乐乐：我也玩过这个，我们可以把座位号画出来。（图3-1-11）

图 3-1-11　布置观众席

💡【思考与支持】

　　幼儿根据自身生活经验，讨论出了给座位编号的方法。在摆放椅子及给座位编号的过程中，重温了数、相邻数、排序等数学核心经验。

游戏三：增设售票区（进行时间：1周）

一段游戏时间后，越来越少的幼儿选择售票区岗位，该工作岗位因此空缺了，这引发了热烈的讨论。

老师：你们觉得可以增加什么工作岗位？

奕奕：我们卖点好吃的吧。

一一：好主意！去电影院有卖爆米花、可乐的。

子睿：那我们需要一台收银机。

栋栋：我们可以制作一台，老师可以帮我们买一个爆米花机。

于是幼儿开始分工合作,栋栋、小米、淇淇找来了纸箱制作收银机,在收银机上面写上数字,购买的爆米花机也到了。

远远:收银机只能收现金,我看到爸爸妈妈买东西是用手机扫码支付的。

乐乐:我们要设计一个收钱的二维码。

随着游戏的深入,幼儿提出了新的问题。

一一:这个爆米花怎么卖? 票的价钱也没有定!

栋栋:用杯子装爆米花,大杯 15 元,小杯 10 元。

一一:进馆的票价可以定 20 元。

大家准备妥当,开始营业了。(图 3-1-12)

图 3-1-12　自制收银机、票以及价目表

💡【思考与支持】

　　教师追随幼儿的兴趣,在幼儿提出增设收银机时,及时给予支持。在探究过程中幼儿的想象力和动手能力都得到提升,幼儿与同伴之间进行语言的交流与表达,语言能力和社会交往能力均得到了巩固提升。

游戏四:制作纪念品(进行时间:1 周)

幼儿逛了一圈醒狮馆,联想到旅游景点一般会售卖纪念品,他们觉得醒狮馆也要有纪念品,这样,观众看完表演可以买回去。

逸升：教室的阅读区有书签，我们做点醒狮书签。

柏阳：可以用热缩纸制作醒狮钥匙扣。

姝言：用超轻黏土制作醒狮挂饰，挂起来也很好看。

讯祥：可以买一些礼品袋，我们在上面拓印醒狮。

奕多：青的寓意也很好啊，我们可以制作画有"青"的胸针。

于是，幼儿进行分组，分别用卡纸制作了醒狮书签，用热缩纸制作了醒狮钥匙扣，用超轻黏土制作醒狮挂饰，拓印醒狮礼品袋，制作胸针，把它们悬挂在展示架上并标记价钱（图3-1-13）。

图3-1-13 各种醒狮元素的纪念品

【思考与支持】

当幼儿产生新的想法或遇到问题时，教师不直接介入，而是倾听、尊重幼儿的想法，用开放性的问题鼓励幼儿根据需要自由地在幼儿园里寻找材料，给予幼儿广阔的探索空间。

游戏五：醒狮馆开张（进行时间：1周）

一切准备就绪，醒狮馆开业了，但来看表演的观众却寥寥无几，怎样吸引更多的观众观看表演成了大家最关注的问题。

安安：其他人知道我们开业吗？

奕奕：超市开业都会有人派发宣传单，还会在门口放宣传海报。

燕燕：开家长会时，我们制作邀请函，上面写着时间地点，爸爸妈妈就知道什么时候开家长会。

珍珍：我们也可以制作一些邀请函，邀请其他班级的小朋友和老师过来观看表演。

讨论完毕，幼儿分组设计邀请函、画宣传单、制作宣传海报。制作好邀请函和设计好宣传单后他们一起去派送，邀请其他幼儿、老师和园长们过来观看。

图 3-1-14　宣传

售票区的远远和茗茗负责检票、验票，并指引观众找到自己的座位。制作区的博博和睿睿在做书签，瀚武和蓝蓝在用各种材料制作醒狮抱枕，高高和汛汛在画设计图，纪念品区的泰泰和元元忙着介绍纪念品并招揽客人。表演时间一到，主持人提醒观众坐回位置，并宣布醒狮表演马上开始了。醒狮配合音乐威风凛凛地开始了表演，只见孩子们踩上梅花桩，左弓步、右弓步、合步举狮，到了高潮部分，醒狮开始"采高青"和"采地青"，并吐出四字对联，表演赢来阵阵掌声（图 3-1-15）。

图 3-1-15　醒狮表演

【思考与支持】

体验醒狮表演是整个游戏的高潮，也是尾声。当大家在为醒狮表演作准备时，教师充分尊重和满足幼儿的不同想法，并给幼儿提供了谈话分享的机会，让幼儿有机会分享自己的经验，一起解决问题。教师不限制幼儿的想法，而是通过提供情感支持与材料支持，让幼儿获得积极的实践体验。

■ 总结与反思

1. 幼儿的学习与发展

（1）情感态度方面

通过亲子参观岭南醒狮馆、制作醒狮、舞动醒狮、体验醒狮等活动了解关于醒狮的传统文化，对岭南文化有初步的认同感和体验感。

（2）知识经验方面

幼儿的认知发展从简单的知道醒狮、只关注醒狮的外形特征到了解它的种类，再到后期制作醒狮，不断地由浅入深、自发自主地进行探究式学习，习得了关于醒狮的各种知识。

（3）学习品质方面

当幼儿遇到问题时，教师没有直接告诉幼儿答案，而且鼓励幼儿在试错中寻找答案。幼儿通过讨论交流，不断尝试，最终解决了问题。在多次试错中，幼儿养成了坚持、不放弃等良好的学习品质。

2. 教师的支持策略

（1）隐性支持

环境支持。在班级中悬挂醒狮吊饰，并和幼儿制作百狮图粘贴在墙上。投放了各种关于醒狮的绘本，如《幼儿启蒙醒狮》《年兽》《醒狮知多少》等。教师不主导幼儿的活动，而是成为幼儿的观察者和研究者。

材料支持。教师一直追随幼儿的脚步，不断提供适宜的材料进行支持。充分体现"幼儿在前，教师在后"的教育理念。

情感支持。幼儿在分工合作中，发展了语言表达能力及规则意识，提高了角色游戏的互动性；学会尊重他人的选择，倾听他人的意见。幼儿的社会交往能力得到提升。

联动家长支持。前期与幼儿一起填写亲子调查问卷，实地考察醒狮馆，通过视频、绘本等认识醒狮。

（2）显性支持

教育支持。教师提醒幼儿回忆以往经历，帮助幼儿组织语言表达意见，提出开放式的问题并与幼儿频繁交流，引导幼儿用合适的语言表达自己的想法。

▼ 游戏路径图

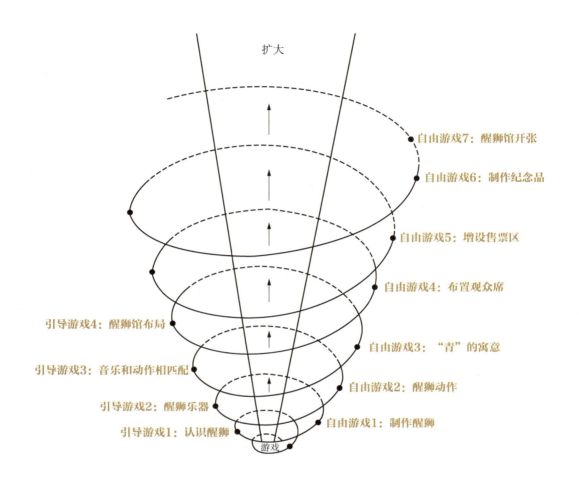

扩大

自由游戏7：醒狮馆开张

自由游戏6：制作纪念品

自由游戏5：增设售票区

自由游戏4：布置观众席

引导游戏4：醒狮馆布局

自由游戏3："青"的寓意

引导游戏3：音乐和动作相匹配

自由游戏2：醒狮动作

引导游戏2：醒狮乐器

自由游戏1：制作醒狮

引导游戏1：认识醒狮

游戏

粤韵瑰宝

年龄段：大班

中山市石岐幼儿园

胡颖诗、韦浩芳

■ 背景信息

粤剧源自南戏，又称"广东大戏"，是广东岭南文化的名片之一，也是中华文化瑰宝之一。住在中山老城区中心的人们仍保留着欣赏粤剧的习惯，幼儿园位于中山老城区中心，粤剧氛围浓厚。让幼儿近距离感受、体验粤剧，不仅对粤剧的传播和振兴有着深远意义，还能提高幼儿对岭南文化的认知，使幼儿从小对家乡文化形成认同感，让传统文化的种子在幼儿的心中萌芽。

隔壁中一班正在开展粤剧主题课程，本班幼儿经过时被正在表演的弟弟妹妹吸引了，他们对漂亮的戏服等产生了浓厚的兴趣。基于幼儿的兴趣以及本班幼儿乐于探索、自主思考的特点，粤剧文化传承的深远意义，大班角色游戏"粤韵瑰宝"开启了。

■ 游戏准备

1. 材料准备

基础材料：桌椅、储物柜、小舞台等。

主题材料：粤剧表演服装、道具。

创意材料：木板、空奶粉罐、空水瓶及其他手工材料（珠子、扭扭棒等）

2. 环境准备

前期在班级拼搭戏台中展示各类舞台、戏台的图片；随着角色游戏的逐步开展，利用幼儿的作品布置活动室环境，并在班级中投放相关绘本书籍，粤剧歌曲音频、视频等。

3. 经验准备

幼儿在日常生活中常接触粤语，部分幼儿家庭有欣赏粤剧的习惯。

▌ 游戏历程

"粤韵瑰宝"从开始到结束，从最初的班上小部分幼儿参与发展到全班幼儿参与，后期辐射至全年级乃至全园。整个游戏历时 15 周，分 3 个阶段，由 11 个游戏构成。

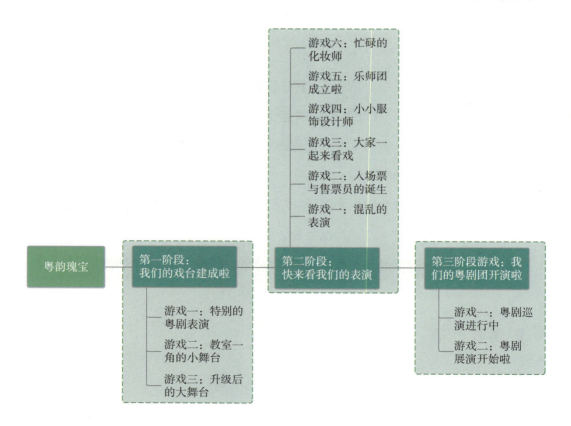

第一阶段：我们的戏台建成啦

游戏一：特别的粤剧表演（进行时间：1周）

李米向茵淇、笑笑提出披着长丝巾、闪片裙进行粤剧游戏。很快她们发现了选择的服饰不符合粤剧服装的特征。于是她们更换了宽大的衬衫、围巾等服饰。李米还邀请个别幼儿来当观众。

子轩疑惑地问：为什么没有放粤剧音乐？李米赶紧找来播放器，但播的是儿童歌曲。不一会儿，观众们觉得无趣，都离开了。

图 3-2-1　在音乐区进行粤剧扮演游戏的幼儿

💡【思考与支持】

游戏中，幼儿萌发了表演粤剧的想法，并出现了以长丝巾代替水袖、以宽大的衬衫代替戏服的"以物代物"行为。但由于缺乏相关经验及材料，幼儿的兴趣并没有持续下去。

为了帮助幼儿保持兴趣，教师把问题抛给幼儿：表演粤剧，你们需要准备什么呢？有的人认为需要粤剧服装道具、演员化妆，有的人认为需要一个舞台，还有的人认为需要粤剧音乐……基于此，教师征求幼儿的意见对需要的物品和待解决的问题进行投票，投票得出最迫切需要的是舞台。

下一步，教师调动家长资源，充分发挥家园合作的力量，通过图片、视频、实地走访等形式帮助幼儿丰富粤剧的相关经验，并为幼儿提供所需的材料，推动游戏的开展。

游戏二：教室一角的小舞台（进行时间：1周）

幼儿在园内发现一座小舞台，一组幼儿负责利用大的空瓶、积木叠高搭建围栏，另一组用空奶粉罐、木板搭建了台阶，很快一座简易的小戏台完成了。穿着长衬衫、系着长丝巾的演员们立即涌上舞台进行表演。表演吸引了其他幼儿参与进来，有的拿来了沙锤、三角铁等上台扮作乐师，有的搬来椅子做观众，舞台上出现越来越多穿各类服饰的演员。

"啪嗒"，舞台的围栏、柱子在幼儿拥挤的表演中倒塌了，表演也随之结束了。

图3-2-2　初步搭建舞台并进行角色扮演

【思考与支持】

幼儿有丰富的建构经验，能快速根据现有材料进行计划、搭建，但对搭建材料的选择、角色游戏规则的制定等缺乏思考，造成了舞台坍塌的情况。针对此，教师引导幼儿反思问题出现的原因。为了丰富幼儿对戏台的了解，教师鼓励幼儿在园内积极寻找合适的材料完善戏台，并引导幼儿思考戏台上每个角色的工作有哪些。

游戏三:升级后的大舞台(进行时间:2 周)

基于前期出现的问题,幼儿调整了搭建计划,在空奶粉罐上铺设长板完成扩建。在解决幕布的问题时,幼儿发现了幕布需要有东西支撑,骏一首先想到了使用建构区的长纸筒,但一根长纸筒的高度是不够的。

经过激烈的讨论及反复对比和不断调整后,大家最终确定用三根相同规格的纸筒套在铁柱外作为戏台柱子。

幼儿又发现幕布容易被风吹起,且易滑落,于是决定将图书室的窗帘布当作幕布。在尝试将窗帘布挂在横梁上的时候,子轩建议将支

图 3-2-3　幼儿扩建舞台及调整、完善立柱

撑梁穿过窗帘布上的圆孔;羽淇建议利用挂圈将窗帘布挂在支撑梁上;经过协商,他们一致同意采用羽淇的方法。但此时他们又遇到了新的问题:挂圈与窗帘布上的圆孔的数量不相等。在幼儿感到气馁时,教师指着教室的窗帘问:请你们仔细观察一下窗帘布是怎样被拉开的。

在教师的引导下,幼儿大受启发。东东认为用美工区的弹簧胶圈可以代替钩子;浩天建议用毛根捆绑……他们各执己见。最终,经过对不同材料的尝试、比对之后,不易飘落、能移动的窗帘幕布诞生了!

图 3-2-4　测试不同材料的摩擦力并完善幕布

戏台搭成后,幼儿迫不及待上台游戏。游戏中,工作人员在舞台前与更衣区来回

走动;演员在观看区穿梭、嬉闹;演员演完节目后,直接从舞台上跳到观众席离场……
场面很混乱,这时,本喆建议在舞台后面预留专属通道,可是通道要多大才合适呢?
他们一边挪动舞台,一边讨论验证,最终确定通道的宽度要能让一个小朋友通过。然
而通道的问题刚解决,观众又提出了新问题:演员在通道走来走去,影响了观众看戏。
怎么办呢?

泽宇:用积木在舞台后搭建高墙就能挡住啦!

羽淇:墙会遮住背景布啊!

本喆:可以将背景布从舞台后的横梁上挂起来,这样就能遮住通道了。本喆的建
议得到了大家的一致赞同。终于,一条有遮挡的专属通道搭建完成了。

图 3-2-5 调整幕布

【思考与支持】

幼儿在游戏中不断尝试用不同的材料、不同的方法逐步完善舞台,并
新增了拉幕布工作人员的角色。幼儿的角色意识、角色表演能力逐步
提升。

教师发现幼儿气馁时能及时引导幼儿对窗帘进行观察,并提供不同材
料支持幼儿反复试验。

教师继续鼓励家长和幼儿一起,选择最喜欢的粤剧音乐、参观粤剧博
物馆等,充分发挥家园合作的力量,帮助幼儿丰富粤剧相关经验,推动幼儿
的游戏进一步开展。

图 3-2-6 幼儿参观粤剧博物馆

第二阶段:快来看我们的表演

游戏一:混乱的表演(进行时间:2 周)

孩子们向中一班借了四套不同角色的粤剧服登台表演。这时,演员梓诚被骏一、东东推着往舞台一侧走。柏希拉着梓诚的手往回走:不是走这边,是走那边。登上舞台的梓诚有些怯场,不知如何表演,骏一直接从观众席走上舞台教梓诚耍枪表演。

羽潼:演员和工作人员怎么能跑来跑去呢?

洋洋:观众走来走去影响我看戏啦!

哇!快看!羽淇那件衣服好好看!舞台前传来一阵阵赞叹声,原来是在更衣区的演员吸引了观众的注意力,有的观众将服饰拿到观看区讨论,有的观众与工作人员在舞台旁边喊闹,舞台上的羽淇也无心表演了。

结束后,教师引导幼儿思考:怎么解决演员、观众随便走动的问题呢?

孩子们讨论后决定:演员上下舞台应该左上右下,并且要通过专属通道走至更衣区和后台,观众只能坐在椅子上观看,还要建一堵"围墙"遮住更衣室避免演员换戏服分散观众注意力等。

图 3-2-7 混乱的游戏现场

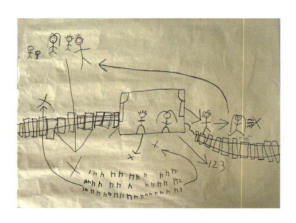

图 3-2-8 第一次制定角色路线图

💡【思考与支持】

随着游戏的开展，幼儿从关注游戏场地、游戏路径到关注角色行为和规则。针对游戏中出现混乱的情况，教师及时引导幼儿回看拍下的游戏现场视频，并进行讨论。

图 3-2-9 为更衣区搭建围栏

游戏二：入场票与售票员的诞生（进行时间：2周）

正在排队入场的宏熙突然说：要是我们也能买票进场就更好玩了。

子锋说：我们可以用积塑玩具代替票啊。于是，在子锋的带领下，几个孩子自己玩起了"拿票进场"的游戏。很快，越来越多的观众也纷纷效仿。

幸如说：我是卖票的，你们要给我钱才能买票。于是，他们很默契地以手碰手的动作代表付款。

进场后,观众都是随意找位置坐下来的。针对这个问题柏希联想到自己去看电影时,电影票上是有座位号码的。受到柏希的启发,孩子们决定自制门票。自制好门票后,天天开心地拿着票入场,但是他没有找到与票面上号码对应的座位。本喆发现,原来入场票上的号码和座位的号码没有一一对应。

图 3-2-10　入场票和座位号码的诞生

【思考与支持】

　　游戏中幼儿迁移生活中对号入座的经验寻找座位,但由于制作票的幼儿缺乏对票的了解,导致入场票号码和座位号码并不匹配。为拓展幼儿的生活经验,教师请家长和幼儿一起调查和研学,带领幼儿走进电影院或剧场,了解票面的设计、座位的排列、票与座位的关系等。最终,完成了票和座位的一一对应。

图 3-2-11　票和座位的号码一致

游戏三:大家一起来看戏(进行时间:1周)

　　粤剧在各种催促声、嘈杂声中开始了。舞台上的武生、小生还有花旦在《百花梨园》粤曲音乐中开始表演了。负责扮演武生的柏希一会儿原地转圈,一会儿转动着红缨枪；扮演小生、花旦的三人在舞台上一边随意挥动着水袖，一边与同伴聊天。

音乐结束后演员离场，但是幕布没有关闭；各岗位的工作人员经常擅自离开岗位；观众的说话声十分嘈杂……

图 3-2-12　拥挤的舞台和擅自离开岗位的工作人员

【思考与支持】

游戏再次出现混乱局面。教师利用视频帮助幼儿回顾游戏。幼儿发现存在以下问题：有的工作人员擅自离开岗位，有的观众看不懂演员表演的是什么，曲目与表演内容不匹配等。最后，幼儿提议搜索、学习相关的粤剧曲目；增加游戏角色：音响师、保安；重新调整游戏规则、游戏区域；同时

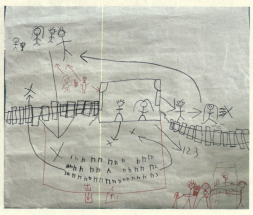

图 3-2-13　新增预告牌和重新制定游戏规则

上台表演人数最多 3 人,工作人员不能擅自离开岗位,观众不能随意进入其他区域、欣赏时应保持安静等。

游戏四:小小服饰设计师(进行时间:2 周)

芷萱在做完游戏计划后准备寻找服装时,看到心仪的服装被晨玥穿上了,立即哇哇大哭起来。

晨玥:你可以找另外一套衣服啊。

芷萱:我演的是长平公主,剩下的衣服不合适。

君泳:我也是经常没有帽子戴啊。

芷琪:演员经常乱穿衣服,很搞笑的。

戏服不够怎么办呢? 芷琪提出可以自制服装、头饰等。于是,教师顺应幼儿需求,在班级中提供了粤剧服饰的相关照片、材料,并鼓励家长与幼儿一起制作粤剧服饰。一段时间后,更衣区的服饰不断增加。游戏又可以正常开展了,但演员时常出现服装错乱搭配的情况。

图 3-2-14 幼儿自制、亲子合作制作服饰并用于表演

【思考与支持】

　　幼儿由于缺乏对戏服的认识和了解，导致戏服与角色不匹配等。教师充分利用社会资源，提供绘本、图片等丰富幼儿对角色和戏服的认知，为幼儿提供大量材料，如各式布料、裁剪工具、服装款式图等，鼓励幼儿大胆制作。数次制作失败后，教师再次发动家长带领幼儿一起参观粤剧博物馆，深入了解粤剧服装。第三次制作中，师幼合作运用了广绣技术绣花，最终两套《帝女花》主角的服装完成并投入使用。

图 3-2-15　师幼合作制作服饰

游戏五：乐师团成立啦（进行时间：1周）

　　游戏开始了，幼儿开始选择角色、制定游戏计划，最先完成计划的柏希开始搬运器械在舞台边等待。开演前的等待时间太长了，柏希提议练习演奏，于是拿起鼓槌开始敲击鼓面。"咚！咚！哒哒！咚咚！哒！"其他的乐师在鼓手的带领下也纷纷开始敲击乐器。团长发现后，来到演奏区进行阻止……

【思考与支持】

　　乐师团的各个角色有了，但幼儿对角色的认知仍然不够。下一步，为促进幼儿对粤剧团的人员、分工、运作有更深入的了解,教师联动社会资源,与家长一起带领幼儿前往香山粤剧团进行参观、研学。

图 3-2-16　了解乐团的运作

游戏六:忙碌的化妆师(进行时间:1 周)

我先来的,我当化妆师! 玥滢和悠然为谁当化妆师而出现争执。团长羽潼:你们不要吵了,谁先写计划谁先当化妆师。于是,先做计划的玥滢优先获得了当化妆师的权利。

团长羽潼来提醒:你们快点,要开始了。第一个上台表演的晨玥着急道:我是第一个上场的,你先给我化妆吧。玥滢已经来不及给她化妆了。晨玥只能直接上台进行表演了。晨玥走后,玥滢又继续给其他演员化妆。在团长的不断催促与演员的焦急等待下,玥滢一直手忙脚乱地在给演员化妆。

💡【思考与支持】

幼儿开始关注粤剧角色另一个突出的特点:妆容,并联想到生活中看到的化妆现象,但因缺乏化妆经验和实操,导致化妆不顺利。因此教师以视频方式把这一过程记录下来呈现给幼儿观看,引导幼儿思考。

幼儿从关注台前到关注幕后,甚至初步有了粤剧团的概念,幼儿的经验迁移能力、观察能力、逻辑思维能力等均得到一定的发展。

图 3-2-17　尝试化妆与亲子研学

图 3-2-18　粤剧团进校园活动

第三阶段：我们的粤剧团开演啦

游戏一：粤剧巡演进行中（进行时间：1周）

幼儿通过投票的方式决定了剧团名称——苹果粤剧团。苹果粤剧团成立后，幼儿想邀请更多的观众观看粤剧表演。经讨论，幼儿决定以巡演、展演的方式让更多人参与进来，并投票确定了巡演目标班级分别为中一班、大一班。

到了中一班的门口，大家躲在一旁不敢进去。骏一提议一起进去。于是，所有人涌进了中一班，大家拥挤在一起。泽宇说：不行，太乱了。不知道谁表演什么，我们演员先在外面。家溢：乐师在哪个位置呢？骏一：我们就在这个位置吧。……维持秩序的"保安"可忙了。

到第二站巡演的时候，孩子们就默契多了。巡演顺利结束！

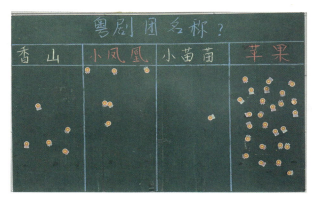

图 3 - 2 - 19　粤剧团成立

【思考与支持】

　　幼儿对参与巡演表现出积极的行为,但他们对于巡演的概念是模糊的,通过实践,他们对粤剧团的人员、分工、运作有了更深入的了解。

游戏二:粤剧展演开始啦(进行时间:1 周)

　　有了巡演的经验,展演对于孩子们来说就简单多了。他们首先设计了宣传海报,注明展演时间和地点,随后自信、大方地到各个班去宣传,还提醒其他班的孩子"座位有限,先到先得"。

　　演出当天,每个岗位的工作人员都各司其职,为演出做好了充分的准备。演员们卖力表演,乐师认真演奏,展演赢得了观众阵阵的掌声!

【思考与支持】

　　展演的挑战性增加了,幼儿在游戏中仍坚持完成自己的任务,对出现的问题也积极回应。各个角色之间密切配合、有条不紊地进行表演,这赢得了观众们的认可,大大增强了幼儿的自信心与自豪感。

图 3-2-20　宣传及展演

▌总结与反思

1. 幼儿的学习与发展

（1）情感态度方面

幼儿产生了对岭南文化的兴趣，提升了对粤剧文化的认识。同时，近距离接触广绣，体验民间艺术的美，激发了热爱传统文化、热爱家乡的情感。

（2）知识经验方面

在舞台搭建，戏服、道具的制作中发现数学的趣味性和用处。游戏活动涉及对称、按规律排序等数学内容，幼儿的数概念等数学相关的经验进一步提升。

（3）学习品质方面

每次游戏时长达半小时以上，幼儿均能坚持游戏，这体现出了幼儿坚持、主动探索、自信大方的学习品质。在游戏中幼儿能积极交流、自主分配角色，这体现了幼儿的社会能力获得发展。

2. 教师的支持策略

（1）隐性支持

材料支持。提供了各种各样的材料，并鼓励幼儿自主寻找需要的材料。

环境支持。自建舞台，利用学校舞台；在班级里投放粤剧书籍、脸谱、服饰图片等；展出幼儿关于粤剧的绘画、手工作品等。

情感支持。经常以表扬幼儿比较积极的行为的形式鼓励其他幼儿积极参与粤剧游戏，及时给予幼儿反馈。

联动家长支持。借助家长力量，鼓励家长在家经常放粤剧音乐给幼儿听，和幼儿一起准备游戏材料，制作服饰，观影，参访香山粤剧团、粤剧博物馆等，提升对粤剧的认识。

（2）显性支持

活动支持。游戏中，当幼儿出现角色认知不清晰、情节不丰富或游戏无法推进等问题时，教师及时开展各类活动帮助幼儿。如：当幼儿发现票的号码与座位号码不一致时，教师组织幼儿观察电影票，了解票面数字的意义。

师幼互动。游戏中，教师能及时捕捉游戏重点，将问题抛给幼儿，引导幼儿大胆探索，实现知识的迁移与运用，促进幼儿在角色游戏中的深度学习以及生成新游戏。教师把幼儿游戏的情况梳理成图示的形式粘贴在墙上，让幼儿及时看到自己的成长。

▼ 游戏路径图

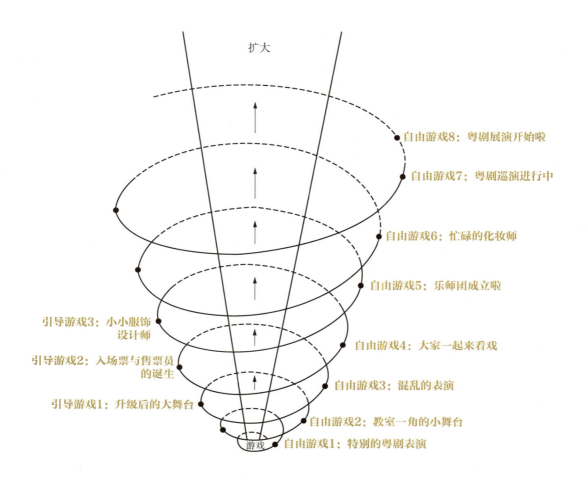

扩大

自由游戏8：粤剧展演开始啦

自由游戏7：粤剧巡演进行中

自由游戏6：忙碌的化妆师

自由游戏5：乐师团成立啦

引导游戏3：小小服饰设计师

引导游戏2：入场票与售票员的诞生

自由游戏4：大家一起来看戏

引导游戏1：升级后的大舞台

自由游戏3：混乱的表演

自由游戏2：教室一角的小舞台

游戏

自由游戏1：特别的粤剧表演

爱群茶楼

年龄段：大班

中山市精彩童年幼儿园

梁　艺、林雪霞、冯银婷

■ 背景信息

饮早茶是一种岭南民间饮食风俗，早上去茶楼喝茶是一种传统。家人或朋友聚会总爱去茶楼，大家围坐一桌，泡上一壶茶，点上两件点心（美名"一盅两件"），品茶尝点，润喉充饥，共享生活的乐趣。

大班开展了"美丽的中山"主题活动，以中山美食为切入点，鼓励幼儿通过收集信息、亲子研学、美术创作、交流经验等活动感知中山的饮食文化。自主游戏时，"小朋友茶馆"的孩子们正在玩泡茶、喝茶的游戏，欣欣从美食坊拿来了她用超轻黏土做的大煎堆，瞳瞳用皱纹纸做了一份"炒牛河"，欣欣说：我们好像是在爱群茶楼喝茶一样呢。这个话题引发了幼儿的兴趣，于是角色游戏"爱群茶楼"就开始了。

■ 游戏准备

1. 材料准备

基础材料：方形桌子 6 张，椅子 12 张，储物柜 4 个。

拓展材料：厨师服装，服务员服装，仿真食物，厨房用具若干。

创意材料：超轻黏土，彩色笔，无纺布，纸盒，布料，塑料袋，雪花片，插塑积木等。

2. 环境准备

布置岭南特色茶楼的环境，创设美食主题的情境；投放与厨师职业、广东早茶文化相关的绘本、书籍。

3. 经验准备

师幼一起观看过与中山饮食文化相关的视频、图片，对中山饮食文化有初步的了解；开展过中山饮食文化亲子研学，通过绘画表征、视频、亲子作业单等形式记录过自己的体验；幼儿有一定的角色游戏经验，喜欢参与游戏活动。

▌游戏历程

"爱群茶楼"游戏从开始到结束，参与的幼儿越来越多。经历了 11 周，分 3 个阶段逐步推进，由 11 个游戏组成。

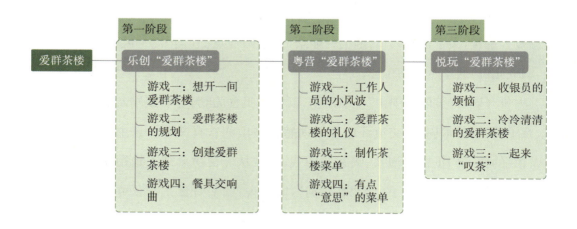

第一阶段：乐创"爱群茶楼"

游戏一：想开一间爱群茶楼（进行时间：1 周）

美食坊的孩子们认真地做着食物：繁繁用超轻黏土做了石岐乳鸽；瞳瞳把皱纹纸

撕成纸条作为河粉,再把褐色的黏土搓圆压扁当作一片片"牛肉",做好了炒牛河;成成用正方形纸折了一只兔子,他笑着说这是兔子包。

教室另一边,"小朋友茶馆"里,茶艺师乐乐正在认真地给客人们泡茶,几名小客人围坐在桌子前,一边品茶,一边聊天。欣欣提议把做好的"食物"送到小朋友茶馆给客人品尝,这得到了大家的支持!

游戏结束后,教师利用照片和视频与幼儿进行游戏回顾。

教师:今天美食坊和"小朋友茶馆"的小伙伴们合作玩了一个很特别的游戏,可以和大家分享一下吗?

欣欣:我们在美食坊做了很多食物,邀请茶馆的小朋友一起品尝。

教师:你们像在喝早茶一样哦。

瞳瞳:对对对,这叫喝早茶! 我们就是这样喝早茶的。

乐乐:我和爸爸妈妈在爱群茶楼喝过早茶!

孩子们纷纷说道:我也去过爱群茶楼,那里喝茶的人很多!

经过一番交流,孩子们萌发了在班级开一间爱群茶楼的想法。教师追随幼儿的兴趣和幼儿讨论开茶楼要准备的东西。

图 3-3-1 幼儿制作点心,玩"喝早茶"游戏

💡【思考与支持】

　　班级开展"美丽的中山"主题活动已经有一段时间了,孩子们对中山的

美食有了初步的了解。教师了解到幼儿萌发了开一间"爱群茶楼"的游戏意

愿，不仅支持他们的想法，还与他们一起收集爱群茶楼的相关视频和图片，了解爱群茶楼的历史，并鼓励家长与幼儿进行亲子研学活动，在阅读区投放关于广东早茶文化以及厨师、服务员职业的绘本，为孩子的游戏推进提供支持。

图 3-3-2　了解爱群茶楼文化

游戏二：爱群茶楼的规划（进行时间：1 周）

几个孩子找到了教师：老师，我们可以在走廊玩爱群茶楼的游戏吗？

教师：为什么在走廊玩爱群茶楼的游戏，能说一说你们的理由吗？

乐乐：美食坊太小了，厨师做菜没地方，客人多了也没地方坐了。

欣欣：走廊很大又很长，我们喜欢在这里玩！

教师：可是走廊上有小朋友茶馆呀，他们也在游戏，怎么办？

彤彤：我们能不能找他们商量一下，让他们和我们一起玩？

教师：这是个不错的想法，你们可以尝试一下！

他们与"小朋友茶馆"的孩子商量，希望能腾出一块地方开茶楼。"小朋友茶馆"的孩子同意了。于是，两个组的孩子拿来纸和笔做起了游戏计划，一起策划怎样布置游戏场地，并开始收集游戏材料。

【思考与支持】

当幼儿提出更改游戏场地的意愿时,教师倾听幼儿的想法,了解他们的需求,支持他们协商进行游戏环境的规划。教师通过有效的反馈,促进幼儿进行深度思考;允许幼儿适当地更换游戏场地,使游戏继续下去。

图3-3-3　幼儿讨论并制作游戏计划

游戏三:创建爱群茶楼(进行时间:1周)

孩子们收集了很多游戏材料回来,他们拿着游戏规划图,一起商量怎样布置爱群茶楼。小美和可乐从教室里搬出来桌子和椅子,并不断调整桌椅的位置。欣欣从游戏"百宝箱"找出来两块桌布铺在了桌子上,君君说:如果在桌面上摆放一些鲜花就更好了! 于是,欣欣来到植物角,挑了两盆小盆栽,放在了桌上。轩轩和君君负责整理厨房用品,由于厨房用品实在是太多了,他们想全部收纳进厨房区的柜子里,多次尝试后仍不成功,急得团团转。

图3-3-4　布置爱群茶楼游戏场景

轩轩：老师，这些锅碗瓢盆太多了，我和君君收拾不好。

君君：厨房太小了，不够地方放这么多餐具。

教师：我们平时收拾积木的时候是怎样做的？

轩轩：我们是把积木分类摆放的。

教师：那这些餐具能不能分类摆放呢？

君君：应该是可以的，我们试一下。

💡【思考与支持】

　　幼儿收集了很多的游戏材料，他们按照规划图分工布置游戏场地，体现出了主动性、计划性，有一定合作能力以及审美能力。君君和轩轩在收拾餐具时多次尝试仍不成功，只好向教师求助。他们有解决问题的意识，但是没有找到解决问题的方法。

游戏四：餐具交响曲（进行时间：1周）

游戏结束后，教师与孩子来到放餐具的区域，进行游戏后的回顾。

教师：刚才你们在整理餐具的时候发生了什么事情？

轩轩：两个碟子滑下来了。

教师：为什么大碟子会滑下来？

乐乐：他们把碗放在下面，碟子放在上面，所以会滑下来。

美美：应该把大的碟子放在下面，小的碗放在上面。

教师：能不能想个办法，让餐具区变得整齐呢？

一鸣：爸爸妈妈会把碗和碟子分类放在柜子里，筷子和勺子放在另一边，我们也可以这样做。

教师：除了分类摆放，还要注意什么？

佳佳：还要轻拿轻放，太用力会碰坏餐具的。

幼儿开始规划碗、碟的摆放方法,大家齐心协力把厨房里的餐具收拾得整整齐齐。

图 3-3-5　幼儿制作标签,分类整理

【思考与支持】

　　第一次收拾餐具时,幼儿缺乏收纳整理的经验,导致碟子滑落。经过大家的反思,找到了原因,想出了解决办法——分类摆放并贴上标签,方便区分和拿取。

　　整个过程中教师没有过多干预,而是在游戏后带幼儿来到游戏现场,通过谈话以及观看餐厅厨具整齐摆放的图片,引导幼儿学习分类摆放、轻拿轻放。幼儿在收拾餐具的过程中,通过分类、统计、点数等方式解决了问题,获得认知的发展。

第二阶段:粤营"爱群茶楼"

游戏一:工作人员的小风波(进行时间:1周)

　　游戏刚开始,爱群茶楼传来了争吵声。欣欣和一鸣两人都争着要当服务员,乐乐说:你们石头剪刀布吧!谁赢了谁当服务员。两人欣然同意,欣欣赢了,当上了服务员。欣欣把客人的餐单告诉厨师,厨师做好了食物后,直接从厨房把食物端到客人的桌上,这时欣欣走来说:你怎么能走出厨房呢,端菜是我的工作!厨师说:我做好了就拿给客人呀。欣欣生气地说:不可以这样的,厨师是在厨房炒菜的,不是送菜的!

游戏结束后，教师给幼儿充足的时间绘画游戏故事，鼓励大家分享。

教师：欣欣和一鸣今天游戏时发生了一个小插曲，能和大家分享你们的游戏故事吗？

一鸣：我和欣欣都想做服务员，后来石头剪刀布，我输了，欣欣做了服务员。

教师：欣欣做了服务员，你会感到不开心吗？

一鸣：不会呀，那我就去做客人，因为我输了。

教师：一鸣是个遵守游戏规则的孩子，也懂得谦让。欣欣，你后来又和君君遇到了什么问题？

欣欣：我是服务员，本来应该由我给客人上菜的，可是君君抢着给客人上菜了。

君君：我在厨房做好了，就可以拿出来给客人啊！

一鸣：厨师就应该在厨房工作，上菜的工作应该由服务员来做。

教师：原来是出现了分工不明确的问题，可以怎样解决呢？

教师带领幼儿到爱群茶楼进行实地参观后，孩子们一起商量了游戏的分工问题，确定了游戏的角色，他们还提出要做工牌，让每个人都清楚自己的角色，明确职责。

图 3 - 3 - 6　游戏后用图画表征游戏故事

💡【思考与支持】

　　游戏中，欣欣和厨师发生了争吵，这是因为幼儿的角色意识不强，不熟悉角色的职责。教师关注到了幼儿的矛盾，但不着急介入，而是带领幼儿到爱群茶楼进行实地参观，了解茶楼人员的分工与职责，鼓励幼儿以游戏故事的方式记录游戏的过程与感受，并乐于与同伴分享。

图 3－3－7　参观爱群茶楼

图 3－3－8　幼儿表征角色的分工与职责

游戏二:爱群茶楼的礼仪(进行时间:1 周)

今天的茶楼非常热闹,彤彤迎来了两位客人,她把客人带到餐桌后,转身拿来两份餐具,用力地放在了桌面上,说:给你们碗和筷子! 说完就离开了,客人一边摆弄碗和筷子,一边无聊地等待。

这时,坐在另一桌的客人等得太久了,开始有点不耐烦了。有很多客人陆续来到茶楼,但没有座位,他们在一旁嚷嚷着,很不耐烦的样子。

游戏结束后,教师与孩子一起梳理问题:服务员没礼貌,不会招呼客人;客人太吵了,不愿意耐心等待;不会用粤语说礼貌用语;不了解喝茶的礼仪。

针对以上问题,大家一起进行了讨论。教师与幼儿一起梳理了粤语中的礼貌用语及日常用语,还请家长作为助教进课堂,讲喝茶的礼仪。

图 3-3-9　教师与幼儿一起了解粤语中的礼貌用语

【思考与支持】

　　可以看出幼儿对游戏非常感兴趣，但他们的生活经验不够丰富。教师引导幼儿梳理思路和问题，通过观看餐饮行业礼貌待客的相关视频、家长进课堂等方式丰富幼儿的经验，使游戏向更丰富、更深入的方向发展。

图 3-3-10　家长助教进课堂，讲喝茶礼仪

图 3-3-11　幼儿用纸巾筒制作道具

游戏三：制作茶楼菜单（进行时间：1 周）

　　今天的茶楼来了几位客人，服务员沛然有礼貌地用粤语向客人问好。繁繁说：我要一碟肠粉，还有饺子。君君说：我想吃小猪包。过了一会儿，沛然推着餐车把点心送到餐桌上。繁繁问：我的肠粉呢？沛然说：我忘记了，你等一下！厨师听到了，拿

了三个纸巾筒放在碟子上，说：肠粉做好了！服务员沛然连忙把"肠粉"送到客人的餐桌上。

游戏结束后大家一起分享小结。

教师：今天的游戏顺利吗？

繁繁：服务员都不记得客人要吃什么。

沛然：你说了那么多，我记不住。

教师：茶楼里的服务员是怎么记住客人要吃什么的呢？

盈盈：在茶楼点餐时会看菜单来点菜。

浩浩：我们也可以做一张菜单！

教师：这个想法非常好，可以制作属于你们的菜单。

💡【思考与支持】

　　对于游戏中出现的问题，教师引导幼儿与现实生活相联系，结合生活经验来解决问题。老师与幼儿们收集茶楼的菜单，了解茶楼的菜单是怎样设计的，有哪些品种的食物，并通过视频、图片与幼儿一起分享讨论如何点菜下单。

图 3-3-12　了解、制作茶楼菜单

游戏四：有点"意思"的菜单（进行时间：1 周）

自从有了菜单后，解决了点餐和下单的问题，孩子们的游戏热情更加高涨了。客人浩然和瞳瞳进来坐下，拿起菜单商量着吃什么。服务员月月走过来，有礼貌地问：请问你们要吃点什么？浩然说：菜单上一直都是这些食物，都不知道吃什么。月月说：吃饺子吗？今天的饺子很新鲜哦！浩然想了一下说：好吧，就吃饺子吧。

游戏结束后，浩然提出：能不能换一张菜单，这些食物都吃腻了。

教师：爱群茶楼还可以有哪些食物呢？

瞳瞳：我上次和奶奶在茶楼吃了煎堆，奶奶说煎堆是有钱的意思！

轩轩：老师，煎堆为什么是有钱的意思呢？

教师请家长带孩子进行"我去茶楼打个卡"活动，收集回来很多茶楼的菜单，他们发现大部分点心是很多茶楼都有的，有些点心不是每间茶楼都有的，点心的寓意也不一样。

繁繁：煎堆的寓意是"煎堆碌碌，金银满屋"。

铠盈：我奶奶说凤爪就是"抓银"的意思。

锦妍：我喜欢吃金钱肚，爸爸说是"招财进宝"的意思。

浩然：我们可以把这些好听的名字写在菜单上，让客人看到。

教师：这些点心都有很吉祥的寓意，如果你们把它们画进菜单里，菜单就更有意思了！

💡【思考与支持】

　　幼儿主动提出更换菜单，在新菜单中加入更多的食物，这说明幼儿的游戏水平提升了。茶点的寓意对幼儿来说比较抽象，这是在幼儿的游戏中渗透岭南文化的好时机。

图3-3-13　通过"我去茶楼打个卡"活动,了解茶点文化,制作有点"意思"的菜单

第三阶段:悦玩"爱群茶楼"

游戏一:收银员的烦恼(进行时间:1周)

新投放的菜单吸引了更多的客人。铠繁、维为愉快地进餐后,转身打算离开,月月拉着维为说:你要去结账的。维为走到收银台,收银员王峻问:你吃了什么?维为说:我吃了两个包子。王峻说:两个包子两百块。维为伸进裤兜假装掏钱出来放在王峻手上,说:给你两百块!王峻看了看维为,无奈地跺了跺脚。

游戏后小结时,教师:今天发生了什么有趣的事情?

王峻:有些客人结账的时候没有给我钱,我没有收到钱!

教师:结账可以有哪些方法呢? 一定要用钱吗?

君君:可以用手机支付,还可以刷银行卡支付。

君君:我们的菜单上面没有写点心的价格。

沛然:没写价格,收银员怎么收钱呢?

教师与幼儿再一次观察了茶楼的菜单,一起寻找菜单上有什么,如何标注食物价格。最后孩子们提议,可以在菜单上画一个太阳,表示价格是3块钱;画一个月亮,表示2块钱;画一颗星星,表示1块钱。这样他们就会计算了。除了食物的价格,孩子们还制造了玩具钱币、刷卡机、信用卡,收银的方法就更多、更方便了。

图 3-3-14　幼儿讨论升级菜单，用符号标注价格

【思考与支持】

　　用图形来表示价格，而且只需要运用 10 以内的加减法计算，这是幼儿解决问题的办法。教师支持幼儿的想法，为他们提供更丰富的材料，支持幼儿与现实生活相联系，进行表征。

图 3-3-15　幼儿表征"埋单"的方式

游戏二：冷冷清清的爱群茶楼（进行时间：1 周）

　　游戏持续了一个多月，来爱群茶楼的孩子越来越少了。没有顾客了，好无聊！包包垂着头说。小颖说：那我们想想办法吧！有什么好办法呢？包包突然想到一个办法，走到教室里大声吆喝起来：走过路过，不要错过！快来爱群茶楼喝茶呀！但还是没有吸引顾客来茶楼。

　　教师：今天的爱群茶楼遇到了什么问题？

　　妍妍：今天没有客人来喝茶。

　　玥玥：我去拉人过来喝茶，他们都不愿意来。

教师：怎样才能吸引顾客呢？

妍妍：我在大街上看到有人发传单，我们也可以制作传单。

君君：可以便宜点啊，买二送一。

维为：做个抽奖箱，来喝茶可以抽奖、送礼物。

……

【思考与支持】

幼儿在游戏中遇到了困难，但并没有退缩，而是积极主动地想办法。教师肯定幼儿的想法，提供各种的材料支持幼儿，允许幼儿利用园内的材料制作道具等。

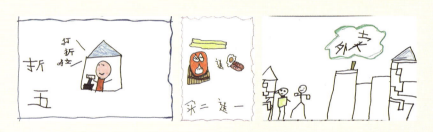

图3-3-16 幼儿制作的传单

游戏三：一起来"叹茶"（进行时间：1周）

通过发传单宣传、抽奖送礼物的活动，爱群茶楼又热闹起来了。

锦妍说：这是你们点的铁观音茶，请慢用。君君用食指和中指在桌面上点了两下，回了一个"叩首礼"。这时，服务员盈盈把一笼包子、一笼凤爪放在桌上，铠繁和君君一边吃着"点心"，一边喝着茶，享受着"叹茶"的时光。

君君：我知道"一盅两件"的意思，"一盅"是指一壶茶，"两件"是指两件点心。

锦妍：大人说的"叹茶"就是喝茶的意思。

铠繁：把茶壶盖揭开放在旁边，表示没茶水了，要加水的意思。

孩子们一边喝着"茶"、吃着"点心"，一边讨论"叹茶"的礼仪和习俗。

图 3-3-17 开心"叹茶"，快乐游戏

【思考与支持】

有了丰富的经验铺垫，孩子参与角色游戏的兴趣与意愿越来越高，游戏水平呈现螺旋上升的状态。

▌ 总结与反思

1. 幼儿的学习与发展

（1）情感态度方面

幼儿在轻松愉快的游戏气氛中，通过努力获得成功，适当地表达自己的情绪情感，从而产生愉快、积极的情绪体验。同时，在游戏中逐步掌握社会交往策略和技能，提高了社会交往能力。

（2）知识经验方面

游戏丰富了幼儿对广东早茶文化的了解，也拓展了幼儿对日常生活的了解。如，在发现来茶楼的客人越来越少的时候，幼儿通过学习、探讨，想到了用各种办法招揽顾客、解决问题。

（3）学习品质方面

幼儿在游戏中学会倾听他人的意见和合理表达自己的观点，培养了积极主动，认真专注，不怕困难，敢于探究和尝试解决问题、乐于创造的学习品质。

2. 教师的支持策略

（1）隐性支持

材料支持。与幼儿一起收集游戏材料，提供大量低结构材料，鼓励幼儿创造性地使用材料。

环境支持。在班级中创设相关情境，投放有关广东早茶文化及餐厅职业的绘本等。

情感支持。营造温馨的心理环境，与幼儿建立温暖的、支持的、积极的情感连接。

联动家长支持。鼓励家长关注幼儿的游戏水平发展情况，与幼儿一起收集游戏材料、积极参加亲子研学活动等。

（2）显性支持

活动支持。通过丰富的活动支持游戏的推进，和幼儿到茶楼现场感受茶楼热闹的场景；通过谈话、绘画等活动让幼儿自主进行表征；开展绘本阅读活动，让幼儿了解厨师、服务员的工作职责等。

师幼互动。及时捕捉幼儿语言、动作、表情，作出有效回应；用开放性的提问，引导幼儿思考和解决问题；游戏结束后，组织幼儿进行集体或小组的交流与分享，帮助幼儿反思、梳理和提升游戏经验；倾听与了解幼儿的游戏意愿、兴趣点以及游戏需求，助推幼儿的发展。

▼ 游戏路径图

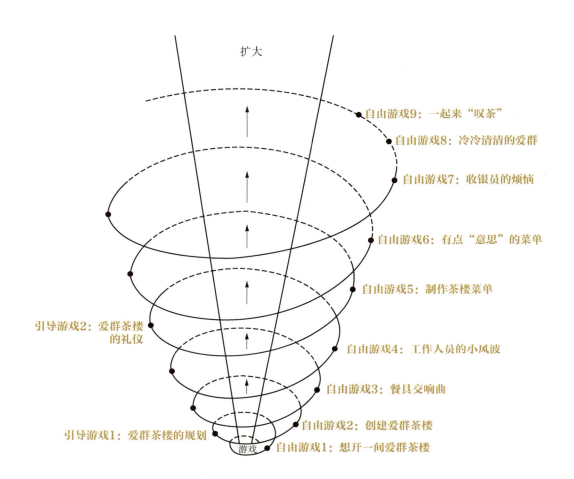

扩大

自由游戏9：一起来"叹茶"

自由游戏8：冷冷清清的爱群

自由游戏7：收银员的烦恼

自由游戏6：有点"意思"的菜单

自由游戏5：制作茶楼菜单

引导游戏2：爱群茶楼
的礼仪

自由游戏4：工作人员的小风波

自由游戏3：餐具交响曲

引导游戏1：爱群茶楼的规划

自由游戏2：创建爱群茶楼

自由游戏1：想开一间爱群茶楼

游戏

迎春花市

年龄段：大班

中山市东凤诺亚舟幼儿园

王　怡、李诗婷

■ 背景信息

迎春花市又称除夕花市或年宵花市，逛花市是具有岭南特色的一种民俗。早在南越王赵佗时期，珠江南岸的庄头村，就有专门种植素馨花钓花田。由于人们爱花和栽花，于是出现专门买花、卖花的市场，人们称之为"花市"。

在晨谈活动中，大家畅所欲言分享自己的假期生活。开心说：我老家过年很热闹，放鞭炮吃饺子。嘉言说：过年时爸爸妈妈带我去买了好多花。柔柔说：我们家也很热闹，妈妈会买很多花和橘子树（金橘）回来布置家里，妈妈说橘子代表大吉大利。彤彤说：我们那里也有花店，但没有迎春花市的花多。柏柏说：我逛过花街，那里也有花市，叫"369迎春花市"。

于是，迎春花市的游戏开始了。

■ 游戏准备

1. 材料准备

基础材料：柜子、桌子、椅子、展示架、工具、剪刀（可以根据需要在游戏中逐步增加)。

辅助材料:自然材料(树枝、树叶、贝壳、坚果壳、木头、石头、棉花等),废旧物品(瓶盖、纸板、空奶粉罐、吸管、纸杯、纸巾筒、雪糕棒、鸡蛋托、水果网袋、饮料瓶等),装饰材料(扭扭棒、亮片、毛球、纽扣、超轻黏土、乒乓球、毛线等)。

2. 环境准备

宽阔的走廊场地,增设挂饰,在墙上粘贴各种插花技巧图、角色分工流程图、年花寓意图等。

3. 经验准备

幼儿自主收集有关花市的视频、图片,简单了解花市的环境布局和各种店铺,认识年花、知道年花的寓意。

▌游戏历程

"迎春花市"从开始到结束,全班 30 多名幼儿全程参与。经历了 15 周,分 4 个阶段逐步推进,由 11 个游戏组成。

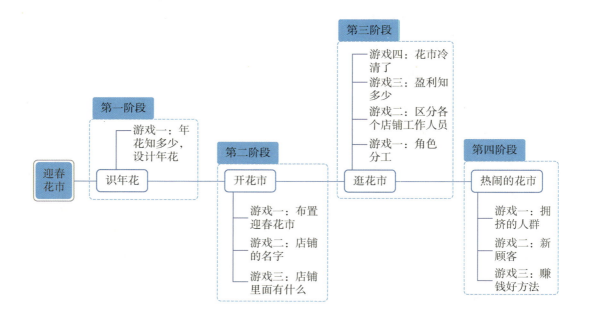

第一阶段：识年花（进行时间：1周）

游戏一：年花知多少·设计年花

晨谈时，幼儿将自己的调查问卷和同伴分享。

果子：过年时，妈妈会买年橘（金橘），希望新的一年大吉大利。

子航：有很多红"果子"的叫银柳，代表红红火火。

花花：这个蓝色的花叫蝴蝶兰，它像蝴蝶一样。

豆豆：结了一层一层的金色果子的叫五代同堂，我爷爷、奶奶最喜欢了。

点点：水仙花是种在水里的，开花的时候可香呢。

幼儿通过交流，选择了自己喜欢的年花，并开始寻找合适的材料制作。笑笑用超轻黏土捏银柳，昊然用扭扭棒和爱心状的材料装扮金橘……

图 3-4-1　我见过的年花，年花知多少

💡【思考与支持】

　　幼儿通过分享交流来梳理和回忆已有经验，为进一步了解年花奠定了基础。用丰富多样的材料制作自己喜爱的年花，激发了想象力和创造力。

教师抓住幼儿兴趣点，与幼儿查阅更多与年花相关的图片、视频、绘本，引发幼儿对年花的寓意进行探索。

第二阶段：开花市

游戏一：布置迎春花市（进行时间：1 周）

在了解迎春花市后，幼儿提出想要布置一个热闹又好玩的迎春花市。

柠檬：我想开一个红包店，肯定很多人买。

欧阳：我想卖年橘，它很好看。

雅雅：我还看到花市上有老虎挂饰、鞭炮挂饰，可以卖出很多的挂饰。

基于幼儿的讨论决定，迎春花市最终分为：做花区、插花区、年货区。做花区有银柳、蝴蝶兰、年橘三个店铺；年货区分为红包、挂饰、春联三个店铺。

店铺确定下来后，幼儿通过实地考察，都想要在靠窗区域开店。幼儿分小组设计了不同的区域划分图，通过投票表决的办法选择了一种区域划分图，于是，幼儿根据设计图开始布置店铺。

图 3-4-2　实地考察

【思考与支持】

幼儿对遇到的问题进行汇总、具体分析，教师给予了幼儿足够的时间自主解决问题，分组考察环境并把设计图绘画出来，通过投票方式选出合理且受大家喜欢的设计图。解决问题的过程不仅让幼儿习得了与同伴协商的技巧，也促进了幼儿的思维发展，推动游戏发展。

游戏二：店铺的名字（进行时间：1周）

店铺布置完成后，诺诺发现店铺没有名字，说：我家的水果店叫果乐园，这里的店铺都没有名字。可可说：我们给店铺取名字吧。紧接着很多幼儿表示，店铺应该取个好听的名字才能吸引顾客前来购买商品。

浩浩：年橘店可以叫果子店。

点点：叫大吉大利。

点点说完后，幼儿发现年花的寓意也可以用来给店铺取名字。

乐颜：银柳是红色的，店铺名可以叫红红火火。

萱萱：在插花店可以设计喜欢的造型，可以写心愿卡，叫愿望店吧。

燕芳：福字是贴在门上的，春联店可以叫贴福店。

因幼儿的想法不一，大家决定采用投票的方式进行表决，最终店铺名字确定为：红红火火（银柳店），大吉大利（年橘店），愿望店（插花店），恭喜发财（红包店），福店（挂饰店），好运店（春联店）。花市名就叫作"迎春花市"。

【思考与支持】

幼儿通过观察、思考将自己了解的年花寓意的知识经验与游戏联系起来，保持积极主动的状态进行探索。在这个过程中，他们解决问题的能力以及思维的灵活性得到充分体现。

游戏三：店铺里面有什么（进行时间：1周）

在对店铺进行装扮时，菲菲问：店铺里卖什么才能吸引更多顾客？对于这一问题幼儿纷纷发表自己的意见。

依依：卖各种造型的花会更吸引人。

……

潘潘：我会用扭扭棒做各种各样的花。

幼儿经讨论总结：店铺应该卖不同结构、不同材料的花；用颜色鲜艳的材料做出的花最受大家的喜爱。大家用思维导图的方式记录下了需要的材料。

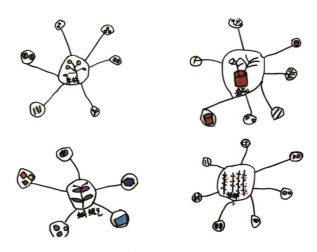

图 3-4-3 做年花的材料

💡【思考与支持】

　　幼儿用思维导图的方式记录制作年花所需要的材料，进行清晰明确的表征。教师根据幼儿的记录，鼓励家长带幼儿共同收集自然材料、加工材料等。

第三阶段：逛花市

游戏一：角色分工（进行时间：1周）

热闹的花市迎来了很多客人。乐乐买了春联，但付钱的时候找不到老板。

乐乐大喊：谁是春联店的老板？

轩屹也同样大喊起来。

一时间,花市传来一阵阵吵闹声。彤彤说:老板和工作人员都穿一样的衣服,不知道谁是老板。怎样区分老板和工作人员呢? 对于这个问题,幼儿进行了讨论。

宇飞:警察有警察的衣服,医生有医生的衣服。

乐颜:工作人员也可以有工作的衣服。

最后,幼儿商量决定:老板戴上挂牌,工作人员穿上围裙。

图 3 - 4 - 4　工作职责图

【思考与支持】

在分享交流中,教师将角色混乱作为重点问题,请幼儿描述发生的情况,鼓励幼儿说出解决的方法。教师帮助幼儿进一步认识了"分工"的概念和意义,幼儿通过自主探究发现并解决了问题。

游戏二:区分各个店铺工作人员(进行时间:2 周)

挂牌和工作服就位后,幼儿再次进行游戏。

姐姐走过来问:谁是红红火火店的工作人员? 我想买银柳。

彤彤指着穿粉色围裙的人说:这个就是。

姐姐上前查看,发现她并不是银柳的工作人员。姐姐最终也没找到工作人员。

游戏结束后,幼儿进行分享总结,姐姐说:店铺的工作人员太难区分了。

点点：太多工作人员了，怎样区分不同店铺的工作人员？

天天：医生和厨师的衣服不一样，我们的围裙上也可以做不同的装饰。

燕燕：警察和护士的帽子也不一样，我们也可以用不同的发箍区分。

通过讨论，幼儿决定在围裙和头饰上做不同的装饰，以区分不同店铺的工作人员。

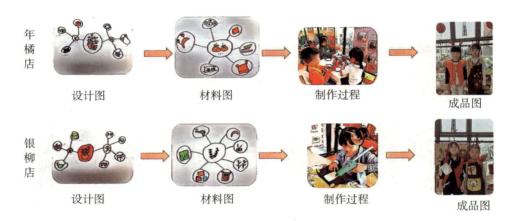

图 3-4-5　工作人员的服饰诞生了

💡【思考与支持】

幼儿的分工更明确了，教师鼓励幼儿使用气泡图将需要的材料进行整理与分类，促进了幼儿的分析与推理能力，并提供多种材料引导幼儿制作，有效推动游戏发展。

游戏三：盈利知多少（进行时间：2 周）

工作人员戴上店铺特色发箍后，富有特色的标志让游戏井然有序。

各店铺的老板开始统计今天的收入。

开心：我卖了很多年花，有些客人扫二维码支付的，我不记得收了多少钱。

乐妍：有些钱标着很多数字，我们不会算。

东霖：整理钱的时候，我发现有1块的、3块的、17块的钱。

芳飞：我们把一样的钱分类好了，但是我们不会算。有什么办法解决呢？

教师帮助幼儿复习有关钱币面额的经验，幼儿共同决定对钱币作出调整：将钱币面额统一设计为1、2、5、10元的面额。通过借鉴今日区域计划表，每个店铺投放记账本，如果顾客通过手机付钱，则应及时记录下来。如果算不清总额，可以请老师用计算器、手机、点数等方式帮忙。

图 3-4-6　调整钱币

💡【思考与支持】

在教师的引导下，幼儿结合已有经验，根据生活经验讨论决定重新调整钱币面额，增加记账本。教师根据幼儿提出的问题及时引导，鼓励和肯定幼儿的想法，并及时增添材料推进游戏。

游戏四：花市冷清了（进行时间：2周）

幼儿的游戏热情下降了，老板和工作人员卖东西的热情也不高，花市失去了生机。

伊伊：花市已经玩腻了，没什么好玩的。

豆豆：这些花我们也会做。

教师：怎样可以让花市变得热闹起来？

依依：可以大声吆喝，吸引顾客来买花。

羽乐：我们可以重新装饰店铺，增加新款年花。

可可：可以卖美食吸引更多的顾客。

幼儿们通过投票的方式确定需要增设的美食店铺。最终决定在花市里增设：棉花糖、糖葫芦、糖画三个店铺。

图 3 - 4 - 7　美食摊位图

第四阶段：热闹的花市

游戏一：拥挤的人群（进行时间：1 周）

增设美食摊位和重修店铺后，花市又重新热闹起来。这次，顾客纷纷挤到美食摊位。

浩浩：顾客都不排队。

伊伊:大家挤在一起,把路都堵住了。

嘉嘉:顾客都去美食摊位,没人来逛我们的红包店。

子杰:春联店的老板也跑去买美食了,没人看店。

教师:有什么办法可以解决这些问题?

珊珊:我和妈妈去饭店吃饭,服务员会给我们一个号码牌,叫到自己的号码就可以进去吃饭。

图3-4-8 美食摊位

教师:怎样能吸引顾客去其他店铺买东西?

果子:给顾客送点小礼物。

灏铧:可以买二送一,超市也有这个活动。

经过讨论,幼儿决定:排队时顾客取号点餐;提供设计好的特色花供顾客挑选;顾客也可以自行挑选花盆、花材或参与插花;搞更多优惠的活动吸引顾客。

💡【思考与支持】

幼儿通过结合生活经验,想出取号点餐的方式解决排队拥挤的问题;通过优惠活动、顾客参与设计吸引顾客到店消费。教师注意到了幼儿活动中的问题,引发幼儿进一步探索,在发现、解决问题的过程中学会策划与实践,明晰解决问题的思路。

游戏二:新顾客(进行时间:2周)

店铺经营模式改进后,花市里各个店铺都做好了迎接客人的准备。

欣欣:每天都是我们班的小朋友来逛花市,我妹妹也能来逛就好了。

甜甜:我也想让弟弟来吃我做的棉花糖。

琪琪:可以邀请其他班的小朋友和老师来逛花市。

晨晨：我们可以像开家长会那样，给其他班的小朋友发送邀请函。

菲菲：也可以做宣传单，吸引小朋友。

琛琛：如果有很多小朋友一起来怎么办？

熙熙：可以像安排值日生一样做个安排表，一天邀请一个班。

说完，他们马上行动起来，有的数班级数量、有的设计邀请函、有的画宣传单。

图 3-4-9　邀请函和时间安排表

【思考与支持】

　　教师及时肯定幼儿的新想法，鼓励幼儿尝试实践，给予他们充分思考和讨论的时间。教师及时提供笔、纸，激发幼儿设计邀请函、花市安排表，用自己的符号、图画表征，发展前书写能力，培养乐于思考、积极主动、认真专注的良好学习品质。

游戏三：赚钱好方法（进行时间：1 周）

邀请函发送出去后，花市迎来了新顾客，工作人员热情地接待每一个新顾客，并为新顾客做介绍。

这时，正在银行取钱的嘉禧突然大喊：银行没钱啦。

此时所有人都望向他。花市迎来新的客人，银行的钱不够该怎么办呢？

嘉禧：我们每人每次最多取三张钱币，用完再去取，不能一次取太多。

晨悦:可以帮老板干活制作年货,让老板给我们支付钱币。

通过讨论,大家决定在"银行"没钱时可以给各店铺的老板打工,如制作年花或年货,通过工作的方式来获取钱币或物品。幼儿不断思考和调整,迎春花市吸引了更多顾客,花市十分繁忙。

图 3-4-10 制作年花

💡【思考与支持】

幼儿提出的观点"付出劳动才有所得"得到大家认可,大家纷纷用自己的方式换取商品。真实的问题情境正是触发幼儿自主学习的最佳契机,成就感让幼儿的探索兴趣越发浓厚,他们不断自主探究、深入学习。

总结与反思

1. 幼儿的学习与发展

（1）情感态度方面

在整个过程中,幼儿想说、敢说、喜欢说,能够开动脑筋、创新思考,丰富多彩的迎春花市活动赋予了幼儿快乐、积极的情感体验,让幼儿的天性得到充分释放。

（2）知识经验方面

幼儿通过学习不断了解迎春花市的特点,认识不同类型的年花,丰富了逛花市的经验。幼儿的认知由浅入深、由易到难,他们逐步深入学习探索,获取解决问题的经验。

（3）学习品质方面

幼儿在游戏中通过取号等措施有序排队，养成良好的规则意识。遇到问题能主动探究和尝试用自己的办法解决，提升了自主解决问题的能力和深度学习的能力。

2. 教师的支持策略

（1）隐性支持

环境支持。在走廊和教室内布置相关情境，营造浓厚的新年氛围。在阅读区投放关于新年或者年花的绘本，如《花事》《新年》等。投放适宜的材料，在环境中展示幼儿的年花或绘画作品。

材料支持。投放各种制作年花的材料，并逐步增添美工材料、加工材料和装饰材料，让幼儿通过充分想象来创设不一样的年花。随着幼儿们的兴趣和游戏情节的变化不断更新材料，支持幼儿生成新的玩法。

情感支持。创设自由、宽松的语言交流环境，引导幼儿思考和表达，让幼儿做游戏的主人。鼓励幼儿不怕困难，积极寻找办法，坚持不懈做好一件事情。

联动家长支持。家长与幼儿一同填写调查问卷《年花知多少》，收集自然材料，上网查找资料，了解年花的寓意并记录下来。

（2）显性支持

活动支持。在幼儿遇到问题时，教师及时通过相关活动引发幼儿思考和计划如何解决问题。幼儿在探讨沟通解决问题时，也提升了交往合作能力。

师幼互动。教师关注幼儿在活动中的表现和反应，敏感地察觉他们的需要，及时以适当的方式作出回应，形成合作探究式的师幼互动。教师为幼儿创设了很多自由交往以及合作的机会，幼儿的合作能力得到了提升。

▼ 游戏路径图

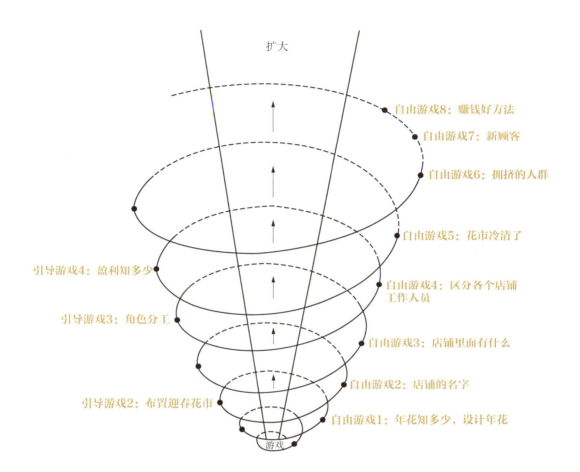

扩大

自由游戏8：赚钱好方法

自由游戏7：新顾客

自由游戏6：拥挤的人群

自由游戏5：花市冷清了

引导游戏4：盈利知多少

自由游戏4：区分各个店铺工作人员

引导游戏3：角色分工

自由游戏3：店铺里面有什么

自由游戏2：店铺的名字

引导游戏2：布置迎春花市

自由游戏1：年花知多少，设计年花

游戏

杏仁饼工坊

年龄段：大班

中山市沙溪镇中心幼儿园

冯永媚、刘锦弥、周丽华

■ 背景信息

咀香园杏仁饼厂作为中山市具有代表性的本土文化企业，其发展历史与工艺等是中山市珍贵的本土文化资源。前段时间，家长们带孩子到咀香园杏仁饼厂研学，回来后孩子对杏仁饼厂里的所见所闻充满兴趣，自主游戏时几个孩子在角色区玩起了"开杏仁饼店"的游戏。他们把收集到的各种杏仁饼盒摆开，就开始"卖杏仁饼"了，可是来买的客人太少了，"老板"不知如何是好。

图 3-5-1　自发买卖游戏及研学活动

为了能让孩子在游戏中了解中山杏仁饼的历史和制作工艺，激发文化自信，在游戏中发展社会交往能力、解决问题能力等。"杏仁饼工坊"开始了。

■ 游戏准备

1. 材料准备

活动材料：各种形状的杏仁饼盒、罐子、超轻黏土、饼模、塑料刮刀等。

食用材料：绿豆粉、杏仁、猪油、牛油、糖等。

2. 环境准备

在走廊创设相关情境，介绍咀香园杏仁饼的历史、制作方法、材料、各式模具，展示各种包装、不同口味的杏仁饼。

布置教室外走廊、乐高区和美食城等游戏场地。

3. 经验准备

幼儿参观过中山咀香园杏仁饼厂，体验过用饼模制作杏仁饼，并对杏仁饼厂的环境、各个部门的工作有一定的了解。

■ 游戏历程

杏仁饼工坊游戏由开始的几名幼儿到最后全班 35 名幼儿参与，经历了 3 个阶段，持续 10 周，由 10 个游戏构成。

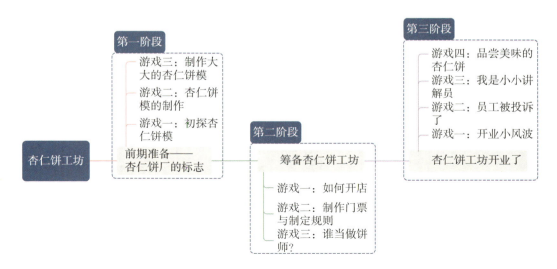

第一阶段：前期准备——杏仁饼厂的标志

游戏时间，几个孩子在角色区里把杏仁饼盒摆开，玩起了卖杏仁饼的游戏，可是一直都没有客人来买。游戏小结时，老师问：今天游戏遇到什么问题？

施毅说：没有客人，他们都不知道我们开了杏仁饼店。

老师问：怎样才可以让更多的人知道我们开了杏仁饼店呢？

华浩说：咀香园饼厂的门口有个大大的杏仁饼标志，一看就知道是杏仁饼厂了，我们也做一个。

萧莹说：我们做真正的杏仁饼吧，客人闻到香味就会来买了。

还有孩子想到了做广告、把杏仁饼店搬到走廊外面、吹气球吸引客人等方法。

游戏一：初探杏仁饼模（进行时间：2天）

游戏时老师问：你们准备用什么材料制作大大的杏仁饼模具呢？

施毅：用积木拼出来。

萧莹：用彩纸画出来。

华浩：用纸板做出来。

郑浩：用乐高拼。

楚煜：用气球做。

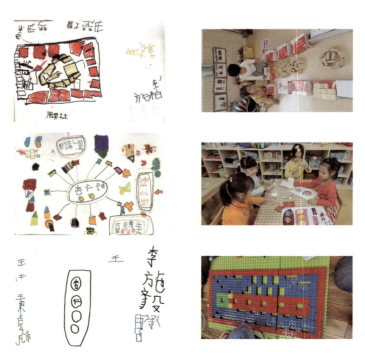

【思考与支持】

　　对于幼儿的奇思妙想，教师没有急着作过多评价，而是给予支持，并提供了各种材料，让幼儿分组计划、选择自己需要的材料制作，让幼儿在实践中验证自己的想法。

游戏二：杏仁饼模的制作（进行时间：3 天）

在尝试了使用不同的材料后，幼儿选定了用纸板制作。

华浩、华翰在纸板上画出饼模，华浩找到了刮画笔，他先沿轮廓线戳出一个个小洞，然后手指用力一顶，杏仁饼模具出来了，华浩兴奋拿着成品告诉老师成功了。

但孩子们都觉得他的模具不够漂亮。老师让孩子想一想如何制作出既美观又漂亮的杏仁饼模具。

华浩：我们可以把步骤先画下来。

芊瑶：可以先画一张设计图。

静雯：画上漂亮的颜色。

在这五六名孩子的带动下，全班的孩子都加入了制作活动，他们不断进行尝试，

287

作品也越来越美观、漂亮。

图 3-5-3　初步的杏仁饼模具成品与展示

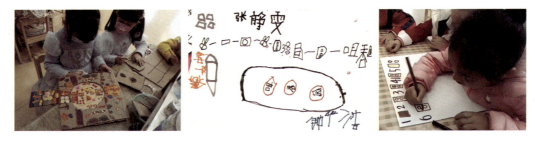

图 3-5-4　深入研究，制作计划和步骤图

💡【思考与支持】

　　为了让幼儿保持兴趣，教师让幼儿自主解决问题，为幼儿提供实验与分析比较的机会，不断推进幼儿在游戏中的深度学习。每次活动后都及时展示幼儿的作品，为他们提供形式多样的材料和随时随地都可以制作、欣赏作品的机会。

游戏三：制作大大的杏仁饼模（进行时间：1 周）

在做纸板大饼模时芊瑶说：纸板太硬了，用剪刀和刮画笔做，手太累了。

振轩说：木工区好像有许多工具。

芊瑶说：美术室也有许多材料，我们去找找吧！

教师让孩子到木工区和美术室寻找材料。最后孩子在木工区找到了锤子、螺丝刀、手套、大小锯子、各种雕刻刀。在试用后，他们把手套、大小锯子、三种雕刻刀等带回了活动室。

静美：老师，我觉得现在的模具太小了，要做一个大大的杏仁饼模具，这样客人才容易看见。

芊瑶：我们可以借老师的长尺子量，大饼模要比小朋友高，大约三把尺子那么高。

有了之前多次制作的经验，孩子们这次先做好了制作步骤图和分工图。

他们还用丙烯颜料、超轻黏土、干花瓣等进行装饰，大杏仁饼模具终于做出来了，孩子们开心地与它合照。

图 3-5-5　设计图与制作过程

图 3-5-6　杏仁饼模具及各阶段作品的展示

💡【思考与支持】

　　幼儿在这一阶段的游戏中，遇到了造型难以展现、作品粗糙、制作费时、工具不合适等问题，教师能关注到幼儿的问题并及时提供帮助。允许幼儿到园内各场所寻找材料，并鼓励幼儿通过尝试、寻找工具、合作等方式解决问题，充分发挥幼儿的主体地位。

第二阶段：筹备杏仁饼工坊

游戏一：如何开店（进行时间：1周）

游戏前，教师与幼儿讨论杏仁饼工坊的计划。

教师：你们的杏仁饼工坊开在什么地方？有哪些部门？有哪些工作人员？

郑浩：对面的美食城。厨房里面要有厨师，一位厨师负责拌粉，一位厨师负责做饼，一位厨师负责烤饼。

雨诺：还要有一个餐厅。

施毅：不是餐厅，是品尝区。

教师：品尝区设在哪里？工作人员要做什么工作？

思涵：品尝区可以在走廊，工作人员要倒水、拿饼给客人吃。

俊朗：还要有一个展览区，需要一个导游向客人介绍杏仁饼和带着客人去参观。

梓豪：还要有一个保安，保护我们的饼不被偷走。

雨诺：要有一个收银员，客人买了饼就要收钱。还有，客人要买门票才可以进来。

讨论后，教师让幼儿自由分组做计划，他们分成五组负责五个区域：厨房、品尝区、展示区、收银区、打包区。在做计划时孩子们选择了自己喜欢的角色，并把自己负责的事情记录下来。

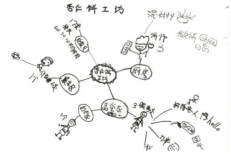

图 3-5-7　各部门工作计划图

【思考与支持】

　　幼儿已有去中山杏仁饼厂参观的经验,对于杏仁饼厂各个地方都有一定的认识。在游戏中教师让幼儿讨论规划,让幼儿自己决定,支持幼儿自行成立杏仁饼工坊的五个部门,让幼儿根据自己的兴趣和特长选择要加入的部门,自行收集材料。

图 3-5-8　收集材料及创设情境

游戏二:制作门票与制定规则(进行时间:1 周)

经过了一段时间的筹备,杏仁饼店就要开张了,孩子准备制作门票。

思涵:杏仁饼店有五个区域,我们要画五种门票。

静雯:那我来画钱币吧!

雨诺:老师奖励了很多积分卡片给我们,小朋友可以用积分买门票。

思涵:买了哪个区的门票,讲解员就带他去哪个区玩。

郎朗:讲解员要在门口验票,验完票客人才可以进去。

教师:那票卖完了怎么办?

施毅:客人进店后我们要把门票收回,这样下一批客人就可以用了。

教师:这样的方法不错,我们可以试试!

【思考与支持】

　　如何让游戏变得更好玩，是本次游戏中教师关注与支持的重点。为此教师通过谈话激发了幼儿回忆在杏仁饼厂研学的经历，利用有效的提问与形式多样的材料支持幼儿游戏的发展，还为幼儿提供了操作、预测和实验的机会。

图 3-5-9　制作及整理门票

游戏三：谁当做饼师？（进行时间：2周）

　　对于做饼师这一角色孩子们都争相扮演。这时老师提出：你们都会做饼吗？孩子们都说：会，之前去参观杏仁饼厂的时候做过。华浩：对！把粉放在饼模里压一下，然后敲出来就行了。教师：那粉是怎样做出来的？孩子们不吭声了。静美：我们可以

图 3-5-10　幼儿研学，教师介绍做饼方法

上网看看,我看见妈妈做曲奇饼的时候是一边看着手机视频一边做的。**教师**:好,那你们回去问问爸爸妈妈,学会了我们就举办一个做饼比赛,谁做饼又快又好就当做饼师! 于是,孩子们开启了对制作杏仁饼的探索。

图 3-5-11　家长进园,幼儿学做杏仁饼

【思考与支持】

　　制作杏仁饼的确是很有挑战性的。教师选择让幼儿尝试,幼儿园的其他工作人员和家长也在做饼的活动中给予了尽可能的支持,共同为幼儿准备了真的杏仁饼制作材料和工具。家长进园教幼儿做杏仁饼,幼儿也在游戏体验中真实地实践,总结了成功的经验。

第三阶段:杏仁饼工坊开业了

游戏一:开业小风波(进行时间:1周)

　　杏仁饼工坊开业了,扮演客人的几个孩子在走廊来回走着,负责收银的雨诺问:还没开店吗?

　　过了十多分钟,施毅、郎朗拿着花球走到教室里一边拍手一边叫:杏仁饼工坊开业了! 开业了! 这时正在其他区域游戏的十多名孩子兴奋地拿着手提包跑向杏仁饼工坊。

收银台前瞬间挤满了客人,有的等着买票,有的迫不及待就直接进店了。买完票的客人直接走到厨房的做饼区,走廊的收银台、展示区、品尝区刚才喧闹的场面一下子变得冷清了。十多位客人挤在做饼区,有的拿到工具就开始做饼,有的拿不到工具就在旁边看着,有的无所事事到处闲逛。

教师在游戏小结时让孩子观看这几天的游戏视频,引导他们发现问题并寻找解决的办法。

问题一:什么时候开业?

幼儿讨论后商量出了解决方法:五个部门都准备好了才可以开业,如果没有准备好,就要互相帮忙;在门口贴一张纸代表还在准备,纸拿走了就代表开业了。

问题二:一大堆客人挤在门口怎么办?

幼儿讨论后商量出了解决方法:在收银区到饼店之间要增加一扇门,客人在收银区买了票才可以进去饼店,票要收回;验完票,讲解员要带客人到各个区参观,如果客人还是太多了,可以让他们先去大饼模那里拍照;增加入口、出口标志。

图 3-5-12　门口挤满了客人,弄个拉闸　　　　图 3-5-13　有序地买票与验票

【思考与支持】

　　大部分幼儿有较强的角色意识,但对具体任务不够清楚,计划性不强。教师引导幼儿明晰开业前后需要做的事情,先计划再游戏。通过回看自己游戏过程的视频,讨论解决办法。

游戏二：员工被投诉了（进行时间：1 周）

由于孩子们想体验游戏中的不同角色，他们经过商量更换了工作人员的角色。游戏时，客人思涵苦恼地说：老师，我要投诉。教师：发生什么事啦？

思涵：我去杏仁饼工坊游戏时讲解员没有讲解，拍照时我都没有摆好姿势就说拍好了，我要投诉他们。

另一位客人楚煜也说：我去品尝区，开始时没有饼也没有碗，后来有饼了，但是没有勺子。

工作人员华浩说：我跟艺帆一起，他什么事都不干，全部都要我干。

教师：那怎么办呢？如果再这样杏仁饼工坊就要关门了。

教师：今天全部的工作人员都是新上岗的，有什么办法可以让新上岗的工作人员很快就知道每个岗位要做的事情呢？

静雯说：大家把自己的工作内容画下来就可以了。

华浩说：还可以告诉他们要做什么。

孩子们觉得这个办法很好。午餐后，孩子们记录了自己岗位的工作流程，并互相介绍。

图 3-5-14　工作人员以绘画形式记录工作流程并进行介绍

💡【思考与支持】

对于幼儿的投诉，教师首先认可幼儿的情绪，让幼儿大胆地说出了自己的诉求，没有责备被投诉的幼儿，而是通过有效提问引导幼儿想办法解决问题，鼓励幼儿承担责任。

游戏三：我是小小讲解员（进行时间：1周）

杏仁饼工坊又开业了，讲解员郎朗领着客人在门口排队，施毅在厨房忙了一会儿后也出来了。他们一起给客人验票，验完票后把客人分成了两队，郎朗带着一队五个客人走进了厨房，施毅带着五六个客人进了展示区进行讲解介绍：这里是展示区，展示了杏仁饼的传统制作方法和现代制作方法……这是杏仁饼和制作杏仁饼的材料，有绿豆粉、杏仁粉……这是不同口味的杏仁饼，有传统口味、芝士口味……施毅一边说一边用手指着展示区的宣传图和物品。

游戏小结时，芊瑶说：今天的讲解员很好，给我讲解和拍照了。华浩：老师，我也想当工作人员。

💡【思考与支持】

通过游戏小结，幼儿们找到了解决的方法，明晰了自己的职责；活动丰富了幼儿对杏仁饼的认识，"讲解员"增强了自信心。

图 3-5-15　给爸爸妈妈介绍

图 3-5-16　小小讲解员比赛

图 3-5-17　游戏中讲解员作介绍

游戏四:品尝美味的杏仁饼(进行时间:1周)

孩子们成功做出了杏仁饼。品尝区的萧莹问:老师,这些饼可以吃吗?

教师:当然可以! 烤熟就可以吃,你们觉得放在哪里吃比较好?

静美:放在品尝区吧,以后就可以吃上我们自己做的杏仁饼了。(之前品尝区给客人试吃的杏仁饼是幼儿园买的成品)

孩子们闻着饼的香味,品尝着自己做的杏仁饼,情不自禁地说:好香呀! 太好吃了!

图 3-5-18　称粉·混合

图 3-5-19　拌粉，做饼

图 3-5-20　烤饼，品尝

【思考与支持】

在教师的支持下，幼儿在游戏中逐步学会了沟通协调、共同解决问题。教师让幼儿在游戏中获得真实的体验与生活经验，给予了幼儿充分的操作机会，也助推了游戏情节的深入发展。从学做饼到品尝自己制作的杏仁饼，幼儿在游戏中体验了成功和快乐。

总结与反思

1. 幼儿学习与发展

（1）情感态度方面

整个过程中，幼儿都处于积极主动的状态，在自由、自主的探究中深入地了解了中山咀香园杏仁饼这一非遗传统工艺,传承了中山文化。幼儿能与同伴协商制定游戏规则,通过讨论商量、自我推荐、投票表决、小组合作等方式解决问题,并学会了互相谦让、互相配合。

（2）知识经验方面

幼儿认识了杏仁饼厂的主要部门,并初步了解了其运作方式。在学做杏仁饼的过程中认识了制作杏仁饼的材料和工具,学会了拌粉、使用电子秤和做出完整的杏仁饼。

（3）学习品质方面

在整个游戏过程中,幼儿始终保持积极主动、坚持专注,遇到问题能勇于尝试,找出解决方法、总结经验。

2. 教师的支持策略

（1）隐性支持

环境支持。在教室、走廊创设相关情境,展示杏仁饼店场景、古法和现代制作的流程图、真实的杏仁饼、制饼工具等,让幼儿充分感受传统工艺文化氛围。用幼儿制作的杏仁饼模具进行环境创设,肯定了幼儿的创作成果,让幼儿可以在真实的环境中进行"真游戏"。

材料支持。幼儿从用纸板制作杏仁饼模到主动收集各种材料,教师一直关注幼儿的需求和想法,并予以鼓励和支持。当幼儿提出做真饼售卖时,教师也提供了安全真实的材料和工具,让幼儿真正地体验烘焙制饼。

情感支持。活动中教师始终尊重和支持幼儿的想法,鼓励幼儿选择自己喜欢和感兴趣的工作、小组开展游戏。教师更是以同伴、参与者的角色推动游戏的发展。

联动家长支持。家长带领幼儿多次到咀香园杏仁饼厂进行研学,并完成调查表;进园教授做饼的方法让幼儿体验制作杏仁饼。

（2）显性支持

活动支持。当幼儿在游戏中遇到未能解决的困难时,教师会组织相关的活动，拓展幼儿的认知，支持幼儿的游戏往更深层次发展。

师幼互动。在整个游戏过程中教师营造积极的氛围，关注幼儿的想法并支持幼儿的计划和行动，允许幼儿按意愿选择游戏场地、材料和角色开展游戏，教师通过有效提问激发幼儿思考，共同寻找解决问题的办法，让幼儿形成了"计划——工作——回顾"的良好习惯，推动游戏发展。

▼ 游戏路径图

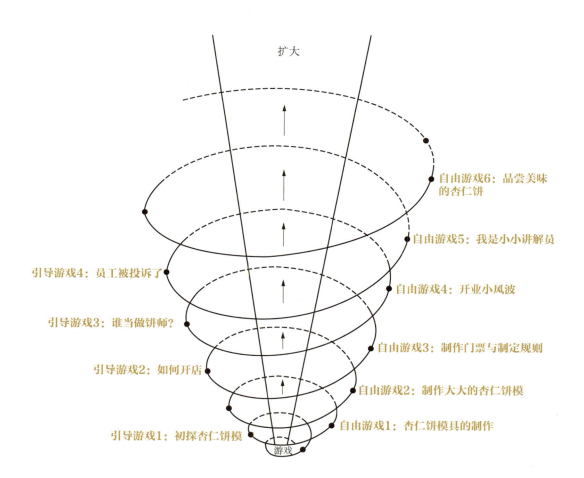

扩大

自由游戏6：品尝美味的杏仁饼

自由游戏5：我是小小讲解员

引导游戏4：员工被投诉了

自由游戏4：开业小风波

引导游戏3：谁当做饼师？

自由游戏3：制作门票与制定规则

引导游戏2：如何开店

自由游戏2：制作大大的杏仁饼模

引导游戏1：初探杏仁饼模

自由游戏1：杏仁饼模具的制作

游戏

趁墟之旅

年龄段：大班

中山市石岐幼儿园

谭如君、李诗彤

▌背景信息

北有赶集，南有趁墟。在中山，"趁墟"的历史悠久，沙岗墟在当地居民生活中一直扮演着重要角色。沙岗墟是集农副产品贸易、饮食、文化、娱乐、休闲、旅游景点为一体的场所。每月逢农历三、六、九开市。开市时喧沸热闹，极具传统特色。

自主游戏时，韬韬和国靖在角色游戏区开了一个小摊，成为了摊主。他们兴高采烈地叫喊着：沙岗墟大甩卖，走过路过不要错过，精品好礼带回家！这吸引了许多

图 3-6-1 "沙岗墟"自主摆摊游戏

其他幼儿前来围观和参与游戏。他们在角色游戏区开起了一个个小摊,大家共同开启了一场"趁墟之旅"。

▋ 游戏准备

1. 材料准备

基本材料:桌子、椅子、各种架子、箱子、筛子、布偶、套圈、透明收纳盒、仿真鱼、小水桶、塑料鱼缸、捞鱼网、自制盆栽、各种玩具、纸杯、吸管、秤等。

拓展材料:纸皮、大小纸巾筒、彩纸、水果网袋、塑料袋、空瓶子、双面胶、超轻黏土、卡纸、圆木板、小积木等。

2. 环境准备

幼儿将游戏场地划分为玩具店、零食店、水族馆、花店、水果店、套圈店六个店铺,布局如图 3-6-2。

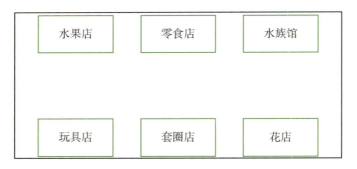

图 3-6-2

3. 经验准备

家长带幼儿去沙岗墟实地参观和体验过,幼儿对趁墟有一定的了解;幼儿和同伴一起玩过理发店、餐厅相关的游戏。

▋ 游戏历程

"趁墟之旅"从开始到结束,全班 39 名幼儿全程参与,经历了 15 周,分 3 个阶段,由 9 个游戏构成。

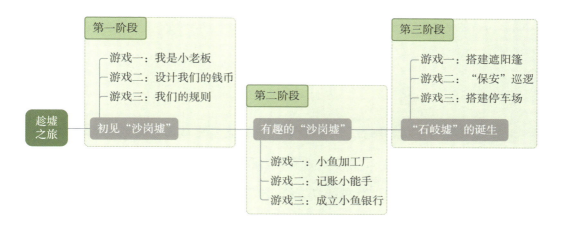

第一阶段:初见"沙岗墟"

游戏一:我是小老板(历时:2 周)

幼儿兴致勃勃地讨论着关于开店的各种想法。

尧尧提出了一个问题:我们要开什么店呢?

昕泽:我想开一家玩具店!

悦悦:我要开一家零食店,卖各种糖果、饼干、巧克力、棉花糖,这样每个人都能买到自己喜欢吃的。

梓恒:沙岗墟有很多卖鱼和乌龟的,我开一家水族馆,3 元一条鱼,5 元一只乌龟。

彤彤:我要开一家花店,卖很多漂亮的花,我还要给我的花店起个名字,叫比心花店。

就这样,玩具店、发财零食店、开心水族馆、比心花店、小梨水果店、小人人套圈店

图 3 - 6 - 3　开设各种店铺

相继开业。幼儿在幼儿园和家里收集了一些"商品"，并给各自的店设计了招牌及价格牌。热热闹闹的"沙岗墟"买卖游戏就这样开始了。

【思考与支持】

　　幼儿在自主选择摊位、命名、设计招牌以及商定物品价格的过程中，不仅能体验游戏的乐趣，还锻炼了决策能力和团队合作能力。这个过程显示了他们的思维能力和细节观察力。幼儿的社会和数学经验也得到提升，这对他们未来的学习和生活都将产生积极影响。

图 3-6-4　提供辅助材料制作招牌、价格牌，亲子实地体验沙岗墟

游戏二：设计我们的钱币（历时：1周）

　　幼儿在各个店里挂着二维码，说是可以"扫码支付"。游戏时，"顾客"轩轩想买一辆小汽车，但是他没有手机无法扫码。怎么办呢？彤彤提议可以到美工区用纸写上"5元、10元、100元"等代替钱币。大家还找来了圆木板代替硬币。这时，妍妍在花店购买了一盆5元的盆栽，并以5张不同面值的钱币支付。由此可见，幼儿对钱币面额的认识比较模糊。为此，大家一起开展了认识人民币的活动。

　　认识了人民币后，幼儿对设计钱币产生了兴趣。于是教师提供了相关材料，支持幼儿自主设计游戏钱币。

　　萱萱：我要在纸币上面画一条小鱼标志，代表我们班。

　　洋洋：我要把我们幼儿园的园徽画上去。

国靖:我写上大一班,别人一看就知道是我们班的钱。

睿禹:1元是绿色的,2元是粉色的,5元是黄色的,10元是蓝色的。

潼潼:我画了旗子,还有一条金属线。

幼儿兴奋地设计钱币。钱币设计出来了,那怎样才能获得钱呢?幼儿聚在一起商讨出了一个有趣的主意:用贴纸来兑换钱币。他们决定,一个贴纸可以兑换一元钱。这个规则让游戏更加丰富、更有挑战性,激发了幼儿的创造力和合作精神。每当他们完成任务、作出贡献或表现出色时,则能获得贴纸作为奖励。

图 3-6-5　设计游戏钱币、兑换的过程

【思考与支持】

幼儿通过观察人民币,不仅清晰地了解了人民币上的数字、颜色、图案的意义,还积累了关于人民币的相关知识,对接下来的活动开展起到了很好的铺垫。他们用图画、符号、文字等方式进行设计,展现出了创造力和自主性。在买卖游戏中提高了运算能力,发现了生活中数学的有用和有趣。

图 3-6-6　认识、设计钱币,准备奖励本

游戏三：我们的规则（历时：2周）

游戏回顾时,幼儿谈到了自己不愉快的游戏体验:老板经常不在店里、大家抢着当老板、顾客不排队等。针对以上问题,幼儿有各种想法。

之之:老板要去招揽顾客,给顾客介绍商品,最后负责收钱。

曦曦:没有顾客的时候,老板可以去整理商品、补货。

均均:每个摊位最好有两个老板,一个负责收钱,一个负责招揽顾客。

萱萱:人多的时候,顾客要排队结账。

为了让幼儿更进一步了解各角色的分工,我们鼓励幼儿周末时与父母一起去逛沙岗墟,近距离体验和观察不同人的语言及行为,同时在家中与父母一起玩买卖游戏;此外,在班上我们开展了相关的阅读分享活动,进一步支持幼儿的兴趣。明确了游戏的角色及内容后,幼儿分组合作,共同制定了老板分工表、游戏计划表,做好前期准备。

图 3 - 6 - 7　角色工作职责图、老板分工表、游戏计划表

💡【思考与支持】

　　游戏中,幼儿遇到的问题是对游戏规则不了解和角色分工不合理所导致的。幼儿对于角色的认识来源于对周围生活的观察,理解较为粗浅,还不够深入,导致游戏时出现了问题。幼儿用书面表征的方式记录下老板的工作职责,并通过制定角色分工表、游戏计划,与同伴友好协商、分配角色,积极思考并解决游戏过程中出现的问题。

图 3-6-8　通过不同形式的活动来丰富经验

第二阶段:有趣的"沙岗墟"

游戏一:小鱼加工厂(历时:2周)

沙岗墟的生意越来越红火,顾客源源不断,商品数量逐渐减少,幼儿讨论如何解决。

昕昕:我们可以用自己带来的玩具换钱。

杰杰:我们可以开一个加工厂,自己制造商品。

悦悦:去美工区啊!那里有很多材料。

　　在经过充分的讨论后,幼儿决定采用两种创意方法:一是通过以物换钱的方式来解决商品短缺的问题;二是建立一个"小鱼加工厂",以丰富摊店的商品。

　　幼儿一起来到美工区,开始收集各种低结构材料并动手制作,如花店里的植物盆栽、水果店里的水果等。他们用这些自制的商品来充实摊店的货架,以满足顾客的需求。除此之外,他们还自己动手制作了榨汁机、冰箱等各种工具。

图 3-6-9 自制商品及工具

💡【思考与支持】

　　在游戏中创设不同的场景,可以让幼儿在不同场景中体验不同的挑战和任务。这种方式可以促进幼儿之间合作和资源共享,进一步增加了游戏的乐趣和教育性。

图 3-6-10 提供不同环境推进游戏

游戏二:记账小能手(历时:2 周)

　　在游戏中,幼儿发现了一个有趣的问题:如何既清晰又简单地记录他们的收入呢?他们组成了不同的小组,每个小组在游戏的不同阶段尝试了不同的记录方式,以找到最适合他们的方法。

第一个阶段,之之提出了一个方法:将不同面值的钱币放在一起,分开记录每种面值的数量,最后将它们相加算出总收入。

第二个阶段,研研提出了另一种方法:记录每一笔交易的收入,将它们相加得出总收入。

第三个阶段,科科提出了一种更系统的方法:先绘制表格,记录卖出的商品、数量和价格,然后再计算每笔交易的收入,最后将它们相加得出总收入。

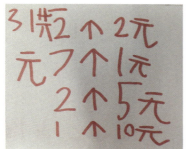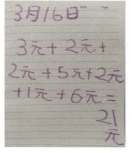

图 3-6-11　不同阶段的记账方式

💡【思考与支持】

　　不同的记账方式让他们有机会选择最适合自己的方法,同时也培养了他们的数学和逻辑思维能力。幼儿在游戏中逐渐完善记账方式,感受生活中数学的魅力,学习了点数和运算等数学核心经验。

图 3-6-12　记账、清点营业额

游戏三：成立小鱼银行（历时：2周）

多次游戏后，各个摊店里的营业额越来越高，兑换处的钱越来越少。于是，幼儿有了新的想法：把兑换处改成银行。各摊店里的钱就可以存进银行里，顾客的钱也可以存进银行里，需要用钱的时候再去银行取。为了帮幼儿更好地了解银行，教师再次请家长带领幼儿参观银行。第二天幼儿带着自己的发现来分享。

杰杰：去银行要先拿号，然后坐着等待。

俊涵：我看我妈妈取钱要用银行卡，还要输密码。

彤彤：可以用银行卡和存折取钱。

霏霏：还要有保安，不然就会有坏人。

楚妍：里面的工作人员都是坐着的，前面有一大块玻璃挡着。

思语：我妈妈带我去的是中国银行。

峰峰：那我们叫小鱼银行吧！

在认识银行后，教师协助幼儿寻找相关材料，鼓励幼儿各自分工，开始游戏。

图 3-6-13　模拟银行游戏

【思考与支持】

　　幼儿用各种低结构的材料制作出了取号机、密码键盘、操作台等，他们在游戏中扮演银行职员的角色，如柜员、大堂保安，以模拟真实银行工作。幼儿在游戏中也扮演顾客，需要取号等待、兑换货币、存款、取款等，增加角色多样性，增强了不同角色之间的互动和合作，推动游戏向更复杂的情境发展。

图 3-6-14　去银行体验,搭建银行

第三阶段:"石岐墟"的诞生

热闹的沙岗墟游戏引起了其他班级小朋友的关注。他们也想加入游戏,但是班上的沙岗墟容纳不了太多人,悦悦提议将"沙岗墟"搬到幼儿园一楼大堂,并把"沙岗墟"以幼儿园名称改为"石岐墟",约定周一、周三、周五开墟。之之和侨侨来到了美工区,自己动手设计好了宣传单,并自发地到其他班进行宣传,邀请大家来参与石岐墟游戏。

开墟第一天,"老板们"早早地在各个摊店里做好了一切准备,等待顾客们的光临。扮演老板的幼儿热情地吆喝着:快来呀,我们这里有新鲜的果汁,天气热了来一杯吧! 我们这里有很多有趣的玩具,谁套中了就是谁的,快来玩吧! 参与游戏的小朋友越来越多了,老板们卖力地招呼着,顾客们一会儿看看这边一会儿看看那边,大家忙得不亦乐乎。

图 3-6-15　宣传石岐墟开业

游戏一：搭建遮阳篷（历时：2 周）

随着游戏不断深入，幼儿又发现了新问题，并萌发了许多新的想法和创意。

菲菲：户外太晒了，我们可以像沙岗墟那样搭建遮阳篷。

悦悦：这么高，用什么来搭啊？

恒恒：可以用长管或者木棍，幼儿园有，我去找。

銮銮：我们先把搭建的方法画下来，这样才能快点搭好。

幼儿在园里找到了各种各样的遮阳篷并进行了观察，初步了解遮阳篷的外形、结构及材料等，为搭建遮阳篷做好了充分的经验准备。

随后幼儿把遮阳篷的设计图及搭建方法画出来，并寻找了 PVC 管和木棍作为遮阳篷支架，又拿来热熔枪、热熔胶、锤子、钉子等辅助材料来粘贴固定。他们尝试用不同材料、不同的固定方式搭建支架，从而寻找到最优的搭建材料。

通过搭建遮阳篷支架，测量遮阳布尺寸、裁剪篷布、安装篷布，幼儿共同完成了遮阳篷的搭建，他们还共同搭建了不同款式的遮阳篷。

图 3-6-16　搭建不同款式的遮阳篷

💡【思考与支持】

　　围绕新问题，教师提供适宜的材料支持幼儿合理规划、有效合作，从提出搭建遮阳篷到关注遮阳篷的高度，再到发现不同材料的特点，最后制定了设计图和搭建方法，幼儿的创造性思维得到了较好发展，团队协作、分析问题和解决问题的能力不断提升。

图 3 - 6 - 17　认识各种遮阳篷

游戏二:"保安"巡逻(历时:1 周)

每家店铺前聚集了大量的顾客,出现了拥挤、插队、忘记付钱等情况。老板们忙前忙后地招呼着,无暇顾及这些问题,导致游戏现场秩序混乱。针对以上问题大家又开始了讨论。

恒恒建议:我们可以有个保安来巡逻,负责管理,维持秩序。

齐齐:对! 保安会让我们的市场更有秩序,大家都会更开心。

幼儿一致同意引入小保安,于是他们开始着手搭建一个小保安亭。他们找到了一些纸箱,用它们搭建了一个亭子的框架,然后用无纺布覆盖在上面,亭子内部放置了小椅子,可供休息和商讨事情。

搭建好小保安亭后,幼儿非常兴奋,他们开始分批轮流扮演小保安,进行巡逻以确保秩序良好。

图 3 - 6 - 18　小保安巡逻

【思考与支持】

　　幼儿们不仅提出了解决方案，还采取了实际行动，搭建了一个小保安亭，彰显了他们无限的创造力和付诸实践的主动性。幼儿在轮流扮演小保安的过程中，培养了合作、协调和组织能力。将小保安和保安亭融入游戏情境中增加了趣味性、互动性，有助于社交技能的发展。

图 3-6-19　提供材料支持幼儿搭建

游戏三:搭建停车场(历时:1 周)

　　有个别幼儿模拟成人出行，开着幼儿园的"小汽车"去"石岐墟"，但却把车子随意停到旁边，这给路过的顾客们造成了困扰，幼儿开始思考如何才能解决这一问题。

　　豪豪:我们可以搭建一个停车场，有专门的停车位置，车辆就不会乱停了。

　　锋锋:那还得需要保安来负责看管车辆。

　　轩轩:是的，停车要收费的，保安还要负责收钱。

　　皓杰:出入口两边要做个升降杆。

　　幼儿一边说一边规划起停车场，很快，他们完成了停车场的布局规划图，划分出了停车位，制作好停车标志。在大家的齐心协力下，共同合作完成了停车场的搭建，车辆也都按照划定好的停车区域整齐地停放。

图 3 - 6 - 20　搭建停车场

💡【思考与支持】

　　幼儿敏锐察觉到问题，接着积极提出解决问题的建议。通过大家共同努力，成功地搭建了停车场，并将车辆整齐地停放在划定的区域内。这个过程体现了他们的创造力和动手操作能力，进一步促进了合作和协商的能力。教师在这个过程中为他们提供了材料，同时鼓励他们尝试改进方案，促进了幼儿的创造性思维、社交技能和团队协作能力的发展。

　　各店铺前的顾客怡然自得地挑选物品，小老板们眉飞色舞地介绍着商品，等待区的顾客们愉快地交谈着，停车场的车辆整齐地摆放着，路上车来人往，小保安正来回巡视着，大家都在自己的"岗位"上努力工作，石岐墟呈现出一派热闹又井然有序的景象。

图 3-6-21　热闹的石岐墟

█ 总结与反思

1. 幼儿的学习与发展

（1）情感态度方面

游戏中，幼儿表现出浓厚的兴趣和热情，在中山传统商贸市场中，感受中山人的热情和商贸文化，培养了热爱家乡、热爱祖国的情感。通过互相合作、分享、倾听和互动，建立了积极的同伴关系，培养了友谊和团队精神。

（2）知识经验方面

游戏中，幼儿不仅了解了人民币的用途和含义，还了解了商品的生产和交易过程。在一起制定规则的过程中，他们分工合作、共同协商、解决挑战，这些经验将对他们未来的学习和社交发展产生积极影响。同时通过角色扮演和亲身体验，幼儿获得了有关市场、资源管理的实际经验，这为他们未来的学习打下了坚实的基础。

（3）学习品质方面

幼儿积极主动地思考、解决各种问题，表现出了认真专注的学习态度，培养了自主、自信的学习品质。

2. 教师的支持策略

（1）隐性支持

材料支持。教师提供了多样化的材料，为幼儿的创造性活动提供了有力支持。

环境支持。师幼共创的游戏环境，有适宜的场地和积极的氛围，促进幼儿角色扮演的发生和发展。开放、自由、适宜的环境氛围，促进了幼儿的想象力、创造力和合作精神的发展。

情感支持。教师在游戏过程中，肯定了幼儿的努力和创意。支持幼儿勇于尝试新想法，并从失败中学习，激发了幼儿游戏和学习的主动性，帮助幼儿建立自信心和获得价值感。

联动家长支持。教师充分调动家长与幼儿进行亲子研学、收集游戏材料等，为幼儿的游戏提供了各类保障。

（2）显性支持

活动支持。多样化的活动，如，引导幼儿进行数学运算，应用数学概念，组织实地参观、绘本阅读、查找资料等活动，丰富了幼儿的学习体验，使他们能够将理论知识与实际生活相结合，从而成为更有创造力和综合能力的个体。

师幼互动。教师为幼儿提供指导、建议和反馈，促进了幼儿的逻辑思维和解决问题的能力的发展。

▼ 游戏路径图

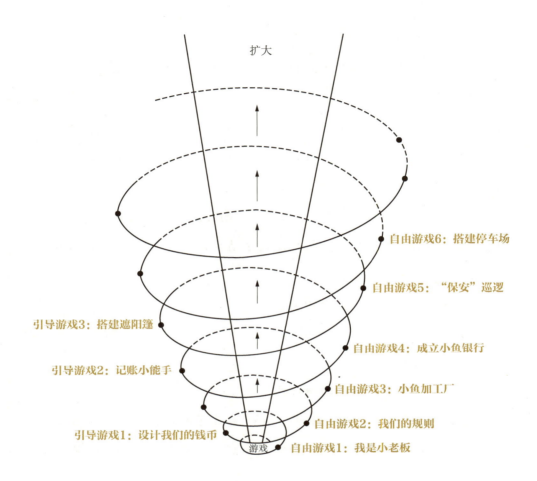

扩大

自由游戏6：搭建停车场

自由游戏5："保安"巡逻

引导游戏3：搭建遮阳篷

自由游戏4：成立小鱼银行

引导游戏2：记账小能手

自由游戏3：小鱼加工厂

自由游戏2：我们的规则

引导游戏1：设计我们的钱币

游戏

自由游戏1：我是小老板

第四章

表演游戏

04

石头仔的一天

年龄段：大班

中山市沙溪镇云汉幼儿园

李海英、杨　盈、孙爱分

▌ 背景信息

中山市是中国近代伟大的民主革命家孙中山先生的故乡。绘本《石头仔的一天》描绘了童年时的孙中山跟许多同龄的农家孩子一样，上山砍柴、下田插秧除草、出海捕鱼的故事。

一次餐后自由阅读时，几名幼儿翻阅了绘本《石头仔的一天》，有幼儿发现绘本里的人物穿的衣服、发饰、鞋子跟我们现代人穿着打扮都不一样，幼儿对此感到好奇，并纷纷讨论起来，接着有更多的幼儿参与到讨论中，于是表演游戏开始了。

▌ 游戏准备

1. 材料准备

基本材料：各种颜色、材质的布料。

辅助材料：纸皮、箱子、各种夹子、扭扭棒等。

工具材料：裁剪用的剪刀、尺子、粉笔；缝补用的针线；超轻黏土、热熔枪、白乳胶、订书机；设计用的纸、笔等。

2. 环境准备

投放相关的绘本，师幼一起规划布置表演区的环境。

3. 经验准备

幼儿有开展故事表演的经验，有一定的分工合作能力；对设计、裁剪表演服装、制作道具等有一定了解；幼儿参观过翠亨村孙中山故居、孙中山博物馆。

▊ 游戏历程

"石头仔的一天"从开始到结束，全班 37 名幼儿全程参与。经历了 11 周，分 3 个阶段逐步推进，由 8 个游戏构成。

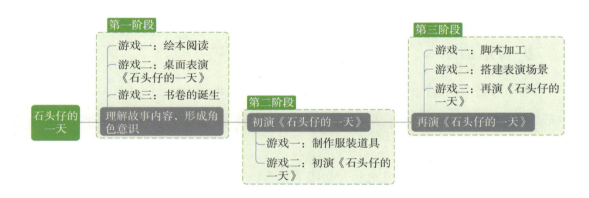

第一阶段：理解故事内容，形成角色意识

游戏一：绘本阅读（进行时间：2 周）

学习活动时间，教师组织幼儿阅读绘本《石头仔的一天》，并通过讨论加深幼儿对绘本内容的了解。

教师提问：帝象出生在什么地方？家里有谁？吃早餐的时候谁来找帝象，他们找帝象干什么？在甘蔗林的时候他们遇到了谁？发生了什么事？帝象和他的朋友追到豆腐店老板那里，做了什么事情？豆腐店老板说了什么话？你知道石头仔长大后是谁吗？

根据问题,幼儿进行了讨论,进一步了解故事的内容和情节。(图4-1-1)

图4-1-1 幼儿共读绘本

💡【思考与支持】

　　在幼儿对故事感兴趣的基础上,教师通过组织学习活动,帮助幼儿进一步理解故事的内容和情节。从幼儿对问题的回答可以看出,他们已经对绘本故事有了初步了解,为后续的活动作好了经验的铺垫。教师还鼓励幼儿和家长共读,在共读的过程中进一步丰富对故事的理解。

游戏二:桌面表演《石头仔的一天》(进行时间:1周)

美工区的幼儿用超轻黏土做出了石头仔、阿妈、阿爸、阿妹等人物,并把做好的人物插在一块装饰好的泡沫板上。(图4-1-2)

图4-1-2 用超轻黏土制作好的人物

游戏时间，几名幼儿拿出做好的故事人物在欣赏，这时子维说：我们来玩"石头仔的一天"的游戏吧，我来演阿爸。幸如说：我来演阿妈。其他幼儿听了后都围了过来，分配好角色后，幼儿开始了表演。他们每人拿着一个人物，断断续续地说着角色的对话，过了一会儿就觉得没趣，游戏没有继续下去。（图4-1-3）

图4-1-3 桌面角色表演

游戏分享时，教师请玩桌面表演的幼儿分享游戏的过程。

教师：刚才看到你们在玩"石头仔的一天"表演游戏，请你们介绍一下是怎样玩的。

子维：我们每人选择一个人物拿在手上，然后说人物说的话，我是演阿爸的。

幸如：我是演阿妈的，我觉得不是很好玩，我们都不知道什么时候轮到谁说话。

宇桐：我是演石头仔的，我记不住自己要说什么话，也不知道什么时候轮到我说。

经过一番讨论后，教师和幼儿梳理第一次桌面表演的问题：角色对话少、记不住角色要说什么话、不知道什么时候自己该说等。针对以上的问题，教师再次和幼儿进行了讨论，有幼儿提出了要创编角色对话，要找一个人做旁白。

【思考与支持】

在游戏过程中出现问题是意料之中的，这说明幼儿缺乏表演的相关经验，教师通过和幼儿对话生成支持策略，帮幼儿梳理本次游戏中角色对话不够、表演不通畅、道具缺乏等问题，引导幼儿思考解决的办法，鼓励幼儿一起收集材料，继续游戏。请家长和幼儿共读绘本故事，听祖辈讲以前的事情，和家长一起尝试创编角色对话，并记录下来和同伴进行分享。

游戏三：书卷的诞生（进行时间：1周）

晨谈时间，教师请与家长一起创编了角色对话的幼儿分享自己创编的内容，分享后把创编内容展示在表演区。游戏时间幼儿聚在表演区。

子维：刚刚大家都创编了角色的对话，我们试试表演吧。

宇桐：我们都不熟悉怎么演呀。

幸如：我们先来把整个故事画下来，再把角色说的话在旁边写下来，画下来也可以的。

曜熙：我们可以做成拉拉书那样呀，一打开就可以阅读了，不用翻页，很方便。

子维：我见过电视上古代的人看的书是卷起来的，可以往两边拉开，看完可以卷起来。

韦萱：我也见过，那种叫书卷，我们就做成书卷吧。

杰滔：那我们要叫老师拿长长的白纸才能做出书卷来。

商量好后，幼儿找来了长长的白纸，用对折的方法把长纸分成几格，然后在每一格中画上故事情节和角色对话。画好第一张长长的纸后，韦萱找来长棍子……第一个书卷诞生了。（图4-1-4）

图4-1-4　制作书卷

有了制作第一个书卷的经验后，幼儿在接下来的一周时间里都在忙着制作书卷，每做完一个，都会拿着讲一次书卷中的情节和角色的对话。

【思考与支持】

　　幼儿提出制作书卷的创意想法，源于家长和幼儿一起查阅了很多资料。在制作书卷前一周里，幼儿绘画故事情节和角色对话，互相合作，进一步熟悉故事情节和内容。教师则为幼儿提供书卷的图片作参考，提供各种绘画、制作和书写的工具供幼儿选择。

第二阶段：初演《石头仔的一天》

随着幼儿对故事越来越熟悉，幼儿提出了要在表演区表演《石头仔的一天》的想法，教师利用晨谈时间和幼儿一起商量表演前的各种准备，制作好道具的分工表和设计图，开始了道具的制作。（图4-1-5）

游戏一：制作服装道具（进行时间：2周）

自主游戏时，幼儿分成了三组，各组拿着自己的设计图开始了服装道具的制作。

图 4-1-5 绘制场景、服装、鞋子设计图

场景组

负责布置场景的幼儿找来了大纸箱、墙纸、纸盒、KT板等,诺天、曜熙、紫滢三人用四个大纸箱竖着粘贴在一起做村口的柱子,接着找材料做门口的横梁。经过商量后,他们决定到美术室寻找合适的材料,最后找到了一块黑色的人造瓦,几个人合力抬上来,尝试挂在村口的柱子上,但它总是掉下来。几个人想了想又找来一条长木棍,用透明胶将人造瓦固定在棍子上,担心不稳固,又找来绳子叫老师帮忙绑了一圈才放心。韦萱拿来了一张蓝色的卡纸,仿照着绘本的封面写下了"翠亨村"三个字并剪下来贴在梁上,翠亨村场景布置完成。(图4-1-6)

服饰组

制作服装的幼儿拿着设计图开始挑选布料,芊益拿来一块蓝色布铺在地上,用尺子量了一下问:要做多长呢?钰儿说:我有办法。说完就从书包里拿出一件衣服摆放在蓝色布上,用粉笔画出衣服的轮廓并裁剪下来。衣服做好后,她们迫不及待地试穿,

图 4-1-6　布置翠亨村口

芊益看了看穿在身上的衣服说：为什么我们的衣服外面会看到缝的线呢？钰儿翻了翻雅淇衣服的袖子说：人家做的衣服线是在里面的，怎么回事呢？芊益看了看，然后把做的衣服翻过来，高兴地说：原来我们缝衣服的时候要翻过来缝，缝好了再翻回去，这样就看不到缝的线啦。（图 4-1-7）

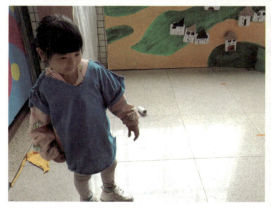

图 4-1-7　制作表演服装

接下来要钉纽扣了,芊益拿起绘本看了看说:这个纽扣跟我们现在的纽扣是不一样的,这是什么纽扣呀?老师说:确实跟我们现在的纽扣不一样,它的名字叫盘扣。盘扣怎么做呢?老师说:我也不会做。芊益看了看说:可以用小布料做。说完她拿来蓝色的布,让钰儿和诗妍将布卷成长条后,把长条剪下一小截,再对折一下然后用热熔枪固定,盘扣就做好了。(图4-1-8)

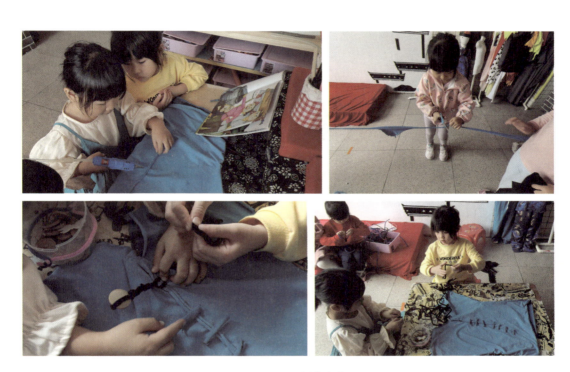

图4-1-8 制作盘扣

鞋子组

负责做鞋子的幼儿拿着设计图在讨论。

梓妍:将我们穿的鞋子放在纸板上画出来再剪下来,就是鞋底啦。

芮晨:鞋面可以用布来做,剪出来后用热熔枪粘在鞋底上就可以了。

讨论完后,雅蔚拿来一块正方形的泡沫板,脚踩在泡沫板上用笔画出和自己脚一样大的轮廓,然后沿着画好的形状剪出鞋底。梓妍将剪出的泡沫板放在布上,剪出了和泡沫底板一样大小的布,用热熔枪将布粘在了泡沫底板上。

接下来要做鞋面了,几个孩子对着布无从下手,老师走过去说:我们拿张纸来画一画试试？晓晨马上拿来一张纸，老师拿着纸对折，然后用剪刀从纸的三分之一处剪掉再打开，梓妍看到这里马上说：我知道怎样做了。她拿来另一张纸，在剪好的鞋底上比了比，把多余部分剪掉，随后将剪好的纸铺在布上，画出轮廓，沿轮廓把布剪下来，用热熔枪粘在鞋底上，第一只鞋子就做好了。

有了这次经验，接下来幼儿按照表演者脚的大小做出了各种各样的鞋子。（图4-1-9）

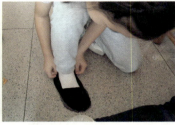

图4-1-9　设计、制作鞋子

【思考与支持】

幼儿的观察力很强，发现了缝衣服的窍门，还观察到衣服纽扣跟现在的是不一样的，并创造性地制作了盘扣。制作鞋子的过程是很复杂的，鞋面的制作对于幼儿来说是有难度的，所以教师及时提供支持，让幼儿掌握了方法，从而创造性地做出了各种的鞋子。

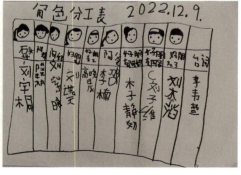

图4-1-10　制订计划表

游戏二:初演《石头仔的一天》(进行时间:1周)

做好了服装道具,也做好了表演计划,《石头仔的一天》第一次表演就开始了。韦萱负责旁白,她指挥扮演石头仔、阿爸、阿妈、阿妹等角色的孩子站到舞台的一边,宣布表演正式开始。当韦萱念完第一段旁白时,扮演石头仔的宇桐走出来坐下假装吃粥。接下来出场的是石头仔的三个好朋友,他们手拉着手对着石头仔说:帝象,我们去劈甘蔗咯。韦萱继续念旁白,念到哪个角色,扮演的幼儿就走出来。对话是他们自己创编的。(图4-1-11)

图4-1-11　第一次表演

游戏结束后,教师和幼儿一起讨论了今天的第一次表演。

教师:今天第一次表演,大家感觉怎样?

诗妍:我觉得很好玩,就是有点乱,出场的和退场的撞在一起了。

梓妍:我觉得他们的对话不够好,阿妈煮了帝象最爱吃的猪红粥叫他起床吃,帝象起来坐下就吃，没有话说吗？

教师：哦，角色对话不够好。

子维：我觉得场地不够大，豆腐坊和甘蔗林都挤在一起了。

宇桐：我们还是去大堂演吧，用积木搭一个翠亨村，还有帝象的家。

经过讨论后，幼儿决定再次创编，到大厅用积木搭翠亨村，重新做好计划再演。

💡【思考与支持】

　　幼儿初步做好了服装道具就迫不及待地提出要表演，可以看出幼儿对表演的兴致很高。表演过程中幼儿对自己的角色很清晰，能根据旁白的指令进退场，能较流利地说出角色的对话。在分享环节，幼儿提出了进退场的问题、场地大小的问题，这说明幼儿的观察能力很强。

第三阶段：再演《石头仔的一天》

游戏一：脚本加工（进行时间：1周）

根据幼儿初演后提出角色对话不多的问题，教师组织了一次学习活动，和幼儿一起加工脚本。

教师：阿妈会怎样叫石头仔起床呢？石头仔会怎么回答？他看到自己喜欢的猪红粥会怎么说？

梓妍：帝象快起来啦，我煮了你最爱吃的猪红粥。

韦萱：石头仔会说"好的，我马上起来啦"。

雅琪：石头仔看到自己最喜欢的猪红粥会说"哇，好美味呀，谢谢阿妈"。

教师和幼儿一起完善了每个故事情节中的人物对话、表情和动作等，幼儿记录下来，进一步提升了角色意识。（图 4-1-12）

图 4-1-12　彩排花絮

💡【思考与支持】

　　随着表演经验不断丰富,幼儿越来越关注表情、动作和语言等细节,这说明幼儿的观察能力不断提升。在加工脚本的过程中,教师通过个别示范,让幼儿的表演能力不断提高,也为接下来的表演做好了准备。教师请家长和幼儿一起进行角色扮演,进一步熟悉角色的对话、动作和表情,鼓励幼儿做好搭建翠亨村的规划,制订搭建的分工计划并绘制搭建的设计图。(图 4-1-13)

图 4-1-13　绘制搭建规划图

游戏二:搭建表演场景(进行时间:1 周)

规划图做好后,幼儿就分成两组进行场景的搭建。一组幼儿负责到班上把做好的道具搬下来，另一组幼儿去建构区搬来了积木等搭建门楼、石头仔的家和豆腐坊。

（图4-1-14）

图4-1-14　搭建翠亨村表演场景

搭建完成后，幼儿合力把搬下来的道具按照规划图布置，小树林、甘蔗林和鱼塘等场景也顺利搭好了。一直负责指挥的韦萱把大家集中在一起，她告诉每个角色要从哪里出场，路线是怎样的，回到班上还把每个角色的行走路线用不同颜色的笔标记出来，让大家更熟悉。（图4-1-15）

图4-1-15　绘制表演路线图

　　韦萱在现场与大家规划进退场的路线,可以看出她具备较强的领导力和较强的空间方向感。教师鼓励幼儿熟悉进退场的路线,进一步熟悉角色的对话、动作和表情,重新制订表演计划,为再演做好充分的准备。

游戏三:再演《石头仔的一天》(进行时间:2 周)

　　布置好场地后,幼儿还利用餐后的时间重新做好了表演计划(图 4-1-16),第二次的表演开始了。

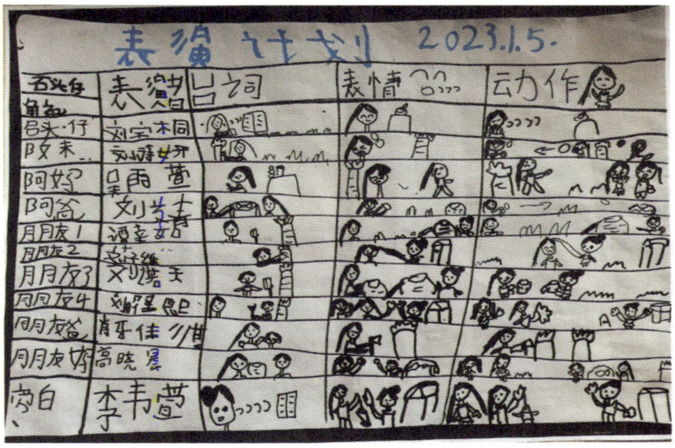

图 4-1-16　制订表演计划

　　韦萱继续当旁白,当她念到"阿妈做好了猪红粥就去叫帝象起床了"时,扮演阿妈的萱萱一边用围裙擦着手一边喊道:帝象起床啦,我做了你最爱吃的猪红粥。扮演帝象的宇桐一边应声一边起床,伸了个大大的懒腰走出来在餐桌前坐了下来。当看到阿妈煮的"猪红粥"后,他一边笑一边端起碗说道:哇,我最爱的猪红粥,谢谢阿妈。说完就假装吃起来……(图 4-1-17)

　　表演结束后,教师和幼儿进行分享。

　　教师:这次的表演你们感觉怎样?

图 4-1-17　再演《石头仔的一天》

诗妍：这次的表演太精彩了，宇桐演石头仔演得很好，说的话没有忘记，表情也很像。

毅轩：这次每个角色都有话说了，大家没有走错位置，也没有撞到一起。

教师：还有要改进的地方吗？

韦萱：豆腐坊老板的儿子回到豆腐坊没事可做了，他们可以在豆腐坊玩些游戏或者帮阿爸阿妈捡豆子。

……

这次的表演后，教师一直保留着表演的场景，幼儿根据第二次的表演又进行了微调，并开展了多次表演。幼儿最后在毕业晚会上还把表演搬上了村广场的舞台，满足了表演的欲望，感受表演带来的成功感和喜悦。（图 4-1-18）

图 4-1-18　毕业汇演《石头仔的一天》的表演场景

💡【思考与支持】

　　当幼儿发现角色没有对话的时候，教师组织了学习活动和幼儿一起创编脚本，这个过程不但让幼儿进一步熟悉了角色对话，增强了角色意识，也让幼儿在交流中习得了表演的经验。在搭建场景、规划行走路线的过程中，教师始终放手让幼儿主导，让想表演的幼儿都有参与表演的机会，也让幼儿感受到被肯定、被接受的快乐。

■ 总结与反思

1. 幼儿的学习与发展

（1）情感态度方面

　　在整个过程中，幼儿进一步了解了孙中山先生的事迹，了解了中山市各地的人文精神，进一步萌发爱国爱乡的情感。在与同伴进行合作表演的过程中，感受到了同伴间互相合作的快乐，形成了一定的归属感。

（2）知识经验方面

幼儿进一步了解了中山市的一些人文景观、风俗习惯等。在商量讨论、分享介绍等环节中，语言能力、倾听习惯获得发展。在做计划、做标志的过程中，前书写能力、动手能力和精细动作获得了发展。幼儿也学会了如何与同伴合作，如何沟通。

（3）学习品质方面

在游戏中，幼儿专注地做各种表演前的准备，认真地表演，不受干扰。遇到问题时，幼儿能通过商量讨论去寻找解决问题的方法，在实践中验证方法的可行性，这种探究的精神难能可贵。

2. 教师的支持策略

（1）隐性支持

环境支持。布置班级中的表演环境，顺应幼儿的表演需要，提供大厅的环境。和幼儿一起调整布置班级的表演区，在展示区展示幼儿的计划、作品等，让幼儿在与环境的互动中习得经验。

材料支持。教师为幼儿提供丰富的基本游戏材料，还鼓励幼儿跨区域选择自己所需的游戏材料，让幼儿大胆创造。

情感支持。教师给幼儿提供了宽松的游戏环境，肯定幼儿的想法，鼓励幼儿积极创造和实践。尊重幼儿的主体地位，让幼儿充分体验合作表演、分享交流的乐趣。

联动家长支持。家长与幼儿共读绘本《石头仔的一天》，一起参加研学活动，进一步了解翠亨村的建筑特征、人文风俗；给予材料、技术上的支持；和幼儿一起分角色表演故事，助力幼儿的表演游戏顺利开展。

（2）显性支持

活动支持。教师通过学习活动让幼儿熟悉故事内容和情节。当幼儿发现角色缺少对话的时候，教师组织幼儿创编角色的对话，不断地通过活动让幼儿习得经验，推动游戏继续。

　　师幼互动。教师既是观察者也是协助者，当幼儿有需要的时候及时提供支持，并鼓励幼儿在试错中判断和思考，提供机会让幼儿在探究中总结经验。教师也善于抓住幼儿在活动中产生的问题，通过有效提问，引发幼儿进一步探索、验证。

▼ 游戏路径图

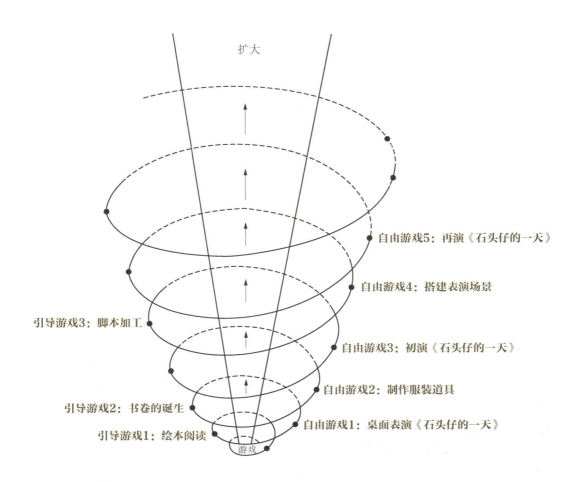

沙溪四月八

年龄段：大班

中山市沙溪镇云汉幼儿园

李瑞林、李　慧、卢惠源

▌背景信息

　　"沙溪四月八"，又称"出高兴"，是有着四百多年历史的省级非物质文化遗产，也是中山市内迄今为止保存最完整、最有群众基础、最能体现农村文化魅力的民俗活动之一。每年农历四月初八当天，沙溪镇圣狮村、象角村会举行大型的龙、狮、凤、鹤的表演和飘色活动，各家各户都会做各种各样的沙溪美食，栾樨饼就是其中的一种。活动当天，海内外的沙溪人都会回来相聚一起共话桑梓情，还有外市、外镇的人来参与，场面非常震撼。现在，四月八成为当地团结乡众、培养乡情、庆祝盛世、弘扬传统文化的重要活动。（图 4 - 2 - 1）

图 4-2-1 四月八大巡游

在三月底,大班年级组将"四月八"的内容渗透在主题活动中。一次自主游戏时,表演区的幼儿在表演舞狮的游戏,说是在驱赶瘟疫,游戏吸引了很多幼儿来围观,有幼儿说还要有孩童和请龙的环节,也有幼儿说还要做栾樨饼吃……教师将幼儿表演的过程拍下来,在游戏分享时与幼儿分享,生发了关于"四月八"的系列主题表演游戏。

■ 游戏准备

1. 材料准备

基础材料:各种颜色和材质的布料,各种尺寸的纸板、箱子等。

辅助材料:剪刀、针线、尺子、夹子、白乳胶、绳子等。

图 4-2-2 幼儿收集的布料

图 4-2-3 辅助材料

2. 环境准备

在班级中布置相关情境,展示圣狮村四月八巡游活动场景的图片(图 4-2-4),幼儿和家长一起制作的金龙、木龙、狮子、飘色等手工作品（图4-2-5）；在阅读区投放与沙溪民俗相关的书籍（图4-2-6）。

图4-2-4 村民活动场景　　　　图4-2-5 手工作品　　　　图4-2-6 与沙溪民俗相关的书籍

3. 经验准备

幼儿参与过"四月八"民间大巡游活动，玩过民间游戏，会唱沙溪童谣，表演过绘本故事，了解如何设计裁剪缝制表演服装、制作道具和制定分工计划，有一定合作能力。

■ 游戏历程

"沙溪四月八"从开始到结束，全班38名幼儿参与，经历了15周，分3个阶段，由12个游戏构成。

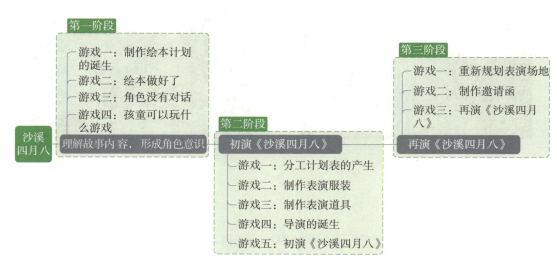

第一阶段：理解故事内容，形成角色意识

游戏一：制作绘本计划的诞生（进行时间：1周）

自主游戏时间，子阳和锦轩又在表演区表演舞狮子。锦轩舞狮尾，子阳舞狮头，可炎负责敲鼓。精彩的表演吸引了一群幼儿围观（图4-2-9）。

图4-2-7　舞动狮头　　　　图4-2-8　亮相　　　　图4-2-9　同伴围观

粤粤：老师我们都想参加"四月八"的表演游戏。

沛能："四月八"又不是绘本故事，怎么表演呀？

教师："四月八"是以前的人一代一代口头传下来的故事，也叫民间传说。

滢滢：我们可以把"四月八"的故事画出来，就变成了绘本故事啦。

恒宇：对啊，这样大家都可以看，可以像以前表演绘本故事《神奇糖果店》一样表演。

沛能：我回去把奶奶讲的"四月八"的故事录下来，我们听完一点就画一点，最后合在一起就能变成一个绘本故事啦。

教师：这个办法真好，那我们明天开始行动吧。

制作绘本故事"四月八"的计划就这样诞生了。

💡【思考与支持】

　　子阳和锦轩学过舞狮，有一定的舞狮基本功，"四月八"的故事引发了他们自觉表演，而他们的表演又引发其他幼儿想参与表演的愿望。在幼儿的讨论中，教师随机渗透"民间传说"的概念，让幼儿初步理解绘本故事和民间传说的区别，并想到用绘画记录故事。教师请家长给幼儿讲"四月八"的故事，并将故事录下来，让幼儿带回幼儿园与同伴分享、共同制作绘本；准备各种颜色的马克笔和 A4 纸，让幼儿可以自由创造绘本。

图 4-2-10　家长协助录故事　　图 4-2-11　绘画故事情节　　图 4-2-12　绘画故事情节
　　　　　　　　　　　　　　　　　　　　　　（一）　　　　　　　　　　（二）

游戏二：绘本做好了（进行时间：1 周）

第二天，沛能带了奶奶讲"四月八"故事的录音，教师利用餐前餐后时间播给大家听。自主游戏时间，美工区聚集了很多人，他们一边听故事一边绘画"四月八"故事情节，很快一幅幅关于"四月八"的画呈现在大家面前。

教师：这么多画，哪张是故事开头呢？

粤粤：我们给画排序吧。

滢滢：对，听着沛能奶奶讲的"四月八"的故事录音就可以给画排序。

孩子们接受了滢滢的提议，一边听故事一边给画排序，并把故事情节补充完整，最后加上封面装订成册（图 4-2-14）。滢滢拿着画册开心地说：老师，你看我们自己做的《四月八》绘本！

餐后时间，教师和幼儿一起阅读制作的绘本故事（图 4-2-15）。

图4-2-13　整理绘本　　　　　图4-2-14　装订成册

图4-2-15　师幼共读　　　　　图4-2-16　同伴共读

💡【思考与支持】

　　当幼儿提出要把故事先画下来做成绘本再表演的想法时,教师给予了支持,让幼儿能够根据自己的兴趣和需要开展活动。幼儿通过听、画和制作,进一步加深对故事的理解,为后续表演做好铺垫。创编民间故事绘本,是幼儿对传统文化的创新传承。

游戏三:角色没有对话(进行时间:1周)

　　自主游戏时,表演区的幼儿拿着新制作的《四月八》绘本讲故事,讲着讲着粤粤发现了问题,于是大家围绕故事角色的对话问题开展了讨论。

粤粤：这个故事里的人物都没有对话呀。

教师：故事里的人物在什么时候会有对话呢？

关关：我觉得孩童在一起玩的时候会有对话的。

子阳：渔民要出海打鱼的时候会跟家人有话说的。

恒宇：村民出去请龙之前也会说很多话的呀。

经过讨论后，幼儿最后确定要给孩童玩游戏、村民请龙、渔民出海打鱼等场景创编对话。他们分好三个创编小组进行角色对话的创编，并记录下来。

图 4-2-17　给角色创编对话　　图 4-2-18　分享创编对话　　图 4-2-19　分角色对话

💡【思考与支持】

　　幼儿在阅读绘本的过程中发现故事中的角色没有对话，这表示幼儿的语言能力在提升。幼儿最后决定创编三个场景角色的对话，并将对话记录下来，可以看出幼儿有一定的解决问题的能力和表征能力。

游戏四：孩童可以玩什么游戏（进行时间：1周）

有一天，大家又发现故事里的孩童在对话之后没事干。

粤粤：孩童可以玩什么游戏呢？

子阳：孩童们在栾樨树下玩游戏、唱童谣。

教师：孩童们可以在栾樨树下玩什么游戏？唱什么童谣？

恒宇：我们也学了很多沙溪的民间童谣，可以让孩童唱童谣呀。

缪缪：可以唱《摇嬉嬉》，我奶奶用沙溪话教我念了。

小丰：我也会读童谣《行渡渡》呢。

沛能：我会玩踢毽子，我爷爷教我的，我可以教小朋友玩。

小月：我们可以玩蒙眼捉人、打弹珠，还可以比赛吹纸牌。

教师：什么时候开始玩游戏念童谣呢？

粤粤：旁白开始读的时候就可以玩，一直玩到旁白念完"一片欢乐祥和的景象"就结束。

讨论结束后，幼儿开始练习在旁白开始念的时候就三三两两一起玩打弹珠、蒙眼捉人、比赛吹纸牌等游戏，也互相学习用隆都话读童谣。

比赛吹纸牌

蒙眼捉人

唱童谣

石头剪刀布

图 4-1-20　沙溪民间游戏

💡【思考与支持】

　　随着游戏的深入，幼儿开始关注到更多的细节，这说明幼儿的思考能力在不断提升，有了整体规划、创编剧本的能力。从他们的讨论中，可以看出幼儿能迁移已有的经验来解决问题，这也说明前期经验的铺垫很重要。粤粤在活动中表现出了很强的领导力，能够带领其他幼儿开展学习。

第二阶段：初演《沙溪四月八》

游戏一：分工计划表的产生（进行时间：1周）

晨谈时间，有幼儿提出要做好表演服装再去表演。

教师：做衣服要准备什么材料呢？

小月：要准备布料，各种颜色的都要准备一些。

耀泓：还有剪刀、针线和纽扣都要准备的。

教师：有什么办法让大家都清楚自己的任务？

粤粤：我们还是做个分工计划表吧，先列好要做的项目，然后自己选择报名。

大家一致赞成粤粤的提议，并推选画画能力强的小麦执笔，画分工计划，感兴趣的幼儿自主报名，成立表演服装制作组。分组后，各组幼儿聚在一起，商量制作服装的事情。小麦负责记录。

气泡图的五个分支分别代表：孩童、渔夫、青年壮士、村长和妇女，各个角色后面有需要用到的材料与工具，三级分支的圆圈是给负责的幼儿签名用的（图4-2-22）。

图4-2-21　同伴讨论

图4-2-22　分工计划气泡图

【思考与支持】

　　教师起的是牵线搭桥的作用,激发幼儿将已有经验迁移到本次的活动中。通过对话的方式引发幼儿在做服装前讨论如何做计划。粤粤在本次的活动中继续表现出很强的领导力。教师提供衣服的样式图张贴在表演区,给幼儿提供充足的布料、裁剪工具等,支持幼儿开展服装制作。

游戏二:制作表演服装(进行时间:2周)

　　负责制作孩童服装的小组找到了一块花布,锦轩拿起剪刀准备剪,泽丰提议要先量一下才行。但大家都不知道该怎么量。这时美怡说:我躺在布上你们把我的身体轮廓画出来,然后再剪出来就可以啦。大家都赞成这个方法,于是美怡就躺在布上,小月拿着画笔在布上沿着美怡的身体轮廓画(图4-2-24),画好后锦轩就沿着轮廓线把布剪了下来。随后,几名幼儿合力一起把剪好的布铺在没剪的布上,锦轩在其他人的帮助下沿着轮廓线把另一块布剪了下来(图4-2-25)。其他组也找到自己需要的布,参考孩童服装组的做法制作服装。

图4-2-23　查看刻度

图4-2-24　画轮廓

图4-2-25　剪好两块一样的布

　　游戏后教师组织幼儿分享自己组的服装制作情况。

教师:谁来介绍一下自己组的服装制作方法?

棋棋:我们组找到布以后就将布对折,然后在中间位置剪了一个洞把头套进去,不用缝的。

乐妍：我们将两块布拼在一起，然后用针线沿着边缝起来，但缝好的衣服穿进去就裂开了。

粤粤：我们组还没有缝，不知道怎么缝才好。

教师：有的组不用缝，有的组不会缝，有的组缝起来穿上就裂开。那怎么办呢？

康盈：我妈妈在制衣厂是做衣服的，让她教我，然后我教大家。

小麦：我奶奶也会缝衣服，回家让奶奶教我。

教师：这个办法也不错，可以试试。

图 4-2-26　先在布上画

图 4-2-27　直接剪出来的衣服

【思考与支持】

　　有一部分幼儿没有相关的服装制作经验，一小部分幼儿对缝补衣服有简单的了解。幼儿想到用躺在布上画出轮廓的方法裁剪，说明幼儿有一定解决问题的能力。教师通过对话的方式与幼儿一起梳理遇到的问题，引导幼儿找到解决问题方案，激发幼儿继续游戏。将缝制衣服的过程图张贴在表演区，供幼儿自主学习交流，并联动家长提供支持。

图4-2-28　家长帮助幼儿学习制作服装

图4-2-29　表演服成品

游戏三:制作表演道具(进行时间:2周)

制作表演道具的幼儿一起商量制作道具的事情,他们先做好制作道具的分工计划,就开始制作了。(图4-2-31)

图4-2-30　同伴讨论

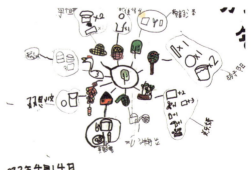

图4-2-31　分工计划气泡图

制作栾榉树的关关将树枝插到泡沫板上，在粘栾榉树叶子的过程中叶子总是掉下来，她尝试用白乳胶、双面胶、透明胶，但效果都不好。关关停下叹气，其他的小伙伴都围过来，一起讨论解决的方法。

教师在旁边观察着，看到孩子们的讨论没有结果，便从工具柜拿出热熔枪说：班上的标志都掉下来了，我用热熔枪把它粘好吧。说完就用热熔枪把掉落的标志重新贴好。关关受到启发借了热熔枪粘叶子，终于成功了。

其他的孩子都在专心制作道具，直到游戏结束。

图 4 - 2 - 32　使用热熔枪粘叶子　　图 4 - 2 - 33　同伴合作　　图 4 - 2 - 34　完成栾榉树制作

💡【思考与支持】

　　幼儿的每一次尝试都是构建新的认知经验的过程，幼儿多次尝试都不成功有些苦恼想要放弃时，教师没有第一时间告诉幼儿该用什么工具，而是通过平行游戏的方法引导幼儿使用热熔枪，让幼儿收获了成功感。

游戏四：导演的诞生（进行时间：1周）

随着表演服装和道具的不断完善，大家开始表演前的讨论，最后还画了表演计划气泡图。（图 4 - 2 - 35—37）

图 4 - 2 - 35　同伴讨论

图 4 - 2 - 36　选自己喜欢角色

图 4 - 2 - 37　表演计划气泡图

选好角色后，大家迫不及待地要开始表演。他们互相帮忙穿戴好服装，摆好场景和道具，但发现不知道如何开始。

教师：怎么还不开始表演呀？

锦轩：我都不知道什么时候轮到我出场。

谦谦：我都忘记我要说什么了。

小月：孩童在什么时候开始玩游戏、读儿歌呀，要有人提醒我们才开始呀。

教师：哦，你们是想要一个导演吗？

熙粤：对，老师我来做导演吧，整个故事我都记住了，我念旁白提示他们什么时候出场和玩游戏念儿歌。

教师：你知道导演要做什么事情吗？ 要不要先排练一下？

熙粤：那我们现在先排练一下吧。

大家一致赞成，并在熙粤的指挥下排练（图 4 - 2 - 38），几组幼儿轮番出场进行表演，没有轮到的就在一旁观看，或者协助熙粤提醒该上场的孩子，直到游戏结束。

图 4 - 2 - 38　现场排练

　　教师采用提问的方式引导幼儿自己发现问题，幼儿在熙粤的"指挥"下有序开展排练，这说明幼儿的合作性和社会情感都在不断发展。教师"放手"游戏，从观察者的角度适时地给幼儿提供引导和鼓励，让幼儿保持兴趣继续深入开展游戏。

游戏五：初演《沙溪四月八》（进行时间：1周）

　　在熙粤的导演下，经过一段时间的排练，幼儿已经基本知道进、退场的顺序和节点，角色对话也开始流畅，自主游戏时幼儿正式开始了第一次的表演，表演有序进行。

　　游戏一直持续到结束，游戏后教师组织幼儿进行了游戏分享。

　　教师：大家觉得今天的表演怎么样？

　　关关：我觉得我们演得很好，大家都知道自己什么时候出场，也知道自己要做的事情和说的话了。

　　教师：我也觉得大家演得好，特别是孩童在玩游戏念儿歌的时候，我看到每个人的表情都是很开心的。

　　紫棋：刚才在演瘟疫来了村民都生病的时候，有小朋友还在笑呢。

　　教师：生病的时候是什么样的表情呢？谁来演给我们看？

　　小月：生病了是很痛苦的表情。

　　熙粤：生病可能会没精神，像这样。（她低下头双手下垂做出无精打采的样子）

图4-2-39　初演

教师：除了表情不够好，还有什么问题吗？

子阳：老师，我们能不能到大厅去表演，这里太窄，站不下。

教师：可以呀，那我们下次就去大厅表演吧。

游戏分享结束后，幼儿还沉浸在表演的快乐中，分享着表演的心得。

💡【思考与支持】

　　本次的表演中幼儿的关注点是表演的过程而不是细节。在幼儿都觉得很好、很满意的情况下，教师采用平行式评价的方式，让幼儿回想、发现问题。教师鼓励幼儿在自由时间继续调整完善表演计划，根据上一次的讨论，把角色的表情添加到计划中。在表演区投放绘本《我的情绪小怪兽》，鼓励幼儿了解各种表情。

图 4-2-40　调整完善表演计划　　图 4-2-41　表演计划-表格图

图 4-2-42　阅读表情图　　　　图 4-2-43　表演生病时痛苦的样子

第三阶段：再演《沙溪四月八》

游戏一：重新规划表演场地（进行时间：1周）

幼儿商量好要到大厅表演后，决定要把所有道具搬到大厅，布置好表演的场景后开始表演。

教师：你们的舞台面向哪个方向？打算从哪里出场？道具怎么摆放？

熙粤：我们表演时正对着操场吧，观众就在我们前面。

锦轩：那我们就从图书室这边出场，从云幼小镇那边退场吧。

熙粤：我们还是先做一个规划图，然后照着规划图去摆道具吧。

商量好后，幼儿拿来纸和笔，绘制舞台的规划设计图。画好规划图后熙粤看着图纸指挥小伙伴开始布置场景。

图 4-2-44　表演场地规划图

图 4-2-45　摆放道具

图 4-2-46　试一试

图 4-2-47　彩排

【思考与支持】

　　教师通过问题导引的方式，让幼儿明晰舞台的朝向。在这次游戏中，幼儿的空间方位感知能力获得提升。

游戏二：制作邀请函（进行时间：1周）

晨谈时间，有幼儿提出邀请谁来观看表演的问题，引起大家的讨论。

关关：我们准备什么时候开始表演？要邀请谁来观看？怎样邀请？

沛能：我们先确定好时间，然后再制作一个邀请函送给观看的人。

教师：你们想邀请谁？邀请函上要有什么内容？

棋棋：小三班李老师经常来看我们表演，我们去请李老师和小三班的小朋友当观众吧。

熙粤：我们之前也制作过邀请函呀，要有时间、地点。

　　商量完后，大家推荐小麦执笔一起制作邀请函，在大家的商量和讨论下，小麦执笔完成邀请函，几名孩子一起拿着邀请函送到小三班李老师的手中。

图4-2-48　制作邀请函　　　图4-2-49　邀请函　　　图4-2-50　邀请李老师

【思考与支持】

　　随着表演游戏的深入开展，幼儿想要得到别人的肯定，需要与人分享快乐,所以想到邀请观众来观看表演。通过表演幼儿进一步提升了归属感和自我认同感。教师则提供各种邀请函的样式图片、各种颜色的卡纸和马克笔,支持幼儿制作邀请函。

游戏三:再演《沙溪四月八》(进行时间:2周)

表演时间到了,幼儿兴奋地来到大厅,互相帮忙穿好服装,观看表演的小观众也到了,导演熙粤检查了一遍道具,看到大家都已就位,就宣布表演正式开始。

随着熙粤念出旁白,扮演的幼儿分别出场,并用流利的沙溪话说着对白,当熙粤念到"一片欢乐祥和的景象"时,演孩童的幼儿来到栾樨树旁,开始唱童谣和玩游戏。接着出场的是"村民",他们拿着渔网说说笑笑结伴出门去打鱼……

最后一幕是青年壮士前去佛山请龙回村,村民们纷纷跑出来迎接,有的放鞭炮迎接,有的敲锣打鼓迎接,有的舞狮迎接,游戏在热热闹闹的场景中结束了。

图 4-2-51　村民开会　　　　　　　图 4-2-52　舞狮舞龙

游戏结束后,教师和幼儿一起分享本次的表演心情。

熙粤:今天的表演太好了,大家说的话、表情、动作都很到位。

锦轩:我们很开心,弟弟妹妹们也看得很开心。

……

这次的表演后，幼儿要求保留游戏现场，之后的游戏时间幼儿又来表演了几次。

图 4 - 2 - 53　和弟弟妹妹一起大巡游

图 4 - 2 - 54　演员大合照

💡【思考与支持】

　　每个幼儿都很享受游戏的过程，大家互相支持，每个人都感受到浓浓的归属感。幼儿不仅感受到快乐，也为自己能给别人带来快乐感到自豪。

█ 总结与反思

1. 幼儿的学习与发展

（1）情感态度方面

幼儿通过亲子研学、亲身体验沙溪四月八民间活动、绘画四月八民间故事，在游戏中传承和创新传统文化，提升文化自信，萌发爱家乡的情怀。

（2）知识经验方面

幼儿的剧本创编能力有了质的飞跃，随着对四月八故事更加熟悉，他们的表演水平也提高了，这都体现出幼儿获得了新的经验。

（3）学习品质方面

幼儿能主动承担任务，遇到困难能够坚持而不轻易放弃，不断想办法解决问题。经过计划分工，每一个参与的幼儿对自己的任务都很明确，能认真负责地完成自己的任务。

2. 教师的支持策略

（1）隐性支持

环境支持。创设沙溪四月八相关情境，展示圣狮村四月八巡游活动的照片及活动场景，激发幼儿对四月八的兴趣。在表演区提供缝制衣服的过程图供幼儿学习交流，并将表演计划张贴在表演区，然后根据实际情况进行调整，让每个参与表演的幼儿建立角色意识。

材料支持。教师为幼儿提供开放的环境，幼儿可以根据需要跨区域去寻找自己所需的材料。

情感支持。教师营造积极的氛围，鼓励幼儿主动参与表演，幼儿主动发起、主动参与、主动解决问题，教师是积极的观察者和活动的支持者。

联动家长。家长带幼儿到圣狮村研学，给幼儿讲"四月八"的故事并共同将故事记录下来，帮幼儿学习裁剪和制作衣服，提供了有力的支持。

（2）显性支持

师幼互动。教师一直是观察者和协助者，以问题和对话引导幼儿发现问题、提出各种解决方法，教师没有将自己的想法强加给幼儿，而是给幼儿试错的机会，让幼儿自主解决问题，获得发展。

▼ **游戏路径图**

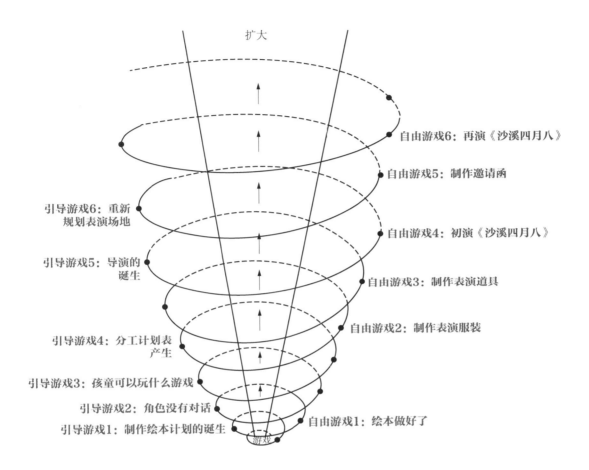

扩大

自由游戏6：再演《沙溪四月八》

自由游戏5：制作邀请函

引导游戏6：重新
规划表演场地

自由游戏4：初演《沙溪四月八》

引导游戏5：导演的
诞生

自由游戏3：制作表演道具

自由游戏2：制作表演服装

引导游戏4：分工计划表
产生

引导游戏3：孩童可以玩什么游戏

引导游戏2：角色没有对话

引导游戏1：制作绘本计划的诞生

自由游戏1：绘本做好了

游戏

老鼠娶新娘

年龄段：大班

中山市沙溪镇云汉幼儿园

潘新好、杨莉玲、李海英

▌ 背景信息

最近经常听到幼儿在聊关于"新郎、新娘"的话题，追随幼儿的兴趣，教师与幼儿们一起阅读了绘本故事《老鼠娶新娘》，幼儿对故事中的人物与对话产生了极大的兴趣，并在表演区有了表演的行为，教师抓住幼儿的兴趣点不断推进游戏，生成了一系列的表演游戏。

▌ 游戏准备

1. 材料准备

基础材料：各种颜色和材质的布料、各种尺寸的纸板、箱子等。

辅助材料：各种类型的纸、笔、剪刀、针线、尺子、夹子、白乳胶、绳子等。

图 4-3-1　各种颜色和材质的布料,纸板,缝制工具与材料

2. 环境准备

创设表演区情境,整个表演区色调可以红色为主,呈现出喜庆的氛围。

图 4-3-2　环境准备

3. 经验准备

幼儿玩过绘本故事表演游戏;对裁剪缝制表演服装,制作道具、场景有一定了解;有做分工计划的经验;有一定的合作能力。

■ 游戏历程

"老鼠娶新娘"从开始到结束,全班 35 个幼儿陆续加入参与。经历了 10 周,分 4

个阶段逐步推进,由 9 个游戏构成。

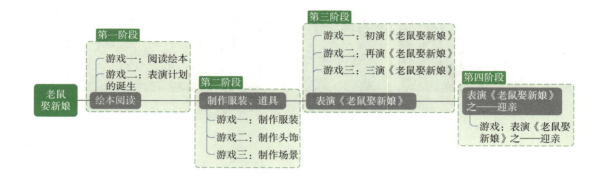

第一阶段:绘本阅读

游戏一:阅读绘本(进行时间:1 周)

教师和幼儿一起共读《老鼠娶新娘》的绘本。教师首先通过 PPT 课件和幼儿一起阅读了绘本的图画,通过关键提问促进幼儿对画面的解读和对故事内容的理解。在第二次阅读中,教师和幼儿一边看图画一边听故事,进一步理解故事内容。

阅读绘本后,教师组织幼儿针对绘本故事中的人物展开了讨论。

教师:你最喜欢故事中的谁? 为什么?

羽煊:我最喜欢美叮当,我觉得她最美。

振泓:我喜欢大黑猫,我觉得他很威武、很神气。

清扬:我可喜欢小阿郎了,我觉得小阿郎很勇敢。

大家都热烈地发表自己的想法,绘本中的每个角色都被讨论到了,在听和说的过程中,幼儿对绘本故事内容有了大概的了解。

💡【思考与支持】

　　大班幼儿阅读绘本的经验丰富,有一定的阅读能力,能够通过画面推断和理解故事内容。教师让幼儿在听和说的过程中喜欢上绘本中的角色,在喜欢的基础上再进一步自主了解故事内容。接下来教师将联合家长,一起开展亲子共读的活动,以支持幼儿对角色特征的理解;鼓励幼儿将自己喜欢的故事情节或者故事人物绘画下来,展示和互相介绍自己喜欢的故事情节并说明原因。

图 4 - 3 - 3　绘画故事情节

图 4 - 3 - 4　制作的绘本

图 4 - 3 - 5　亲子阅读

游戏二:表演计划的诞生(进行时间:1周)

自主游戏时间,表演区的几名幼儿自发表演《老鼠娶新娘》。他们制作了简单的道具,商量好表演的环节和角色站位后就开始了表演。虽然表演过程中角色的对话断断续续,有时还忘了对话与出场,但丝毫没有影响他们表演的兴趣,对话声和笑声引来了其他幼儿的围观。教师及时将幼儿的表演录了下来,在游戏结束后请参与表演的幼儿分享介绍,并针对存在的问题开展了讨论。

图 4 - 3 - 6　相互整理表演服装

图 4 - 3 - 7　自发表演

教师：今天的表演你们觉得还有什么问题？

振泓：表演的衣服很简单，只用一块布披在身上，头饰也不好，老是掉。

乐欣：背景不像，结婚时应该用很多的红色，很漂亮的。

羽煊：对话还不熟悉，老是忘了说的话。

教师：如果重新表演，你们会怎样做？

乐欣：我们先做好服装、道具和头饰再演。

宇昊：我们先做好分工表，大家报名确定去哪一组，做好设计图然后再开始。

讨论完，幼儿自发分成服装组、道具组和头饰组，并做好了分工表，《老鼠娶新娘》的表演计划诞生了。（图4-3-8）

图4-3-8 制定分组计划

💡【思考与支持】

从幼儿的表演过程可以看出他们处于嬉戏性表演阶段，幼儿很享受游戏的过程。教师通过对话的方式，激发幼儿将原有的表演经验迁移到本次表演中，让幼儿理清表演存在的问题，讨论解决的办法，延续游戏的兴趣。

教师提供各种喜庆服装的图片，各种材质、颜色的布料供幼儿选择，支持幼儿开展服装设计；同时鼓励制衣专业的家长提供帮助。（图4-3-10）

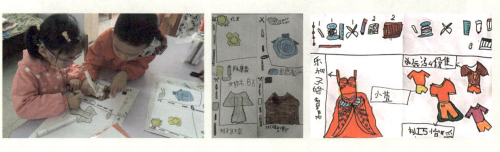

图4-3-9　人物服装设计图

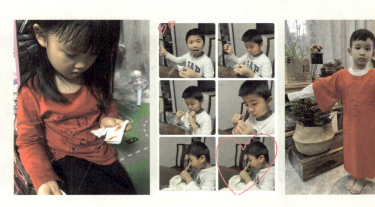

图4-3-10　在家长的支持下幼儿的水平有了提升

第二阶段：制作服装、道具

游戏一：制作服装（进行时间：2周）

制作服装的幼儿拿着设计图来到放布料的架子前，根据角色的特征挑选合适的布料。他们把选好的布料平铺在地上，用粉笔在布上画出衣服的轮廓，教师看到了，问：你们确定做的衣服能穿得下吗？几名幼儿听了都停下手里的工作，有幼儿提出了用尺子测量、人躺在布上画、外套放到布上画等方法，经过商量，最后决定把外套铺在布上画来确定衣服的大小。（图4-3-11）

衣服画好后，思琦拿来剪刀开始沿着粉笔线裁剪衣服。她拿着剪刀剪了几下就剪不动了。一旁的羽煊看到了说：要四个人拉住四个角，这样才好剪。其他幼儿听见后放下手中的活，过来帮忙，思琦顺利把布剪好了，他们用同样的方法把其他衣服的布都剪好了。（图4-3-12）

图 4 - 3 - 11　用自己的衣服作为服装样板

图 4 - 3 - 12　合作裁剪服装

　　缝好第一件衣服后乐欣说：学谦你来穿上试试合不合适。

　　子皓说：不行呀，两边都裂开了。乐欣说：缝得不好，每一针隔得太宽了。振泓说：我们缝得歪歪扭扭的，不是一条直线。教师说：观察一下我们穿的衣服每一针的间隔是怎样的？羽煊看了看自己的衣服说：每一针要缝密一点，要每一针都这么宽，不能一针宽一针密。幼儿开始重新缝制衣服。（图 4 - 3 - 13）

图 4 - 3 - 13　合作缝制服装　　　　　　图 4 - 3 - 14　发现衣服裂开了

【思考与支持】

幼儿将已有的表演经验迁移到了本次的表演中，所以整个过程比较顺利。从幼儿的分工表和实际的工作过程来看，他们的计划性和合作能力很强，已从关注过程过渡到了关注细节。

教师提供展示服装的场地，让幼儿展示完成的服装。鼓励幼儿总结、分享成功的经验和继续缝制没完成的服装。提供缝纫步骤图，让幼儿自由交流如何缝得均匀牢固。同时也倡导家长提供指导。

图 4-3-15 第一次的制作成品

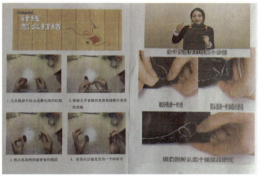

图 4-3-16 缝纫针脚步骤图

图 4-3-17 重新修改好的服装设计图

游戏二：制作头饰（进行时间：1周）

制作头饰的幼儿对头饰的大小、材料、制作方法进行了讨论。两位幼儿试戴头饰后觉得合适了，就用同样的方法做其他的头饰。（图4-3-19）

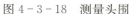

图4-3-18　测量头围　　　　　　　　图4-3-19　试戴头饰

教师和幼儿一起分享制作的经验。

教师：刚才大家都试戴了做好的头饰，感觉怎样？

萱萱：我戴着头饰都看不到东西了，这样很容易摔倒的。

君雨：我都呼吸不了啦！

巧怡：我们可以像戴头箍一样戴在头上呀！

经过一番讨论后，幼儿决定改造头饰。

💡【思考与支持】

　　幼儿第一次尝试自制头饰，在制作的过程中充分表现出独立性和创造性，能够使用非标准测量的方法，用估算的方式量头围，掌握了目测的方法。这些经验都来源于幼儿日常的游戏积累。但在制作头饰的过程中，并没有深入地思考头饰是否合适，这说明幼儿缺少类似经验，更享受制作的过程而不是结果。

图 4 - 3 - 20　各类头箍

图 4 - 3 - 21　重新修改头饰设计图

图 4 - 3 - 22　改造好的头饰

游戏三：制作场景（进行时间：1周）

制作场景的幼儿分成洞口组、背景组和舞台组。洞口组的幼儿选择用牛奶箱做门框。他们把箱子一个个粘贴好摆放在表演区门口的两边。

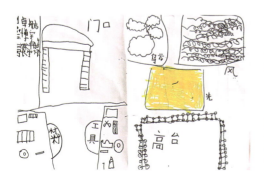

图 4 - 3 - 23　背影组设计图

图 4 - 3 - 24　测量

图 4-3-25　搭建好的老鼠村门口

负责制作背景和舞台的幼儿也通力合作把自己的工作完成。

图 4-3-26　绘画背影　　　　　　　　图 4-3-27　拼搭高台

各组都完成后，教师组织幼儿一起参观场景后进行分享。

羽煊：老鼠村的洞口很像，一看就知道是老鼠村了。

可爱：但是老鼠村里只有风和乌云的背景，我觉得不是很好。

乐欣：还要有一些树和老鼠住的房子呀。

博宇：我觉得要把高台的围栏调整一下，缺口要轻轻一碰就开的，这样才方便美
叮当逃走。

经过讨论后，幼儿决定继续完善场景。

【思考与支持】

　　制作场景的幼儿从绘制设计图到选材再到制作完成，都是自己主导。

可以看出幼儿能把新的创意和想法跟自己的生活经验建立联系，不断完善场景。教师继续给幼儿提供各类尺子、纸筒和各色卡纸，鼓励幼儿和同伴一起商量改进场景，细化每个场景的布置。

第三阶段：表演《老鼠娶新娘》

幼儿自制了表演计划，第一次的表演就开始了。（图4-3-28）

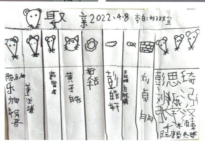

图4-3-28　制作表演计划

游戏一：初演《老鼠娶新娘》（进行时间：1周）

一切准备就绪，参与表演的幼儿齐聚表演区，随着旁白的开始，老村长、美叮当、大黑猫……相继出场，在扮演的小朋友对话跟不上的时候，羽煊就一个一个提醒，如果角色忘记了自己的对话，她就直接把角色的对话也说了。

游戏分享环节，教师组织幼儿进行了讨论。

教师：今天的表演你们觉得怎么样？

乐欣：我觉得很乱，小朋友都不知道自己什么时候出场，旁白念完了有些小朋友还不出场。

图 4-3-29 初演　　　　　　　图 4-3-30 初演造型

羽煊：表演的人记不住台词，角色对话和旁白衔接不上，所以总是在等。

卓航：很多小朋友就是这样走出去，没有表情和动作。

教师和幼儿一起梳理初演的问题：出场顺序混乱，角色表情动作不到位，忘记对话等。他们针对问题讨论了解决的方法，决定重新制作表演计划，排练好了再表演。

💡【思考与支持】

可以看出幼儿已经从嬉戏性表演进入到目的性表演阶段。能提出自己找时间去练习，说明幼儿表演的兴致很高。不完美的过程促进了幼儿不断思考。教师继续提供支持：A3 纸和各种颜色的记号笔；绘本故事的音频；实地规划站位和进出场的路线。鼓励幼儿餐后和同伴一起进行角色对话，关注表情、动作。

图 4-3-31 第二次的表演计划　　图 4-3-32 做各种表情　　图 4-3-33 幼儿餐后自主练习

游戏二：再演《老鼠娶新娘》（进行时间：1周）

经过一段时间的准备后，第二次的表演又开始了。幼儿互相帮忙穿好服装、戴好头饰后站成了一列，乐欣拿着表演的计划表，指挥表演的角色站在自己的位置，并重新交代进出场的路线后，表演正式开始。

羽煊开始念旁白，当念到"喵"的一声时，扮演"大黑猫"的幼儿扑了出来把高台打烂了，还没等旁白念下一句，"美叮当"就从高台上"掉"了下来，"小阿郎"接住"美叮当"后躲到了旁边的背景后面。扮演"大黑猫"的幼儿在舞台上跳跃，扮演"小老鼠"的幼儿逃到了门外。

图 4-3-34　二演　　　　　　　　　　图 4-3-35　二演造型

游戏分享环节，幼儿兴高采烈地讨论开了。

羽煊：今天的对话很好，他们都记得自己说的话，表情、动作都做对了。

锐谦：虽然表演前说了怎么走，但是表演时还是不知道要怎么走。

教师：怎样才能让每个人都知道自己进、退场的路线？

乐欣：我们画一张表演的路线图吧！让每个角色都知道表演时站哪里、往哪里走、退到哪里去。

卓航：我们的场地太小了，表演的人又多，有点挤。

宇昊：是呀，没有观众席，其他人都看不见表演，不如像以前表演《好饿的老狼和猪的小镇》一样去大厅演吧。

振泓说：我们可以用积木搭建一个大型的老鼠村，这样就够用了。

振泓的话引起了全体幼儿的赞同，大家一致要求搭建新的老鼠村进行第三次表演,并讨论要准备什么。

💡【思考与支持】

　　幼儿对表演的兴趣高涨。教师继续追随幼儿的兴趣,给予幼儿环境与材料的支持,鼓励幼儿做好搭建的分工计划并绘制搭建的设计图,利用自由时间到大厅搭建好"老鼠村",并支持幼儿画好新场地的表演路线图。

图4-3-36　各个区的材料　图4-3-37　搭建圆形洞　图4-3-38　改建后的老鼠村
　　　　　　　　　　　　　　　　　　口的材料

　　　图4-3-39　高台　　　　　　图4-3-40　房子　　　　图4-3-41
　　　　　　　　　　　　　　　　　　　　　　　　　　　表演路线图

　　游戏三:三演《老鼠娶新娘》(进行时间:1周)

　　第三次表演《老鼠娶新娘》开始了,乐欣拿着路线图指导表演者就位,有了乐欣现场的指导,表演的幼儿们都知道了自己的站位和进退场的路线。

　　接着,羽煊开始念旁白,当念到美叮当把绣球一抛,突然"喵"的一声冲出一只大黑猫一爪打在了高台上时,扮演大黑猫的智杰从高台后面冲了出来用手打坏了高台,美叮当做了一个很害怕的表情后马上跳下了高台,台下的小阿郎接住了美叮当拉着她的手就跑了。大黑猫挥动两只爪子凶猛地去抓老鼠,小老鼠们吓得哇哇叫,急忙到处乱窜,逃到了房子后面。

……

接下来出场的太阳、乌云、风、墙等角色表情都很生动,旁白声情并茂地讲述,现场响起了阵阵掌声。

图 4 - 3 - 42　乐欣讲解表演顺序

图 4 - 3 - 43　三演

图 4 - 3 - 44　三演造型

表演结束后,教师组织幼儿进行了分享。羽煊说这次的表演很精彩,大家的动作、表情还有对话都很到位,萱萱说参加表演很开心,这时欣晴提出表演老鼠迎亲的部分,这引起了全体幼儿的兴趣,大家七嘴八舌说着自己见过的迎亲,于是新的表演内容——老鼠迎亲也即将开始了。

💡【思考与支持】

　　这次表演中幼儿的语言对话、动作、表情都很到位，表演能力获得了很大的提升。在接下来的活动中，教师正好将本土婚嫁的风俗融入幼儿喜欢的游戏中，让幼儿可以在调查、收集、制作婚嫁用品的过程中了解沙溪的本土文化，既丰富了游戏内容，也提升了文化自信。教师向家长发放《沙溪婚俗调查表》，鼓励家长和幼儿了解本土婚嫁的风俗习惯，并让幼儿用自己理解的方式记录下来；鼓励幼儿做好制作、收集婚嫁物品的计划；展示幼儿收集或制作的婚嫁用品，提供婚嫁的场景图片，让幼儿观看和自由交流。

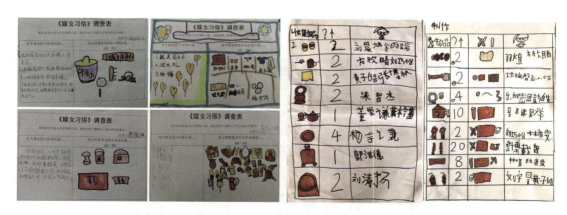

图 4-3-45　沙溪婚俗调查表　　　　图 4-3-46　制作、收集婚嫁物品的计划

第四阶段：表演《老鼠娶新娘》之——迎亲

大家一起收集、制作本土婚嫁用品进行展示。（图 4-3-47）

图 4-3-47　收集与制作的婚嫁用品

图 4-3-48　邀请"祝婆"进课堂

图 4-3-49　展示台

图 4-3-50　把老鼠村布置得十分喜庆

图 4-3-51　花车

图 4-3-52　花轿

图 4-3-53　迎亲计划

图 4-3-54　迎亲路线图

图 4-3-55　制作的胸花

图 4-3-56　请柬

图 4-3-57　代表吉利的字条

图 4-3-58　发请柬

游戏：表演《老鼠娶新娘》之——迎亲（进行时间：1周）

　　每个小组的小组长安排好自己的组员拿取物品、排队，受邀请来观看表演的小观众也来到了操场，准备好观看表演了。

　　"老鼠新郎"拉着"老鼠新娘"的手缓缓走来，长长的迎亲队伍绕场一圈后，"老鼠新娘"坐上了花轿，来到了老鼠村。"老鼠村长"已等候多时了。大家一起念起了老鼠娶亲的儿歌，念完儿歌后"新郎""新娘"拜堂。扮演祝婆的幼儿帮忙倒茶，"新郎""新娘"分别给"老鼠村长"敬茶。在大家的欢声笑语中，延续了差不多一个学期的表演游戏《老鼠娶新娘》画上了圆满的句号。

图 4-3-59　迎亲队伍

图 4-3-60
新郎、新娘给长辈敬茶

图 4-3-61　请观众吃喜糖

图 4-3-62　请幼儿园工作
人员吃喜糖

💡【思考与支持】

　　迎亲的准备过程内容多且复杂，但幼儿并没有"知难而退"，而是保持高涨的兴趣投入到各项准备工作中。每个幼儿都很清楚自己负责的工作，每一个参与的幼儿都有角色可演，表演的过程热闹并有秩序。幼儿自然地了解了沙溪本土的婚嫁习俗。

▋ 总结与反思

1. 幼儿的学习与发展

（1）情感态度方面

教师巧妙地将沙溪本土的婚嫁习俗融入游戏中，让幼儿在参与游戏、调查、访谈中初步了解了沙溪本土的婚嫁习俗,在游戏中传承了传统文化,既丰富了游戏内容,也提升了文化自信,萌发了爱家乡的情怀。

（2）知识经验方面

幼儿能综合运用已有经验解决问题,计划、统筹能力不断提升。幼儿的学习能力和知识经验也不断提升。

（3）学习品质方面

在整个游戏过程中,幼儿一直保持专注,坚持做好计划和调配,让游戏热闹而有序地开展,这说明幼儿们的合作能力、计划能力获得很大的发展。

2. 教师的支持策略

（1）隐性支持

环境支持。教师为幼儿提供了开放的环境,幼儿可以根据需要跨区域去寻找自己所需的材料,这让幼儿获得了成功的体验,增强了自信。

材料支持。教师在表演区提供丰富的基础材料、各种辅助材料,让幼儿可以根据需要自由选择材料去解决游戏中的各种问题,让游戏可以持续并不断深入。

情感支持。教师一直给予幼儿充分的肯定和信心,当幼儿遇到问题时,教师在背后支持并鼓励幼儿尝试判断和思考,让幼儿在游戏中感受到包容与理解,感受到成功的喜悦。

联动家长。鼓励家长参与到游戏中,给幼儿提供经验、材料支持,不断推进游戏。

（2）显性支持

活动支持。当幼儿遇到问题或经验不足时,教师通过直接或间接的活动丰富幼儿的相关经验,让幼儿可以顺利解决问题。

师幼互动。在整个游戏过程中,教师一直作为观察者,关注着幼儿的想法和行为,在幼儿需要的时候及时提出直接或间接的意见和建议,帮助幼儿顺利解决问题,在互动中一步步助推幼儿获得发展。

▼ 游戏路径图

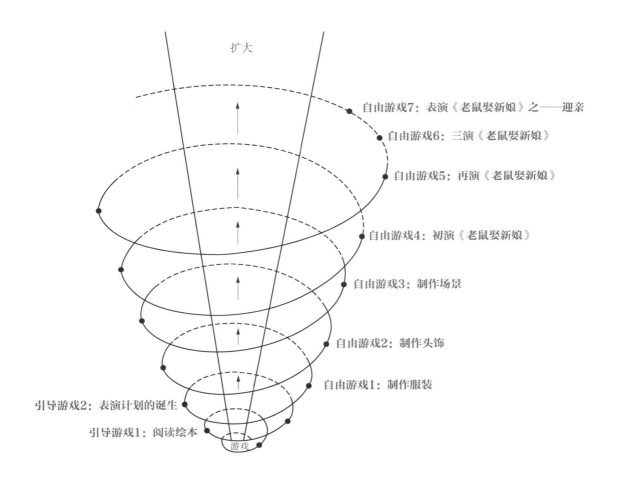

扩大

自由游戏7：表演《老鼠娶新娘》之——迎亲

自由游戏6：三演《老鼠娶新娘》

自由游戏5：再演《老鼠娶新娘》

自由游戏4：初演《老鼠娶新娘》

自由游戏3：制作场景

自由游戏2：制作头饰

自由游戏1：制作服装

引导游戏2：表演计划的诞生

引导游戏1：阅读绘本

游戏

艇仔粥

年龄段：大班

中山市沙溪镇云汉幼儿园

黄韵洁、刘梓晴、陈少东

▊ 背景信息

艇仔粥是经典广式生滚粥之一，其起源故事既具时代特色，也体现了广府文化。

在"我的家乡——岭南天地"主题活动中幼儿收集了很多关于岭南的建筑、饮食、文化、风俗等绘本图书。其中关于岭南饮食的《艇仔粥》最受幼儿喜爱，他们常常围在一起翻阅与讨论：艇仔粥，这名字真特别！为什么叫艇仔粥呢？我吃过，里面有很多好吃的东西，花生、鱼片……味道很好。图画里面人物的服装也很特别，和我们不一样。于是，《艇仔粥》的系列表演游戏开始了。

▊ 游戏准备

1. 材料准备

基础材料：各种颜色和质地的布料，不同大小的纸板、箱子等。

辅助材料：剪刀，针线，尺子，超轻黏土等。

2. 环境准备

创设水乡情境,摆放艇仔模型、艇仔粥食材仿真玩具、《艇仔粥》绘本等。

图 4-4-1 《艇仔粥》情境

图 4-4-2 《艇仔粥》食材仿真玩具

3. 经验准备

幼儿熟悉《艇仔粥》的故事,吃过艇仔粥,知道艇仔粥里面的食材;见过或坐过艇仔;能听懂粤语,会用简单的粤语进行交流。

▌ 游戏历程

"艇仔粥"从开始到结束,全班 38 名幼儿参与,用时 16 周,分 4 个阶段逐步推进,贯穿了整个学期,一共由 13 个游戏构成。

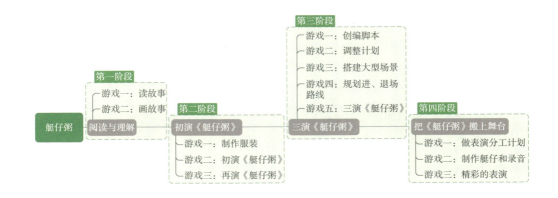

第一阶段：阅读与理解

游戏一：读故事（进行时间：1周）

追随幼儿的兴趣，教师与幼儿用粤语共读了故事《艇仔粥》并进行分享交流。

教师：《艇仔粥》的故事里都有谁？

桐桐：有二世祖、老艄公和顾客。

教师：他们之间发生了什么事情？跟艇仔粥有什么关系？

靖轩：二世祖要跳河，老艄公救了他，最后老艄公还教他煮粥来卖，因为是在艇仔上卖的，所以就叫艇仔粥了。

教师：艇仔粥里面都有哪些食材？

楚文：有鱼片、瘦肉、鸡蛋丝、花生、腐皮、油条、烧鸭丝，很香的。

教师：你最喜欢故事中的哪个情节？为什么？

欣欣：我最喜欢老艄公救人的情节，因为他帮助别人，有爱心。

凯凯：二世祖知错能改，还学会了做生意，我觉得很好。

......

教师鼓励幼儿之间分享自己喜欢的人物情节，并说出理由。

💡【思考与支持】

在幼儿园，幼儿基本是用普通话进行交流的，很少用粤语交流，更别说用粤语讲故事了，所以本次的粤语共读《艇仔粥》活动让幼儿觉得新奇和有趣，听读的兴致很高，幼儿从不敢讲、不好意思讲到愿意讲、大胆讲，充分感受粤语的韵味和独特性。

教师创设相关情境，在区域中投放艇仔、疍家人的模型和《艇仔粥》绘本故事书。与家长联系，鼓励家长和孩子共读粤语民间故事《艇仔粥》。

游戏二:画故事(进行时间:1周)

画故事人物和情节

允儿和景恒来到了美工区,允儿翻看《艇仔粥》绘本,看完最后一页就在画画本上画起来,景恒看到后也拿来了画画本坐下来画。他们一边画一边聊,其他几名幼儿也拿来了画画本画起了《艇仔粥》故事中的画面。

游戏分享环节,教师请美工区的幼儿分享今天的游戏内容。

教师:今天美工区的小朋友都在画画,能跟我们分享一下你们都在画什么吗?

允儿:我刚才在画《艇仔粥》这本书的故事,画了老艄公救二世祖的那幅画。

彤彤:我画的是二世祖,他穿着灰色旧衣服,因为没钱了。

……

欣桐:把你们画的组合在一起就变成新的《艇仔粥》故事书啦。

美工区幼儿的分享引起了其他幼儿的兴趣,几个幼儿开始查漏补缺,将没有画上的页面补上,一本自制的《艇仔粥》绘本诞生了。

图 4-4-3　画我喜欢的故事情节

图 4-4-4　自制《艇仔粥》绘本

做故事人偶

芷仪和嘉家收集了各种颜色的超轻黏土做人偶,他们把做好的人偶放在桌上,立即吸引了小伙伴围观。芷仪提议用做好的人偶来表演《艇仔粥》的故事,她来做老艄公,嘉家想做二世祖,靖轩想当游客。角色分配完后,幼儿就玩起了桌面表演游戏。

游戏分享环节,教师请玩桌面表演的幼儿进行了分享。

教师：今天看到你们玩了一个桌面的游戏，感觉很好玩，跟我们分享一下吧。

芷仪：今天我和嘉家在美工区用超轻黏土做了二世祖、老艄公还有一些客人，然后用做好的人物进行了表演，是在桌面上表演的。

教师：这么有趣，能给我们示范一下是怎样表演的吗？

芷仪、嘉家、靖轩几个人一起拿着他们做的人偶示范表演了一遍，这次表演引起了更多孩子的兴趣，在接下来的区域活动时间，有很多孩子加入桌面表演的行列。

💡【思考与支持】

　　幼儿画故事和做故事人偶的行为，是理解故事的一种方法和途径。为了进一步引发幼儿的兴趣和提升幼儿对疍家人相关文化的了解，教师在表演区粘贴有关疍家人生活环境、衣着服饰图片。同时投放更多材料，支持幼儿进一步探究。继续鼓励家长和幼儿一起共读故事，加深对故事情节和角色的了解。

图4-4-5　探究艇仔粥食材

图4-4-6　了解疍家人历史文化

第二阶段：初演《艇仔粥》

游戏一：制作服装（进行时间：1周）

区域游戏时间，幼儿聚在一起商量制作服装的事情，最后决定先做个记录表，然后开始制作。嘉家做了服装制作计划图，并将所需的材料也表征出来，然后就开始制作服装。

安霖说看过爸爸帮别人做衣服是先量好大小，然后在纸板上画出来，再贴在布上用剪刀把它剪出来，最后用针线缝起来就可以了。昊源说就按照这个方法去做。靖轩说一件衣服要有两面，还要剪一块一样的布料才能缝成一件衣服，安霖把两块布料重叠起来缝制。老艄公的衣服就制作完毕了。

接下来几天，他们又用同样的方法制作了二世祖和其他人的衣服。

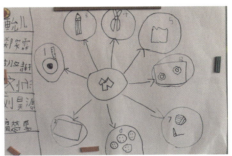

图4-4-7　讨论制作服装　　图4-4-8　制作服装所需材料及流程气泡图

图4-4-9　测量　　　　　　　图4-4-10　制样

图 4 - 4 - 11　裁剪　　　　　　　　图 4 - 4 - 12　缝制

图 4 - 4 - 13　订纽扣　　　　　　　图 4 - 4 - 14　完成

游戏二:初演《艇仔粥》(进行时间:1周)

完成所有的服装制作后,大家穿上了表演服饰,准备表演。每个人你看看我、我看看你不知道如何开始。这时扮演二世祖的楚文走上台,又从台上跳下来说:我跳到海里了,救命呀! 一边扮演老艄公的浩源并没有反应,只是看着。旁边的安霖拉了

图 4 - 4 - 15　二世祖和老艄公煮粥　　　图 4 - 4 - 16　二世祖和老艄公对话

拉浩源的衣服说:老艄公你要去救二世祖呀。浩源这才反应过来,伸手拉起了"二世祖"……

游戏结束后,老师请表演区的孩子分享今天的表演。

教师:今天表演区的小朋友在表演,给大家介绍一下你们的表演游戏吧!

靖轩:我们穿好了衣服就开始表演,但是不知道谁什么时候出场,有的都忘记自己说的话了。

梓皓:老艄公一直不说话。

昊源:二世祖在叫救命的时候,老艄公都没有反应。

教师:还有什么问题?

俊熙:没有道具,没办法卖粥。

洛希:我们也没有艇仔,没有河和岸边吃粥的地方。

教师:这么多的问题,该怎么办呢?

有的幼儿说要搭好艇仔,做好碗筷、煲好"粥"再来演,有的幼儿建议做个计划表、分好工做道具。最后综合大家的意见,幼儿决定继续完善服装道具后再演。

【思考与支持】

幼儿对故事的情节、角色不够熟悉,服装、道具准备不充分等,导致在表演中出现角色不清晰、对话缺失、情节单一等问题。游戏结束后,师幼之间的互动对话引发幼儿思考、寻找解决办法,帮助幼儿积累做计划、分工的经验以及关注细节的能力。

教师给幼儿提供了艇仔粥图片、丰富的材料支持幼儿进行服装道具的制作;鼓励家长和幼儿开展角色扮演,利用假日进行实地研学或观看相关视频并和同伴分享。

图 4 - 4 - 17　实地研学观看艇仔　　　图 4 - 4 - 18　实地研学坐在艇仔上吃粥

游戏三：再演《艇仔粥》（进行时间：3 周）

做表演计划

大家推选浩源把计划表画下来。浩源画完后让大家在每个标志旁边写上自己的名字，表示自己负责的工作和表演的角色，做好计划后幼儿就分头准备场景和道具了。

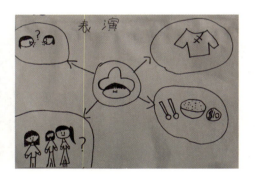

图 4 - 4 - 19　讨论分工　　　　　图 4 - 4 - 20　第一次的表演计划

增添道具和场景

道具组的幼儿找来了几个泡沫碗，画出各种纹饰。桐桐说想用纸把食材画出来再剪下来，只见她在白纸上画出一个正方形，并在上面有规律地涂上黄色、橙色，随后剪下来当成了鱼片。晓盈说要用超轻黏土把食材做出来，只见她先把黄色的超轻黏土搓成长条，当成油炸鬼……经过大家的努力，艇仔粥的食材制作完成。

图 4 - 4 - 21　制作碗

图 4 - 4 - 22　制作艇仔粥食材

图 4 - 4 - 23　制作艇仔粥食材

图 4 - 4 - 24　制作艇仔粥食材

靖轩说还要一艘艇仔，要在艇上卖粥，建构区的幼儿听了马上回应说由他们来搭艇仔。

图 4 - 4 - 25　正在搭建艇仔

图 4 - 4 - 26　搭建好的表演道具：艇仔

再演《艇仔粥》

一切准备就绪。参与表演的幼儿都站在艇仔旁边，负责旁白的洛希开始用粤语

念旁白：系（是）珠江边……

扮演老艄公的幼儿一边听旁白一边在船上做着撑船的动作，当旁白说到二世祖要跳海的时候，扮演二世祖的幼儿"跳"进了"珠江"里，扮演路人的幼儿指着"水里"的二世祖大声喊救命。这时扮演老艄公的幼儿假装撑着"船"过去把二世祖拉到了"船"上，然后说：后生仔（小伙子），你点解（为什么）要跳河呀？扮演二世祖的幼儿说：老伯，我洗晒老豆（爸爸死了）留底滴（没留下多少）钱，仲争人（还欠别人）好多钱。老艄公搭着二世祖的肩膀说：唔使（不能）死葛，我依加（现在）年纪大了，撑船又累，耕地又无力，我想做滴（一点）小生意，你可以帮我嘛。

最后老艄公和二世祖在船上卖艇仔粥，第二次的表演就结束了。

图4-4-27 老艄公出场

图4-4-28 二世祖跳江

图4-4-29 老艄公救人

图4-4-30 商量

图4-4-31 煲粥

图4-4-32 叫卖

游戏结束后,教师与幼儿进行了分享。

教师:你们觉得今天的表演怎样?

洛希:表演的人说话的时候都没有表情,有些人就一直在笑。

靖轩:二世祖被救上来后,应该是伤心的,不能笑的。

吴源:对话太少了,老艄公说了几句就没有了,他们卖粥的时候一直不说话。

欣潼:艇仔太小、又窄,不稳固。

教师:我们一起整理一下今天大家遇到的问题:动作、表情不匹配;对话太少了;艇仔又窄又小,不稳固。

💡【思考与支持】

幼儿对表演游戏的思路更清晰了,对故事人物特征、情节发展等仍不够深入了解,由此教师给予幼儿直观的认知经验,如播放卖艇仔粥的视频、鼓励实地研学等,让幼儿了解疍家人的生活环境及语言文化。

图4-4-33 画表情

图4-4-34 画动作

第三阶段:三演《艇仔粥》

游戏一:创编脚本(进行时间:1周)

晨谈时间,教师与幼儿围绕"如何让对话丰富起来"进行了讨论。

轩轩:老艄公救了二世祖后可以问他为什么要跳河。

彤彤：二世祖可以告诉老艄公他是怎样把钱用光的。

昊源：顾客来买粥也要说话的，买几碗粥？多少钱？

嘉家：我读过一首《艇仔粥》的粤语童谣，老艄公和二世祖煮粥时，就可以读出来了，里面介绍了很多艇仔粥的食材。

教师：这主意真好！加上童谣会更有趣。

经过讨论后，幼儿确定要给老艄公、二世祖、游客创编角色对话，并用绘画的形式记录下来，在大家的共同努力下，一本自编自创的《艇仔粥》故事书诞生了。

图4-4-35　创编脚本

图4-4-36　自制《艇仔粥》故事书

游戏二：调整计划（进行时间：1周）

雯雯拿着新创编的《艇仔粥》故事书来到表演区大声说：谁要参加表演新版的《艇仔粥》就来报名哦。立马吸引了一批幼儿过来。

靖轩：今天想表演的人很多，我们先数一下，再分工。

俊熙：我们有表演的人，有准备服装、道具的人。

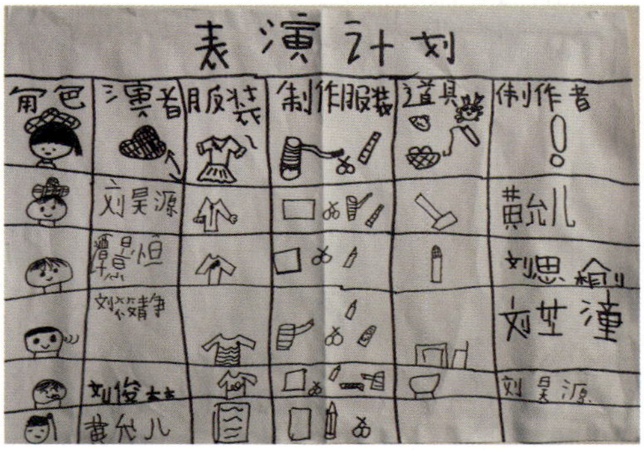

彤彤：一艘艇仔太少了，我们可以多搭几艘，多坐几个人。

欣欣：还有码头，是专门用来停靠艇仔的。

雯雯根据同伴所说的内容，做好表演计划，幼儿根据自己的意愿选择内容填上名字，计划表就完成了。

图4-4-37　第三次的表演计划表

游戏三:搭建大型场景(进行时间:1周)

负责搭建艇仔的幼儿绘画好设计图后,来到户外的建构乐园,按意愿自主分成5个小组,分别搭建艇仔1、艇仔2、艇仔3、艇仔4和码头,确定搭建的位置后就选取所需要的材料开始了搭建。

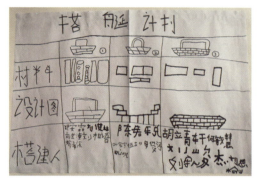
图4-4-38 艇仔设计图

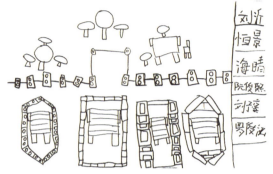
图4-4-39 场地规划图

图4-4-40 场景俯视图

图4-4-41 场地侧视图

游戏四:规划进、退场路线(进行时间:1周)

晨间谈话时间,教师和幼儿进行了谈话。

教师:你们都做好准备了,可以开始表演了吗?

楚文:可以呀,我们等一下就去表演吧。

俊熙:不行,我还不知道从哪边出场跳到海里呢。

欣桐:我是客人,从码头买完东西后要从哪边退场呢?

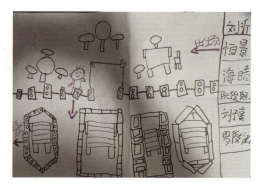

图4-4-42　进退场路线图

昊源：那我们就从右边出场，从左边那边退场吧。

熙粤：我们还是先做一个路线图，这样大家都知道自己的进、退路线了。

商量讨论后，幼儿决定要先规划好进退场的路线图，然后大家再到现场排练一遍，都清楚了就开始表演。

游戏五：三演《艇仔粥》(进行时间：1周)

一切准备就绪后，第三次的表演开始了。

旁白洛希看到大家都准备好后就用粤语开始念旁白，出场的幼儿跟着旁白做动作念对白。幼儿都专注地表演着。

图4-4-43　三演艇仔粥

图4-4-44　艇仔粥小演员亮相

游戏结束后，教师邀请幼儿进行分享。

教师：这次的表演你们感觉怎样？

靖轩：我觉得这次演得很好，大家的表情和动作都很到位。

筱静：特别是老艄公和二世祖一起煮粥的时候，他们很认真。

芷潼：我很喜欢游客的角色，可以在岸边自由玩耍和买东西。

安翊：这次表演得这么好，我们可以在毕业汇演上表演给爸爸妈妈、爷爷奶奶看吗？

教师：这个想法不错，你们可以商量一下如何把我们的《艇仔粥》故事搬上舞台。

💡【思考与支持】

　　这次表演，幼儿的团队合作能力得到很大提升，同时空间方位辨识能力也获得提升。表演结束后，有幼儿提出要把《艇仔粥》表演搬上毕业汇演的舞台，对于幼儿来说，这是一个全新的挑战。教师给幼儿提供更丰富的材料（纸箱、扭扭棒、颜料等），为幼儿准备了录音工具等。

图 4-4-45　毕业汇演现场

第四阶段：把《艇仔粥》搬上舞台

游戏一：做表演分工计划（进行时间：1周）

晨谈时间，教师与幼儿讨论舞台表演的事项。

昊源：我们不能用积木在舞台上搭艇仔，因为我们表演完后，收拾太慢，会影响后面的节目表演。

桐桐：舞台很高，我们要站在中间表演。但观众席很远，我们的声音太小了。

教师：那怎么办呢？如何解决这些问题呢？

安翊：可以用很大的纸箱来做艇仔。

俊熙：我看过以前大班哥哥们的表演，他们是提前录音的，表演时再播放出来。

家乐：这么多工作，我们要做好计划分工，谁负责做纸箱艇仔，谁来录音。

图 4-4-46 艇仔粥表演总表

说完，幼儿就开始详细记录每一个人的分工，所需材料，明确要做的事情。

游戏二：制作艇仔和录音（进行时间：2 周）

在幼儿的邀请下，教师配合幼儿一起把长方形纸箱剪开，然后再用索带连接收紧，两头尖尖的艇仔外形就出来了。几个孩子拿着水管，将两头插在圆柱里面，拱形做出来了。最后铺上纸皮固定，纸皮艇仔完成了。

而负责录音的小朋友也在老师的协助下，把故事录音准备好了。

图 4-4-47 制作艇仔

图 4-4-48 制作旗子

游戏三：精彩的表演（进行时间：1 周）

毕业汇演当天，幼儿生动的表演获得观众阵阵掌声！

图 4-4-49 幼儿表演

图 4-4-50 幼儿表演

图 4-4-51　幼儿表演　　　　　　　图 4-4-52　演员大合照

　　幼儿的游戏持续进行，他们的奇思妙想和果断行动让游戏不断推进。幼儿获得了更多关于表演的经验，有了宝贵的经历，也收获了自信和快乐。

▌总结与反思

1. 幼儿的学习与发展

（1）情感态度方面

　　在游戏过程中幼儿亲身感受岭南文化的特色和独特魅力，用自己的理解和行动去传承岭南文化，提升对家乡文化的认识，感受家乡文化的多元，进一步激发爱国爱乡之情。

（2）知识经验方面

　　幼儿有条不紊地开展表演前的准备工作，形成较强的角色扮演意识，运用语言、动作和表情等手段来再现故事内容，表达能力和知识经验不断提升。他们在游戏中学习使用粤语，促进了粤语的传承。

（3）学习品质方面

在游戏过程中,幼儿一次次想办法解决问题,体现了坚持、专注、积极思考、善于合作的品质。

2. 教师的支持策略

（1）隐性支持

环境支持。教师创设艇仔粥的相关情境,提供宽敞的户外建构区,并在建构区墙面上粘贴从多个角度拍摄的艇仔图片,为幼儿的搭建提供重要的信息。

材料支持。教师投放丰富的材料,尤其是低结构材料,让幼儿自由、充分地探究材料。

情感支持。教师以积极的观察者和支持者身份参与到游戏中,时刻关注幼儿在活动中的表现,与幼儿进行平等、有效的沟通,理解幼儿的想法与见解,提供不同的支持策略。

联动家长支持。家长与幼儿通过共读、研学,探寻艇仔粥背后的家乡风土习俗和文化,不仅给家庭生活增添了乐趣,促进亲子间的互动,更让幼儿领会了故事的精髓。

（2）显性支持

活动支持。教师利用各种活动为幼儿积累语言素材,帮助幼儿创编对话;追随幼儿的意愿,开放大型建构区、提供适宜的建构材料给幼儿搭建和表演。

师幼互动。教师适时适宜地提出启发式、开放性的问题,以激发幼儿不断思考、主动探究和交流,有效推进游戏的开展。

▼ 游戏路径图

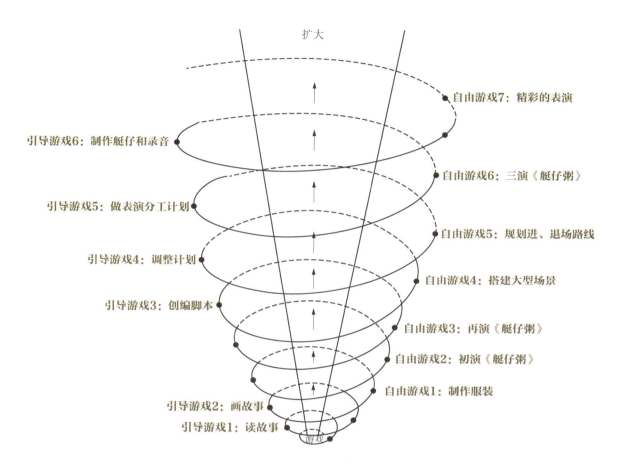

扩大

自由游戏7：精彩的表演

引导游戏6：制作艇仔和录音

自由游戏6：三演《艇仔粥》

引导游戏5：做表演分工计划

自由游戏5：规划进、退场路线

引导游戏4：调整计划

自由游戏4：搭建大型场景

引导游戏3：创编脚本

自由游戏3：再演《艇仔粥》

自由游戏2：初演《艇仔粥》

引导游戏2：画故事

自由游戏1：制作服装

引导游戏1：读故事

游戏

鹬蚌相争

年龄段：大班

中山市沙溪镇云汉幼儿园

杨家羽、吴韵玲、何楚君

■ 背景信息

　　一天，大二班幼儿在经过岭南文化长廊的时候，看到展示的手工"蚌"，有幼儿说在班上的图书区也有一本书里有这个"蚌"，于是一路上幼儿都在谈论这个话题，教师及时捕捉到幼儿的兴趣，找到了《鹬蚌相争》绘本和幼儿一起共读，从而引发了一系列表演游戏。

图 4-5-1　幼儿经过岭南文化长廊发现了"蚌"

■ 游戏准备

1. 材料准备

辅助材料：各类型的纸、笔、剪刀、超轻黏土等。

基础材料：蚌壳、各种颜色的布料、各种厚度的纸皮等。

2. 环境创设

《鹬蚌相争》绘本若干。

3. 经验准备

幼儿有表演绘本故事的经验；对岭南的故事、景观、民俗有初步的了解；对粤语童谣感兴趣，愿意表演新学的粤语童谣。

■ 游戏历程

"鹬蚌相争"从开始到结束，从 5 名幼儿参与到全体幼儿参与。经历了 10 周，分 4 个阶段逐步推进，由 10 个游戏构成。

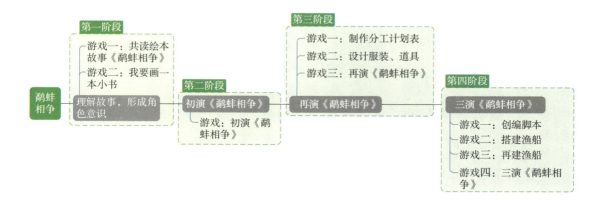

第一阶段：理解故事，形成角色意识

游戏一：共读绘本故事《鹬蚌相争》（进行时间：1 周）

学习活动时间，教师和幼儿共读了绘本故事《鹬蚌相争》，并通过谈话交流，加深幼儿对绘本故事的理解。

教师：你最喜欢故事中的谁？

幼1：我喜欢渔翁，因为他一下子就抓到了鹬鸟和蚌，双丰收了。

幼2：我喜欢鹬鸟，它可以自由自在地在水边散步玩耍。

幼3：我也喜欢鹬鸟，我觉得它很好看。

教师：你喜欢故事中的哪个场景？

幼1：我喜欢鹬鸟在河边的情境，感觉很舒服。

幼2：我喜欢蚌在河里舒服晒太阳的情境。

……

教师鼓励幼儿在自由活动时间把自己喜欢的故事情节、角色画出来。

图 4-5-2　教师与幼儿一起共读《鹬蚌相争》

💡【思考与支持】

　　幼儿对《鹬蚌相争》感兴趣，所以在共读的过程中专注度很高，共读后能发表自己的想法和意见。教师鼓励幼儿在自由活动时将自己喜欢的故事情节和角色绘画出来，加深对情节和角色的理解。教师在语言区投放了若干《鹬蚌相争》绘本，鼓励幼儿与同伴继续共读故事，分享自己的想法。

游戏二：我要画一本小书（进行时间：1周）

　　自主游戏时间，教师把幼儿绘画《鹬蚌相争》的故事与大家进行分享。美工区的几名幼儿商量要做一本《鹬蚌相争》迷你绘本。

图 4-5-3　亲子共读绘本　　　　图 4-5-4　投放《鹬蚌相争》绘本

游戏结束后,教师请美工区做迷你绘本的幼儿进行了分享。

教师:我看到你们在美工区做了一本小书,能跟大家介绍一下吗?

幼1:我们用一张绘画纸对折成四份再剪下来,在纸上照着绘本一页一页画下来,用厚一点的纸皮做封面和封底,最后装订起来就可以了。

幼2:我们这本小书可好了,能够放在口袋里随时拿出来看的。

幼3:我也想做一本这样的小书呢。

图 4-5-5　幼儿制作折叠小书和连环画小书

💡【思考与支持】

　　幼儿制作迷你绘本的过程中也是理解绘本内容和角色的过程。这是幼儿用自己的方式理解绘本内容和角色。教师提供不同材质的纸和各种工具、材料供幼儿选择制作,并展示幼儿的制作成果,让幼儿在互相交流中进一步理解故事内容和角色。

第二阶段：初演《鹬蚌相争》

游戏：初演《鹬蚌相争》（进行时间：1 周）

第二天的自主游戏时间，潼潼、均乐和清越来到了表演区，开始各自寻找与角色相匹配的布料做服装。他们还聚在一起模拟角色的对话，觉得可以了就开始表演。他们一次次重复地演着河蚌、鹬鸟争斗的情节。

游戏分享环节，教师请表演区的幼儿进行了分享。

教师：表演区的小朋友今天表演了什么？看起来很有趣，能介绍一下吗？

幼1：今天我们在表演区表演了鹬蚌相争的故事，我们都很开心。

教师：能介绍一下你们的表演过程吗？

幼1：我们选好了渔翁、鹬鸟和蚌的服装布料，然后互相帮忙披在身上当成衣服，再一起商量我们的对话，就开始表演了。

教师：你们怎么知道自己什么时候出场？什么时候轮到自己说对白？

幼2：不知道，我们就是三个人在一起，她说完我说，我说完他说。

幼3：如果有一个人帮忙读故事就好了，读到哪个角色就哪个角色出场，没到的就在一边等着，这样就不用大家都挤在表演的场地上。

教师：你说的这个人叫旁白，他负责读角色对话以外的故事内容。这个提议很好，下次再表演时可以看看谁愿意做旁白。

幼4：就这样演也不太好，什么都没有。

教师：那还要准备些什么？

幼4：要有渔船、渔翁的鱼叉这些东西呀。

幼儿4的提议引起了幼儿的兴趣，他们纷纷发表意见还要准备些什么，等准备好了再来表演。

图 4-5-6 初演《鹬蚌相争》

【思考与支持】

幼儿的初演随意、随性,但他们乐在其中,这说明幼儿很喜欢表演游戏。在分享交流中,教师引导幼儿总结经验、发现问题,让幼儿从无目的表演往有目的表演推进;提供各种材料供幼儿选择,幼儿的兴趣进一步被激发。

第三阶段:再演《鹬蚌相争》

游戏一:制作分工计划表(进行时间:1周)

自主游戏时,多了几名幼儿参与到表演区,他们围在一起讨论,有幼儿说这么多人很乱,不知道自己要做什么;有幼儿提议说要先做一个分工表,大家认领任务后就知道自己要做什么了。芯怡提议做分工表,确定各自的分工。

图 4 - 5 - 7　幼儿绘制设计图

游戏二:设计服装、道具(进行时间:1周)

明确了分工后,大家开始了服装道具的制作。

荟淇:上一次你们用绿色的布把自己围住扮演青蛙,我今天想用卡纸做一双大眼睛粘在头顶上,还需要一块白色的布做肚子。

筱柔:我想继续在鹬鸟的衣服上加一些羽毛。

以程:渔翁的衣服都是这样披上去的,我昨天跟妈妈一起看视频的时候,发现渔翁是穿着一件蓑衣的，我想去找一块麻布来制作。

商量完后，幼儿开始了他们的服装改造之旅。

图4-5-8　幼儿制作不同角色的服装

制作道具的幼儿决定选用万能工匠的材料来制作渔叉，用纸箱做渔船。

经过几天的改造，一切准备就绪，《鹬蚌相争》准备开演了。

图4-5-9　幼儿制作道具

游戏三：再演《鹬蚌相争》（进行时间：1周）

游戏时间，表演区的幼儿互相穿好了服装，戴上了头饰，摆好了道具，芯怡做旁白，随着旁白的讲述，渔翁出场了。接着青蛙、河蚌、鹬鸟根据旁白陆续出场，每个出场的角色一边表演一边讲述自己的对白。扮演鹬鸟的幼儿和扮演河蚌的幼儿在"争执"着，饰演渔翁的以程在旁白的示意下，拿着渔叉出来，然后用两只手拿着鹬鸟和河蚌回家了，第二次《鹬蚌相争》表演结束。

图 4-5-10　第二次表演《鹬蚌相争》

表演结束后，教师将表演的视频播放给全班孩子看。

教师：你们觉得今天的表演怎样？

幼1：今天渔翁表演得真好，坐在渔船上钓鱼实在太像了！渔叉也很神气。

幼2：小青蛙的眼睛好可爱，我很喜欢小青蛙的服装。

幼3：我看到鹬鸟在表演时她的嘴巴一直往下掉，她用手扶着，而且在表演时她的衣服都掉下来了。

幼4：鹬鸟的表情都没有。

幼5：鹬鸟飞的动作也没有做出来。

幼6：这渔船也太小了，能不能用积木搭大一点的渔船？

……

经过分享讨论后，教师和幼儿一起梳理了问题：鹬鸟、河蚌的表情、动作不到位；鹬鸟的嘴巴总是往下掉；计划分工表可以更完善；搭建好大渔船再演。

💡【思考与支持】

　　幼儿将主题建构游戏时做的分工计划迁移到本次的表演中，先制订好计划再制作道具，最后表演，可以看出幼儿有一定的学习能力和计划能力，角色意识开始发展。教师继续给幼儿提供材料、各种渔船的图片，为幼儿的搭建做好铺垫。鼓励幼儿在家和家人开展《鹬蚌相争》的角色表演，丰富表演的能力。

第四阶段：三演《鹬蚌相争》

游戏一：创编脚本（进行时间：1 周）

在晨谈时教师与孩子们开展了谈话。

教师：上一次有小朋友说渔翁去钓鱼的时候心情很好，他的表情是怎样的？他会说些什么呢？

芯怡：渔翁应该是笑眯眯的，他可能会说"今天的天气真好，最适合去钓鱼了"。

乐乐：他可能会先伸伸懒腰然后说"天气这么好我要去钓鱼咯"。

教师：鹬鸟应该是出来找食物的，它一边飞一边会说些什么话呢？

文欣：它可能说"我好饿呀，哪里有好吃的呢"。

教师：河蚌从水里出来它会说什么，做什么？

乐乐：就像我们刚起床一样，要洗脸、刷牙、照照镜子。

教师：有没有哪些儿歌童谣是讲早上起床的事情的呢？

颖霖：老师，可以念《靓与丑》（前段时间学的一首粤语童谣）。

教师：这个主意真好，谁来试着表演河蚌走出来的动作和说一说它的话？

……

经过谈话讨论，进一步加深了幼儿对故事内容的熟悉和理解，创编脚本也进一步提升了幼儿的角色意识。

图 4-5-11　教师与幼儿一起创编故事 1

图 4-5-12
教师与幼儿一起创编故事 2

图 4-5-13　教师与幼儿回忆已有经验

图 4-5-14　教师与幼儿一起创编

💡【思考与支持】

　　在本次的谈话中,教师通过提问的方式,激发了幼儿将生活中的经验运用到表演中,丰富了表演内容,同时也激发了幼儿表演的兴趣。教师继续播放各种粤语童谣,鼓励幼儿与家长继续阅读绘本。

游戏二:搭建渔船(进行时间:1 周)

绘制设计图

早餐后,大家开始讨论怎么搭建渔船,自由组合分成了两个搭建小组,并以组为单位商量画设计图。

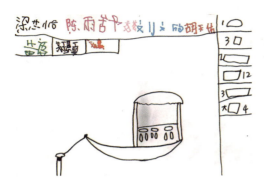
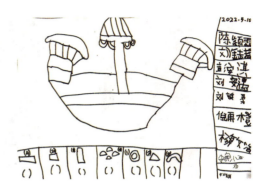

图 4-5-15　1 组设计图　　　　　　图 4-5-16　2 组设计图

搭建渔船

　　幼儿分成两组分别带着设计图来到户外的建构区,各组先确定搭建位置,根据需要各组进行调整后开始第一次搭建。

图 4-5-17　1 组搭建渔船　　　　　　图 4-5-18　1 组的渔船整体图

图 4-5-19　2 组搭建渔船　　　　　　图 4-5-20　2 组的渔船整体图

搭建完成后,教师组织幼儿进行了分享,重点让幼儿介绍自己组搭建的方法、遇到的问题和解决问题的方法等。有幼儿提议去大厅一起搭建一艘渔船,搭好后大家一起再来表演,幼儿一致赞成可以重新搭建渔船再表演。

💡【思考与支持】

　　大班幼儿的建构能力很强,发现问题和解决问题的能力在活动中不断地提升。在分享交流环节,幼儿分享了成功经验,最后有幼儿提出合作搭建一艘渔船再进行表演,再一次引发了幼儿表演的兴趣。

游戏三:再建渔船(进行时间:1 周)

重新做设计图。

幼儿们根据同伴的意见重新调整设计图,细心地估算建构渔船所用到的积木种类和数量,增加了内部装饰、背景的设计。设计图画好后幼儿还进行了分工,一部分幼儿先去搭渔船,另一部分幼儿准备背景。

重建渔船。

幼儿搬来了 4 块长方体空心积木垒高,垒成 1 根柱子,以柱子为中心,向四周平铺搭建,作为船底。接着幼儿又搬来了空心积木,进行围合。

在大家的齐心协力下,渔船终于搭建完毕。随后幼儿又开始为渔船内部进行装饰,增添救生圈、楼梯等设施。

图 4-5-21　搭建渔船

图 4-5-22　渔船效果图

图 4-5-23　调整后的设计图　　　图 4-5-24　布置好的场景

游戏四:三演《鹬蚌相争》(进行时间:1 周)

三做分工计划表。

渔船的搭建成功,激起了更多幼儿对表演的兴趣,随着加入表演的幼儿人数增多,有幼儿建议要重新再做一个表演计划,让大家都能参与到表演中,于是幼儿围坐在一起开始商量表演的计划。

最后幼儿决定继续采用画表格的方法来制作分工表,芯怡建议创设五个表演场景,每个场景中的动作表情都画出来,颖霖说最后大家都要认领任务并签名,这样就清晰了。(图 4-5-26)

图 4-5-25　第三次讨论设计图　　　图 4-5-26　第三次的表演设计图

三演《鹬蚌相争》。

茗荟担任旁白,随着旁白的讲述,渔翁、青蛙、鹬鸟、河蚌等陆续上场。

旁白读到了河蚌,扮演河蚌的幼儿慢慢打开蚌壳晒太阳,慢慢转头左看看右看看,然后享受着舒服的时光……旁白继续往下读,扮演的角色一个个出场,最后渔翁拿着渔叉迅速地插到鹬鸟和河蚌的中间,鹬鸟和河蚌停止拉扯。渔翁连忙左手拎起河蚌,右手提着鹬鸟,高兴地说:哈哈! 今天真是有了大收获! 表演结束了。

图 4-5-27　渔翁出场　　　　　　　　图 4-5-28　青蛙出场

图 4-5-29　晒太阳的河蚌　　　　　　图 4-5-30　鹬鸟发现河蚌

图 4-5-31　鹬蚌相争　　　　　　　　图 4-5-32　渔翁得利

图 4-5-33　谢幕　　　　　　　　　　图 4-5-34　观众演员集体照

游戏结束后，师幼分享交流。

教师：这一次的表演感觉怎么样？

清越：我觉得很精彩，河蚌出场的时候，眼睛眨得真漂亮，都把我吸引住了。

雨舒：我很喜欢渔翁的角色，他钓鱼的动作和表情都很到位。

宇轩：青蛙虽然没有对白，但是她一直都很开心地表演。

安遇：这次的表演背景很漂亮，大家都穿好服装，表演的时候就跟故事里的一模一样，我也想表演。

……

幼儿都很满意这一次的表演，他们的表演也吸引了更多幼儿想参与到表演中，教师建议下次换一组人进行表演，幼儿赞成并自由组队。在接下来的游戏时间，想表演的幼儿都如愿进行了表演，而渔船的场景也一直保留到放假前才收起来。

【思考与支持】

　　教师和幼儿创编了脚本，成功地激发幼儿将生活经验迁移到脚本的创编中，幼儿可以自由发挥，在不断完善表演的过程中促进了深度思考。有了前面的铺垫，这一次表演中幼儿的动作、表情、语气和语调都有了飞跃式的提高，教师也支持幼儿自由组合尝试不同的表演，鼓励幼儿不断完善表演的道具和场景，让幼儿享受表演的乐趣。

▌总结与反思

1. 幼儿的学习与发展

（1）情感态度方面

幼儿从民间故事中体验到喜悦、悲伤、愤怒、恐惧等情感,初步了解了岭南文化,在潜移默化中提高了文化自信。

（2）知识经验方面

幼儿从嬉戏性表演到有目的性表演,将生活经验迁移到本次的表演中,促进了自觉学习和同伴之间的学习,不但将零散的个人经验变成大家共有的经验,而且学会了迁移经验去解决问题,这是幼儿能力提升的一个重要标志。幼儿的建构能力和科学探究能力也获得提升。

（3）学习品质方面

幼儿表现出不错的坚持性,并没有因为一次表演的失败而放弃表演。解决问题的能力越来越强,能发现问题,通过讨论找到解决问题的方法。

2. 教师的支持策略

（1）隐性支持

环境支持。教师创设相关情境,提供表演的场地,支持幼儿不断变化的表演需求。

材料支持。除了为幼儿提供基本的材料外,教师还鼓励幼儿跨区选择自己所需的材料,如到美工区寻找自己所需的纸皮制作背景等,让幼儿可以尽情想象和创造。

情感支持。当幼儿在游戏中遇到问题或表现出色时,教师及时给予鼓励和赞扬,激发他们的积极性和自信心。

联动家长。鼓励幼儿在家和家人观看相关的动画片、绘本或戏剧表演,让幼儿更直观地感受故事的魅力,提高表演的能力。

（2）显性支持

活动支持。当幼儿经验不足时，教师及时组织了相关的活动，让幼儿的经验得到提升。如幼儿觉得对话很少的时候，教师组织了创编脚本的谈话活动，丰富了角色语言。

师幼互动。教师通过有效提问引发了幼儿的思考和讨论，从而迁移知识经验解决问题并推进游戏。当幼儿遇到问题时教师及时组织幼儿讨论解决办法，一直为幼儿提供支持。

▼ 游戏路径图

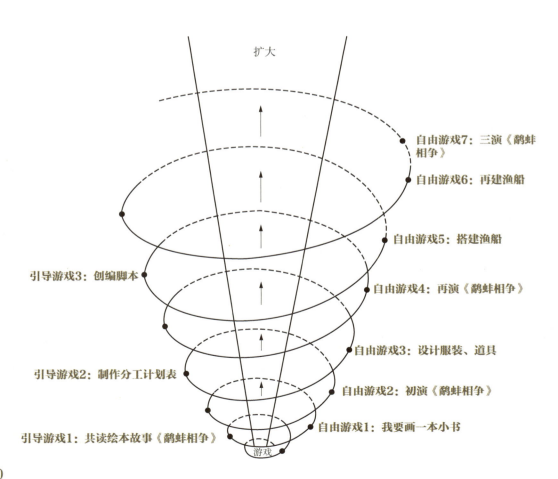

时光荏苒，已经是 2024 年了。回想 2013 年时，我硕士毕业于东北师范大学，成为了一位学前教育教研员，当时跟单位的同事们相比觉得自己欠缺得太多，于是立志要成为一名为教师专业发展服务、为幼儿提供适宜教育服务的合格学前教育教研员。回想这十余年，我想我做到了。

我一路的成长和能出版此书，要感谢很多人。首先要感恩牛牛博士的牵线，感谢华东师范大学出版社胡瑞颖编辑的建议和专业指导。

感谢所有教研室的前辈同事们，他们都是我的前辈，每位都教我以知识。黄世勇主任告诉我，做教研不要着急，先去了解一线、观察一线，再回来慢慢做教研，于是我在幼儿园"蹲"了两年。陈春艳主任告诉我，你的工作职责是为教师提供专业服务，你是一位"服务员"。何主任告诉我要努力作为，发出中山学前教育的声音。冯玉生部长（私底下我敬称他为生哥）告诉我，无论什么时候，有什么困难，去生哥那里寻找帮助，他永远会为我耐心地解答。还要感谢所有中山教育教学研究室的同仁们，无论我向谁请教问题，大家都认真地给我解答，并告诉我他们的做法以及思考，让我得以站在"巨人的肩膀"上，融合大家的智慧，有了我自己的关于学前教育的发展愿景。同事们的那些指导对我来讲是弥足宝贵的，我也会把在他们那里得到的关爱传递下去……

接下来，要感谢一起努力、并肩作战，一起为中山学前教育奋斗的中山市全体幼教同仁们，是你们的信任让自主游戏实践可以推进，感恩你们选择了相信我，我们共同学习，共同商量，共研问题，共想对策。你们的认真学习和努力实践，验证了游戏对幼儿发展的重要性。

在推进自主游戏的这十余年里，也很感谢广东省教育厅为我们基层提供申请广东省高质量发展实验区项目的机会。在自主游戏的实践研究过程中，很感谢积极参与园的园长们：中山市机关第一幼儿园李文华园长、中山市沙溪镇中心幼儿园刘锦弥园长、中山市菊城幼儿园余向清园长、中山市沙溪镇云汉幼儿园孙爱分园长、中山市精彩童年幼儿园梁艺园长、中山市东凤镇诺亚舟幼儿园宋慧霞园长，是你们认真的态度和带领幼儿园教师积极地实践，才得以形成从游戏到课程的路径。

同时也感谢、感恩我的硕士研究生导师——东北师范大学王小英教授，是您的指导让我们得以把岭南文化融入游戏中，让我进一步认识到文化与游戏的关系，并勇敢地去实践。现在还清晰地记得王老师对课题组的肯定，您的支持对我们而言意义非凡。感谢我的博士研究生导师李子健教授和陈君君教授，让我能从领导力视角对自主游戏实践进行顶层设计。

最后要感谢我的爱人，是你的支持、理解、包容与无尽的爱，让我有机会专注于工作。感谢我的女儿，感谢你选择了我做你的妈妈，是你让我更近距离地了解儿童、观察儿童、欣赏儿童、尊敬儿童。

最后的最后，很感恩我的父母，让我在平等、民主、充满爱的家庭中长大，高考时支持我选择我深爱的学前教育专业……

纵有千古，横有八荒。前途似海，来日方长。如今我于香港教育大学未来教育领导力专业攻读博士研究生学位，希望通过学习更好地为学前教育事业服务，希望我国学前教育事业在所有幼教同仁的共同努力下越来越好，进一步在全世界发出中国学前教育之声。

陈思慧

2024 年 8 月 28 日于深圳南山